합격을
결정짓는
**설신재
필수서**

민법 80점↑
설신재

박문각 공인중개사
민법·민사특별법 1차

브랜드만족
1위
박문각

2024

CONTENTS

이 책의 차례

민법·민사특별법

01 권리변동	8
02 법률행위	11
03 반사회질서 법률행위	15
04 이중매매	20
05 불공정한 법률행위	22
06 법률행위의 해석	25
07 진의 아닌 의사표시	27
08 통정한 허위의 의사표시	31
09 착오에 의한 의사표시	34
10 사기 또는 강박에 의한 의사표시	38
11 의사표시의 효력발생	42
12 대리 일반	45
13 대리권의 범위와 제한	49
14 복대리	53
15 표현대리	55
16 (협의의) 무권대리	60
17 유동적 무효	64
18 무 효	67
19 취 소	71

20 법률행위의 부관	···· 76
21 물권법정주의	···· 82
22 물권적 청구권	···· 84
23 부동산의 물권변동	···· 88
24 등 기	···· 90
25 등기의 효력과 추정력	···· 93
26 가등기	···· 96
27 중간생략등기	···· 97
28 물권의 소멸	···· 99
29 점유권 일반	···· 101
30 점유자와 회복자의 관계	···· 106
31 소유권 일반	···· 110
32 상린관계	···· 111
33 취득시효의 일반	···· 115
34 취득시효의 효과	···· 119
35 공 유	···· 121
36 공동소유(합유, 총유)	···· 127
37 첨 부	···· 129
38 지상권	···· 132

이 책의 차례

39 법정지상권	···· 138
40 지역권	···· 143
41 전세권 1	···· 146
42 전세권 2	···· 150
43 담보물권의 통유성	···· 155
44 유치권 1	···· 157
45 유치권 2	···· 161
46 저당권 일반	···· 164
47 저당권의 효력이 미치는 범위	···· 165
48 저당권의 효력	···· 167
49 근저당권	···· 170
50 공동저당	···· 173
51 계약의 종류	···· 175
52 계약의 성립	···· 177
53 위험부담 등	···· 180
54 동시이행의 항변권	···· 184
55 제3자를 위한 계약	···· 187
56 계약의 해제, 해지	···· 189
57 해제의 효과	···· 192

58 합의해제, 해지	···· 194
59 계약금	···· 196
60 매매의 일반	···· 199
61 매도인의 담보책임	···· 202
62 매도인의 권리담보책임	···· 204
63 매도인의 하자담보책임	···· 210
64 환 매	···· 212
65 교 환	···· 214
66 임대차 일반	···· 215
67 임대인의 의무와 임차인의 비용상환청구권	···· 219
68 임차인의 지상물매수청구권과 부속물매수청구권	···· 222
69 임차권의 양도 및 전대	···· 226
70 보증금	···· 229
71 주택임대차보호법	···· 231
72 상가건물 임대차보호법	···· 240
73 부동산 실권리자명의 등기에 관한 법률	···· 247
74 가등기담보 등에 관한 법률	···· 254
75 집합건물의 소유 및 관리에 관한 법률	···· 263

합격까지 박문각 공인중개사

민법·민사특별법

01 권리변동

1. 권리변동(= 법률관계의 변동)의 원인

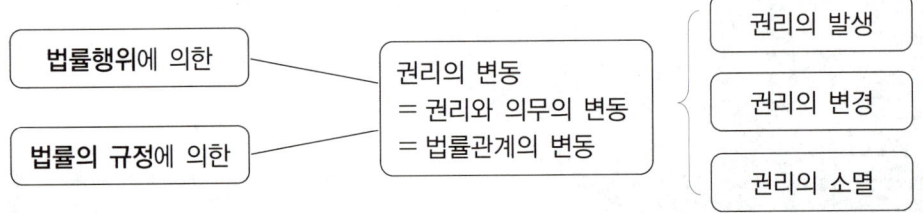

법률행위에 의한 물권의 취득	법률의 규정에 의한 물권의 취득
1. 법률행위에 의한 소유권의 취득 2. 지상권설정계약에 의한 지상권설정 3. 지역권설정계약에 의한 지역권설정 4. 전세권설정계약에 의한 전세권설정 5. 질권설정계약에 의한 질권의 취득 6. 저당권설정계약에 의한 저당권설정	1. 점유권의 취득 2. 법률의 규정에 의한 소유권의 취득 3. 법정지상권 4. 건물전세권의 법정갱신 5. 유치권의 취득 6. 법정저당권 💡 등기없이도 물권 취득

2. 권리의 발생(취득)

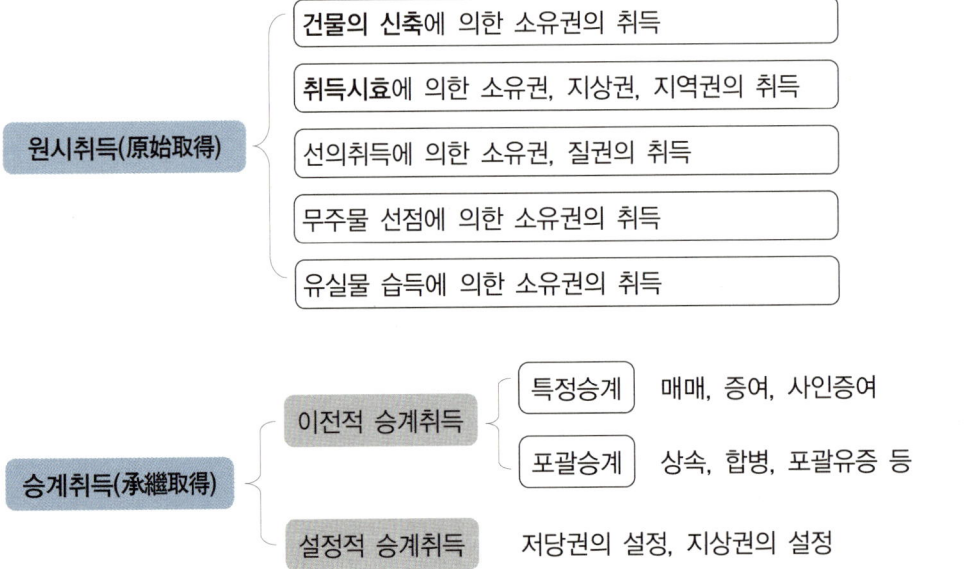

3. 권리의 변경

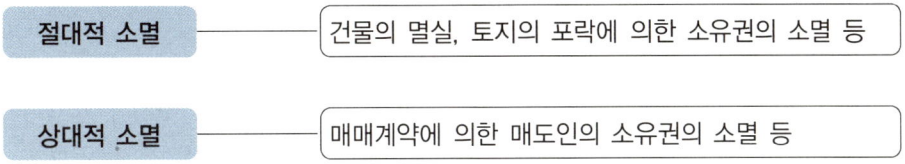

4. 권리의 소멸

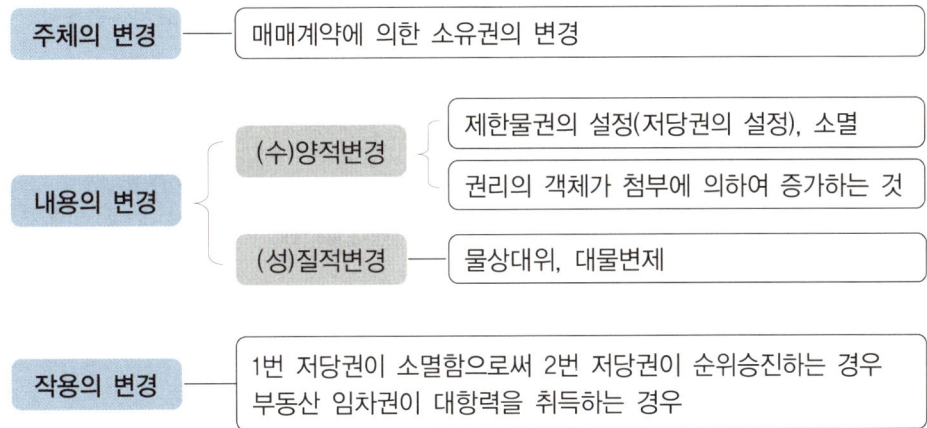

5. 권리변동의 과정

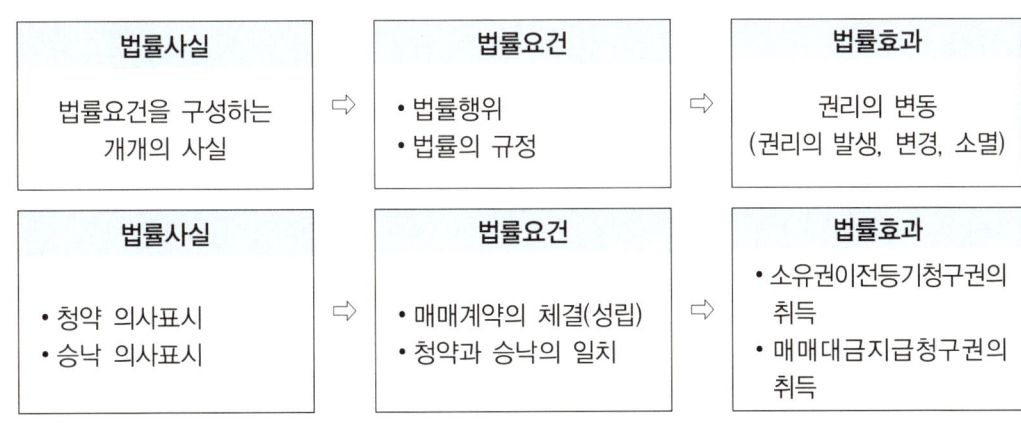

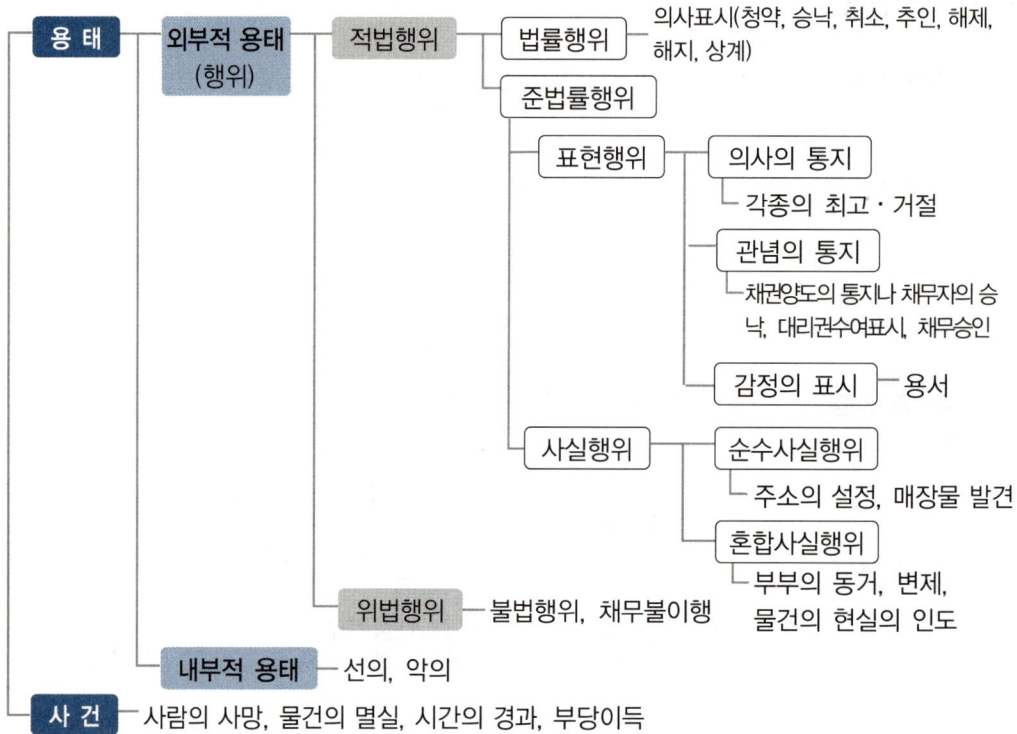

02 법률행위

1. 법률행위의 분류

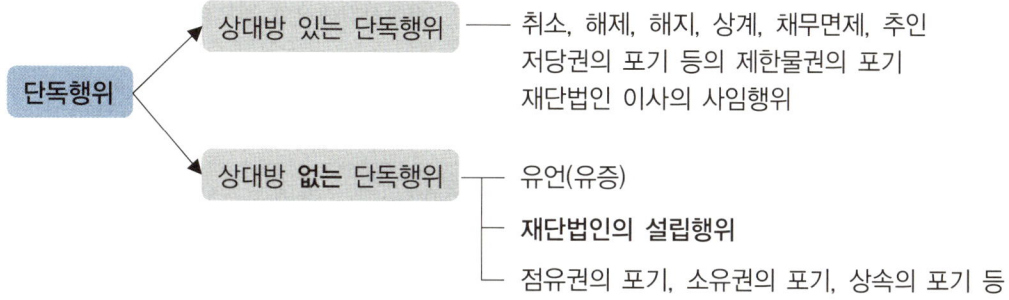

- 상대방 있는 단독행위 — 취소, 해제, 해지, 상계, 채무면제, 추인
  저당권의 포기 등의 제한물권의 포기
  재단법인 이사의 사임행위
- 상대방 **없는** 단독행위 — 유언(유증)
  - **재단법인의 설립행위**
  - 점유권의 포기, 소유권의 포기, 상속의 포기 등

계 약 — 증여, 매매, 교환, 소비대차, 사용대차, 임대차, 고용, 도급, 여행, 현상광고, 위임, 임치, 조합, 종신정기금, 매매의 일방예약 등

합동행위 — 사단법인의 설립행위

> 🏛 **단독행위의 특징**
> 1. 법률에서 규정하고 있는 경우에만 단독행위를 행사할 수 있다. 따라서 법률의 규정이 없음에도 불구하고 당사자가 합의에 의하여 단독행위를 창설할 수 없다.
> 2. 단독행위에는 원칙적으로 조건이나 기한을 붙이지 못한다.
>   상계의 의사표시에는 조건이나 기한을 붙이지 못한다.
> 3. 그러나 단독행위 중에서 유증이나 채무면제에는 조건이나 기한을 붙일 수 있다.

2. 법률행위의 효과에 따른 분류

구 분	종 류	예(例)	특징 1	특징 2
의무부담행위	채권행위	매매, 임대차 등	이행의 문제가 남음	처분권 없는 자의 의무부담행위(= 타인권리 매매)는 **유효**
처분행위	물권행위	저당권설정 지상권설정	이행의 문제가 남지 않음	처분권없는 자의 처분행위는 **무효** (후에 **추인**에 의해서 유효화)
	준물권행위	**채무면제 (지명)채권의 양도**		

3. 법률행위의 성립요건

일반적 성립요건	특별 성립요건
1. 당사자 2. 목적 3. 의사표시	1. 질권설정계약에서 물건의 인도 2. 혼인에서 혼인신고 3. 법인설립에서의 주무관청의 허가

4. 법률행위의 효력발생요건

일반적 효력요건	특별 효력요건

1. 당사자가 권리능력
   의사능력, 행위능력 있을 것
2. 목적이 확정, 가능, 적법,
   사회적 타당성이 있을 것
3. 의사와 표시가 일치할 것
	1. 법정대리인의 동의
	2. **대리행위에서 대리권의 존재**
	3. **조건부 법률행위에서 조건의 성취**
	4. **기한부 법률행위에서 기한의 도래**
	5. 유언에서 유언자의 사망 및 수증자의 생존
	6. 재단법인의 기본재산 처분에 대한 주무관청의 허가
	7. **토지거래허가구역 내의 토지거래계약에 관한 관할관청의 허가**
	💡 농지법 소정의 **농지취득자격증명은 효력발생요건 ×**

5. 법률행위의 목적의 효력발생요건

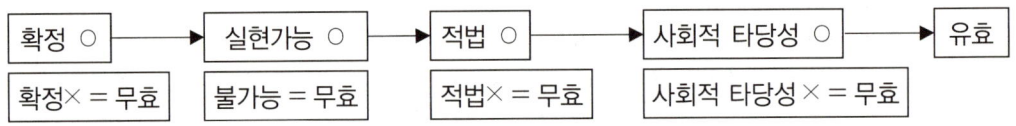

(1) 목적의 확정성

① 법률행위의 목적은 법률행위 성립당시(= 계약체결시)에 확정되어 있거나 적어도 확정할 수 있으면 유효하다.

② 매매계약에서 매매목적물과 대금은 반드시 그 계약체결 당시에 구체적으로 확정하여야 하는 것은 아니고 이를 사후에라도 구체적으로 확정할 수 있는 방법과 기준이 정하여져 있으면 족하다.

(2) **목적의 실현가능성**

① 가능과 불가능의 판단기준은 물리적 기준뿐만 아니라 **사회통념에** 따라서 판단한다.

② 목적의 불능은 무효인데, 여기서 불능은 확정적, 계속적 불능을 의미하고, 일시적·경제적 불능은 의미하지 않는다.

③ 원시적 불능과 후발적 불능

원시적 불능(무효)	후발적 불능(유효)
1. 공용수용된 토지를 수용당한 자로부터 매수한 경우 2. 건물을 매도하였는데 계약체결 전에 전부 소실된 경우 3. 토지가 포락되어 원상복구를 할 수 없는데도 그 사실을 모르고 그것을 매도한 경우	1. 매매계약 체결 **후** 매매목적물인 토지 전부가 수용되어 소유권이전이 불가능하게 된 경우 2. 공연계약을 **체결한** 특정가수가 공연 전에 사망한 경우 3. 저당권이 설정된 토지를 **매수하였으나** 저당권이 실행되어 제3자가 그 토지의 소유권을 취득한 경우 4. 임대차계약을 **체결한 후** 제3자의 방화로 임차목적물이 전소된 경우

원시적 불능 → 제535조 계약체결상의 과실책임 (손해배상청구 가능)
무효

후발적 불능 → 채무자의 책임있는 사유에 의한 불능 → 해제와 손해배상청구권 발생
유효
→ 쌍방모두 책임없는 사유에 의한 불능 → **채무자위험부담주의** (채무자는 상대방에게 이행을 청구할 수 없다.)

→ 1. 채권자의 책임있는 사유
  2. 채권자의 수령지체 중에 불능 → 채권자위험부담주의 **(채무자는 상대방에게 이행을 청구할 수 있다.)**

→ 계약체결후 토지가 수용된 경우 불능 → 대상청구권 발생

(3) 목적의 적법성

① 강행규정이란 선량한 풍속 기타 사회질서에 관계있는 규정을 의미한다.

② 강행규정은 사적자치의 한계이며, **강행규정에 위반**한 약정은 **무효**이다.

임의규정	강행규정
1. 사단법인의 사원의 지위는 양도 또는 상속할 수 없다(제56조). 2. 종물은 주물의 처분에 따른다(제100조 제2항). 3. 과실의 귀속에 관한 민법 제102조 4. 제109조 착오에 관한 규정 5. 기간에 관한 규정 등 💡 당사자의 약정으로 배제할 수 있다.	1. 청산절차에 관한 규정(제81조 등) 2. 지상권자, 임차인 등에 불리한 약정 등 3. 제103조 내지 제104조 4. 능력에 관한 규정 5. 물권법 규정 등 💡 당사자의 약정으로 배제할 수 없다.

③ 단속규정과 효력규정

단속규정(유효)	효력규정(무효)
1. **중간생략등기(다만 토지거래허가구역내의 토지에 대한 중간생략등기는 무효)** 2. 주택법의 전매금지규정 3. 개업공인중개사 등이 중개의뢰인과 직접 거래를 하는 행위를 금지하는 규정 4. 공인중개사 자격 없는 자가 우연히 1회성으로 행한 중개행위 5. 무허가음식점 영업	1. 변호사 아닌 자의 법률상담 등의 행위 2. 의료인이나 의료법인 등 비영리법인 아닌 자의 의료기관 개설행위 3. 부동산 중개보수의 상한을 **넘는** 행위 4. 관할관청의 허가 없이 한 학교법인의 기본재산의 처분 5. 타인의 서면동의 없는 타인의 사망을 보험사고로 하는 보험계약

④ 강행규정 위반의 효과

- 확정적 무효이므로, 추인할 수 없다.
- 절대적 무효이므로, 선의의 제3자에게도 무효를 주장할 수 있다.
- 이행 전이면 이행을 청구할 수 없고, 이행 후이면 부당이득에 의한 반환을 청구할 수 있다.
- 강행규정에 위반한 행위는 제746조의 '불법원인'에 해당하지 않는다.
- 강행규정을 스스로 위반한 자가 자신의 행위가 강행규정에 위반되었음을 이유로 무효를 주장하는 것은 신의성실의 원칙에 반하지 않는다.
- 강행규정에 위반한 경우에는 표현대리가 성립하지 않는다.
- 법률행위의 일부가 강행규정에 위반한 경우 다른 특별한 규정이 없으면 원칙적으로 민법 제137조의 법리에 따라서 전부 무효이다.

03 반사회질서 법률행위

> **제103조 【반사회질서의 법률행위】** 선량한 풍속 기타 사회질서에 위반한 사항을 내용으로 하는 법률행위는 **무효**로 한다.

1. 반사회질서 법률행위란 목적을 확정할 수 있고, 실현가능하고, 적법하지만 사회적 타당성을 결여한 법률행위를 의미한다.

   (1) 사회적 타당성은 강행규정과 더불어 **사적자치의 한계**를 의미한다.

   (2) 법률행위가 사회질서에 반한다는 판단은 부단히 변천하는 **가치관념을 반영**한다.

2. **반사회적 법률행위에 해당하여 무효인 경우**

   (1) 부첩계약이나 장래의 부첩관계를 승인하는 합의는 처의 동의가 있더라도 무효이고 이에 부수된 약정, 예를 들면 처가 사망하면 입적하겠다는 약정도 무효이다.

   (2) 혼인예약 중 동거를 거부하는 경우에 금원을 지급하는 계약 역시 무효이다.

   (3) 부부관계의 종료를 해제조건으로 하는 증여계약(불법조건)은 조건뿐만 아니라 증여계약 전부가 무효이다.

   (4) 범죄 기타 부정행위를 유발하거나 조장하는 행위는 무효이다.

   (5) 수사기관에서 참고인으로 자신이 잘 알지 못하는 내용에 대하여 허위의 진술을 하는 경우에 허위진술의 대가로 작성된 각서에 기한 급부의 약정은 그 **급부의** 상당성 여부와 관계없이 무효이다.

   (6) 타인의 **소송**에서 사실을 증언하는 증인이 그 증언을 조건으로 그 소송의 일방 당사자 등으로부터 통상적으로 용인될 수 있는 수준(예 증인에게 일당 및 여비가 지급되기는 하지만, 증인이 증언을 위하여 법원에 출석함으로써 입게 되는 손해에는 미치지 못하는 경우 그러한 손해를 전보하여 주는 정도)을 넘어서는 대가를 제공받기로 하는 약정은 국민의 사법참여행위가 대가와 결부됨으로써 사법작용의 불가매수성 내지 대가무관성이 본질적으로 침해되는 경우로서 반사회적 법률행위에 해당하여 무효이다.

   (7) 변호사법을 위반하여 변호사 아닌 자가 승소를 조건으로 그 대가로 소송당사자로부터 소송물 일부를 양도받기로 한 약정은 사회질서에 반하여 무효이다.

(8) 공무원의 직무에 관하여 청탁하고 그 보수로 돈을 지급할 것을 내용으로 한 약정은 무효이다.

(9) 지방자치단체가 골프장사업계약 승인과 관련하여 사업자로부터 기부금을 지급받기로 한 증여계약은 공무수행과 결부된 금전적 대가로서 그 조건이나 동기가 사회질서에 반하여 무효이다.

(10) 행정기관에 진정서를 제출하여 상대방을 궁지에 빠뜨린 다음 이를 취하하는 조건으로 거액의 급부를 받기로 한 약정은 제104조에는 위반되지는 않으나, 제103조에 위반하여 무효이다.

(11) 밀수입을 위한 소비대차, 경매 등에 있어서의 담합행위, 범죄를 하지 않을 것을 조건으로 하는 금전의 지급계약 역시 정의관념에 반하는 행위로 무효이다.

(12) 사용자가 노동조합 간부에게 근로자들의 임금 인상 요구가 있을 때 이를 적당히 무마해 달라는 청탁을 하고 그 대가를 약속하는 경우에도 무효이다.

(13) 피보험자를 살해하여 보험금을 편취할 목적으로 체결한 생명보험계약은 사회질서에 위배되는 행위로서 무효이고, 따라서 피보험자를 살해하여 보험금을 편취할 목적으로 피보험자의 공동상속인 중 1인이 상속인을 보험수익자로 하여 생명보험계약을 체결한 후 피보험자를 살해한 경우 다른 공동상속인은 자신이 고의로 보험사고를 일으키지 않았다고 하더라도 보험자에 대하여 보험금을 청구할 수 없다.

(14) 보험계약자가 다수의 보험계약을 통하여 보험금을 부정취득할 목적으로 보험계약을 체결한 경우에도 선량한 풍속 기타 사회질서에 반하여 무효이다.

(15) 사찰이 그 존립에 필요불가결한 임야를 처분하는 행위는 무효이다.

(16) 소송행위에도 제103조가 적용된다. 즉, 우리나라 법원의 관할을 배제하고 외국의 법원을 관할법원으로 하는 전속적인 국제관할의 합의가 그 요건을 갖추었더라도 현저하게 불합리하고 불공정한 경우에 그 관할합의는 공서양속에 반하는 법률행위에 해당하여 무효이다.

(17) **형사사건**에 관하여 체결된 성공보수약정은 이는 민법 제103조에 의하여 무효로 보아야 한다. 💡그러나 **민사사건**의 성공보수약정은 유효이다.

(18) 어떠한 일이 있어도 이혼하지 않겠다는 각서를 써 주는 경우에서와 같이 신분상의 의사결정을 구속하는 내용의 의사표시는 무효이다.

⑲ **영리를 목적**으로 **윤락행위를 하도록 권유, 유인, 알선 또는** 강요하거나 이에 협력하는 것은 선량한 풍속 기타 사회질서에 위반되므로 그러한 행위를 하는 자가 영업상 관계있는 윤락행위를 하는 자에 대하여 가지는 채권은 계약의 형식에 관계없이 무효이다.

⑳ **과도한** 위약벌의 약정은 사회질서에 반하여 무효이다.

㉑ 당사자 일방이 그의 독점적 지위 내지 우월한 지위를 악용하여, 자기는 부당한 이득을 얻고 상대방에게는 과도한 반대급부를 또는 기타의 부당한 부담을 과하는 법률행위는 반사회적인 것으로서 무효이다.

㉒ 사용자와 근로자 사이에 겸업금지약정이 존재한다고 하더라도 그와 같은 약정이 헌법상 보장된 근로자의 직업선택의 자유와 근로권 등을 과도하게 제한하거나 자유로운 경쟁을 지나치게 제한하는 경우에는 민법 제103조에 정한 선량한 풍속 기타 사회질서에 반하는 법률행위로서 무효이다.

㉓ 도박자금에 제공할 목적으로 하는 금전의 소비대차계약은 반사회적 법률행위로 무효이다.

㉔ 도박채무로 인한 채무의 변제방법으로 토지를 양도하는 계약은 무효이다. 즉, 도박채무와 관련된 변제행위는 무효이다.

㉕ 도박채무의 변제를 위한 담보의 방법으로 이루어진 가등기와 소유권이전의 본등기는 무효이다.

> 🏛 **동기의 불법**(동기의 반사회성)
> 1. 도박자금을 마련하기 위하여 금전소비대차계약을 맺은 경우처럼, 겉으로 들어난 금전소비대차계약은 아무런 문제가 없지만 돈을 빌리는 동기가 도박을 위한 것이라면 그런 경우를 동기의 불법이라고 한다.
> 2. 민법 제103조에서 정하는 '반사회질서의 법률행위'는 법률행위의 목적인 권리·의무의 내용이 선량한 풍속 기타 사회질서에 위반되는 경우뿐만 아니라, 그 내용 자체는 반사회질서적인 것이 아니라고 하여도 법적으로 이를 강제하거나 법률행위에 사회질서의 근간에 반하는 조건 또는 금전적인 대가가 결부됨으로써 그 법률행위가 반사회질서적 성질을 띠게 되는 경우 및 **표시되거나 상대방에게 알려진 법률행위의 동기**가 반사회질서인 경우를 포함한다.

3. 반사회질서 법률행위에 해당하지 않은 경우

(1) **법률행위의 성립과정에서 강박이라는 불법적 방법이 사용된 데 불과**한 때에는 그 불법이 의사표시의 형성에 영향을 미친 경우에는 의사표시의 하자를 이유로 그 효력을 논할 수 있을지언정, 반사회질서의 법률행위로서 무효라고 할 수 없다.

(2) **강제집행을 면할 목적으로 부동산에 허위의 근저당권설정등기를 경료하는 행위**는 제103조에 해당하는 반사회질서 법률행위로 볼 수 없다.

(3) 양도소득세를 회피하기 위한 방법으로 부동산을 명의신탁한 것이라 하더라도 그러한 이유 때문에 민법 제103조의 반사회적 법률행위로서 위 명의신탁이 무효라고 할 수 없다.

(4) 주택매매계약에서 매도인으로 하여금 주택의 보유기간이 3년 이상으로 되게 함으로써 양도소득세를 부과받지 않게 할 목적으로 매매를 원인으로 한 소유권이전등기는 3년 후에 넘겨받기로 특약을 하였더라도 그와 같은 목적은 위 특약의 연유나 동기에 불과하고 위 특약 자체가 사회질서나 신의성실의 원칙에 위반된 것으로 볼 수 없다.

(5) 양도소득세의 일부를 회피할 목적으로 매매계약서에 실제로 거래한 가액을 매매대금으로 기재하지 않고 그보다 낮은 금액을 매매대금으로 기재하였다 하여 그것만으로 그 매매계약이 사회질서에 반하는 법률행위로서 무효로 된다고 할 수는 없다.

(6) 매도인이 부담할 공과금을 매수인이 부담하기로 한 약정은 선량한 풍속 기타 사회질서에 반하는 법률행위가 아니다.

(7) 도박채무의 변제를 위하여 채무자로부터 부동산의 처분을 위임받은 채권자가 그 부동산을 제3자에게 매도한 경우 **도박채무 부담행위 및 그 변제약정**이 민법 제103조의 선량한 풍속 기타 사회질서에 위반되어 **무효**라 하더라도 그 무효는 변제약정의 이행행위에 해당하는 위 부동산을 제3자에게 처분한 대금으로 도박채무의 변제에 충당한 부분에 한정되고, 위 변제약정의 이행행위에 직접 해당하지 아니하는 **부동산 처분에 관한 대리권을 도박 채권자에게 수여한 행위부분까지 무효라고 볼 수는 없으므로** 위와 같은 사정을 알지 못하는 거래상대방인 제3자가 도박 채무자부터 그 대리인인 도박 채권자를 통하여 위 부동산을 매수한 행위까지 무효가 된다고 할 수는 없다.

(8) 백화점 수수료위탁판매매장계약에서 임차인이 매출신고를 누락하는 경우에 판매수수료의 100배에 해당하고 신고누락 매출액의 10배에 해당하는 벌칙금을 임대인에게 배상하기로 한 위약벌의 약정은 반사회질서에 해당하지 않는다.

⑼ 귀국 후 일정한 기간 근무하지 않으면 해외파견 소요경비를 배상한다는 사규나 약정은 근로계약기간이 아니라 경비반환채무의 면제기간을 정한 것이므로 민법 제103조, 제104조에 해당하지 않는다.

⑽ 반사회적 행위에 의하여 조성된 재산인 이른바 비자금을 소극적으로 은닉하기 위하여 임치한 것이 사회질서에 반하는 법률행위로 볼 수 없다.

⑾ 전통사찰의 주지직을 거액의 금품을 대가로 양도·양수하기로 하는 약정이 있음을 알고도 이를 묵인 혹은 방조한 상태에서 한 종교법인의 주지임명행위는 민법 제103조 소정의 반사회질서 법률행위에 해당하지 않는다.

⑿ 부정행위를 용서받는 대가로 손해를 배상함과 아울러 가정에 충실하겠다는 서약의 취지에서 처에게 부동산을 양도하되, 부부관계가 유지되는 동안에는 처가 임의로 처분할 수 없다는 제한을 붙인 약정은 사회질서에 반하는 것이라고 볼 수 없다.

⒀ 불륜관계를 해소하면서 그 첩의 장래 생활대책을 마련해 준다는 뜻에서 금원을 지급하기로 약정한 것이라거나 자녀의 양육비를 지급하기로 약정한 것은 유효하다.

4. 반사회질서 법률행위 판단시기

선량한 풍속 기타 사회질서는 부단히 변천하는 가치관념으로서 어느 법률행위가 이에 위반되어 민법 제103조에 의하여 무효인지는 **법률행위가 이루어진 때를 기준**으로 판단하여야 한다.

5. 반사회질서 법률행위의 효과

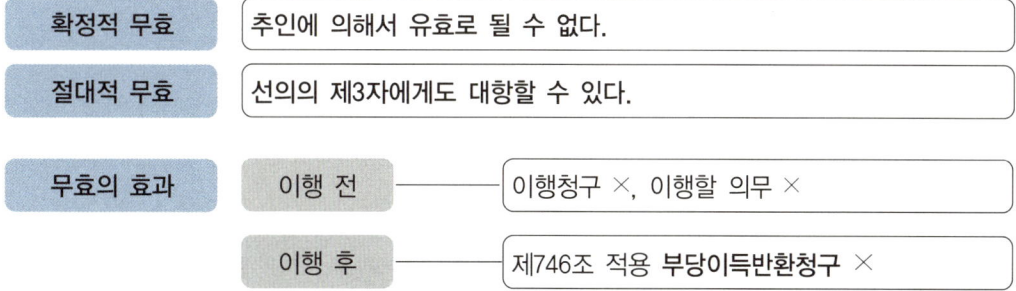

사회적 타당성이 없는 행위를 한 사람은 스스로 불법한 행위를 주장하여 **복구를 그 형식 여하에 불구하고 소구할 수 없다**는 이상을 표현한 것이므로 급여를 한 사람은 그 원인행위가 법률상 무효라 하여 상대방에게 부당이득반환청구를 할 수 없음은 물론 급여한 물건의 소유권은 여전히 자기에게 있다고 하여 소유권에 기한 반환청구도 할 수 없고, 따라서 급여한 물건의 소유권은 급여를 받은 상대방에게 귀속된다.

04 이중매매

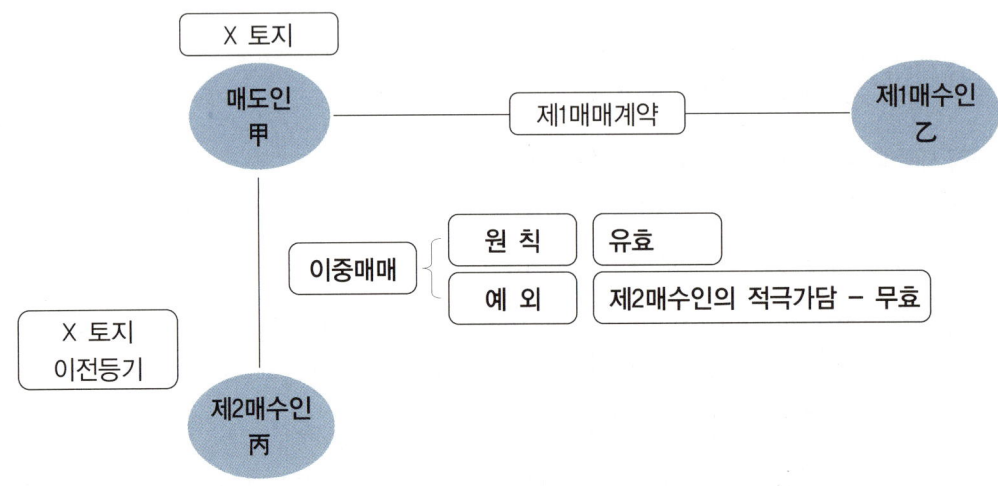

1. 이중매매가 유효한 경우

(1) 이중매매가 유효한 경우 제2매수인은 X토지에 대한 소유권을 취득한다.

(2) 제1매수인 乙은 매도인 甲을 상대로 소유권이전채무의 **이행불능을 이유로 최고없이** 제1매매계약을 **해제하고 손해배상을 청구**할 수 있다.

(3) 이중매매가 유효한 경우 제1매수인은 이중매매계약에 대하여 **채권자취소권을 행사할 수 없다**.

2. 이중매매가 무효인 경우

(1) 매도인의 **배임행위(중도금까지 지급한 후)** 제2매수인의 **적극가담**하에 이루어진 이중매매는 민법 제103조에 위반하여 무효이다. 따라서 매도인 계약금만 지급받은 상태에서는 제2매수인의 매도요청에 의한 것이더라도 유효하다.

(2) "**적극가담**"이란 제2매수인이 다른 사람에게 매매목적물이 매도된 것을 안다는 것만으로는 부족하고, **적어도 그 매도사실을 알고도 매도를 요청**하여 매매계약에 이르는 정도가 되어야 한다. 따라서 **제2매수인이 제1매매가 있다는 사실을 알면서 이중매매한 경우라면 그 이중매매는 유효**하다.

⑶ 이중매매가 무효인 경우 매도인 甲은 제2매수인 丙에게 토지의 반환을 청구할 수 없다.

⑷ 이중매매가 무효인 경우 제1매수인 乙은 **직접** 제2매수인에게 소유권말소등기는 청구할 수 없고, 매도인 甲을 **대위하여** 등기의 말소를 청구할 수 있다.

⑸ 이중매매가 무효인 경우 제1매수인은 제2매수인에게 채권침해를 이유로 **불법행위에 의한 손해배상을 청구**할 수 있다.

⑹ 이중매매가 무효인 경우 제2매수인으로부터 다시 목적물을 취득한 제3자는 설령 **선의라도 소유권을 취득할 수 없다**.

⑺ 판례는 이중양도의 법리를 취득시효, 명의신탁, 이중의 임대차계약에까지 확대하여 적용하고 있다.

⑻ **대리인**이 본인을 대리하여 매매계약을 체결함에 있어서 매매대상 토지에 관한 저간의 사정을 잘 알고 그 **배임행위에 가담**하였다면, 대리행위의 하자 유무는 대리인을 표준으로 판단하여야 하므로, **설사 본인이 미리 그러한 사정을 몰랐거나** 반사회성을 야기한 것이 아니라고 할지라도 그로 인하여 매매계약이 가지는 사회질서에 반한다는 장애사유가 부정되는 것은 아니다.

05 불공정한 법률행위

> **제104조【불공정한 법률행위】** 당사자의 **궁박, 경솔 또는 무경험**으로 인하여 현저하게 공정을 잃은 법률행위는 **무효**로 한다.

1. 의 의

(1) '불공정한 법률행위(폭리행위)'란 상대방의 궁박·경솔 또는 무경험을 이용하여 자기의 급부에 비하여 현저하게 균형을 잃은 반대급부를 하게 함으로써 부당한 이득을 얻는 행위를 말한다.

(2) 불공정한 법률행위는 제103조 반사회질서 법률행위의 예(例)이다.

(3) 제103조는 일반조항이므로 제104조에는 위반하지는 않는다고 할지라도 제103조에 의해서 무효로 할 수 있다.

2. 불공정한 법률행위의 성립요건(객관적 요건 + 주관적 요건 + 폭리자의 이용의사)

객관적 요건	급부와 반대급부의 현저한 불균형(주관적 가치 ×, 객관적 가치 ○)
	불균형을 판단하는 시기: **법률행위시** ○ 이행기를 기준으로 판단 × 사실심변론종결시를 판단 ×

주관적 요건	당사자의 궁박 또는 경솔, 또는 무경험상태	
	궁 박	경제적 궁박, 심리적 궁박, 정신적 궁박 모두 포함
	경 솔	선천적 경솔, 후천적 경솔
	무경험	일반생활체험의 무경험 ○ **특정생활체험의 무경험** ×
	궁박, 경솔, 무경험 세 가지를 모두 갖추어야 하는 것은 아니고 **하나만 갖추어도 성립**	

폭리자의 이용의사	폭리자의 이용의사 즉 악의가 없다면 불공정한 법률행위는 성립하지 않는다.

급부와 반대급부가 현저히 불공정 (객관적 요건 충족)	추정되지 않는다.	당사자의 궁박 경솔 또는 무경험상태 (주관적 요건)

따라서 **무효를 주장하는 자(피해당사자)**가 객관적 요건과 주관적 요건과 폭리자의 이용의사 모두를 증명하여야 한다.

3. 불공정한 법률행위의 효과

(1) 절대적 무효이므로, **선의의 제3자에게 대항할 수 있다.**

(2) 확정적 무효이므로, 추인에 의해서 유효로 될 수 없다.

(3) 제103조의 예이므로, 제746조가 적용되어 폭리자는 피해자에게 반환청구할 수 없다. 그러나 피해자는 폭리자에게 반환청구할 수 있다.

(4) 불공정한 법률행위에도 **무효행위의 전환에 관한 민법 제138조가 적용될 수 있다.**

4. 불공정한 법률행위의 적용범위

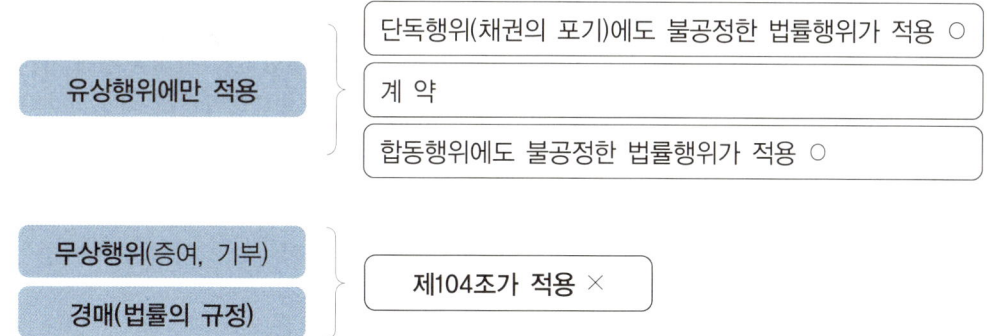

5. 중요판례

(1) 어떠한 법률행위가 불공정한 법률행위에 해당하는지는 법률행위 당시를 기준으로 판단하여야 하므로, 계약체결 당시를 기준으로 계약내용에 따른 권리·의무관계를 종합적으로 고려한 결과 불공정한 것이 아니라면, 사후에 외부적 환경의 급격한 변화에 따라 계약당사자 일방에게 큰 손실이 발생하고 상대방에게는 그에 상응하는 큰 이익이 발생할 수 있는 구조라고 하여 그 계약이 당연히 불공정한 계약에 해당한다고 말할 수 없다.

(2) 제104조의 **불공정한 법률행위를 주장하는 자는 스스로 궁박·경솔·무경험으로 인하였음을 증명**하여야 하고, 그 법률행위가 현저하게 공정을 잃었다 하여 곧 그것이 경솔하게 이루어졌다고 추정하거나 궁박한 사정이 인정되는 것은 아니다.

(3) 매매계약이 약정된 매매대금의 과다로 말미암아 민법 제104조에서 정하는 '불공정한 법률행위'에 해당하여 무효인 경우에도 무효행위의 전환에 관한 민법 제138조가 적용될 수 있다.

⑷ 증여계약과 같이 아무런 대가관계 없이 당사자 일방이 상대방에게 일방적인 급부를 하는 법률행위는 그 공정성 여부를 논의할 수 있는 성질의 법률행위가 아니다.

⑸ 대리인에 의하여 법률행위가 이루어진 경우 그 법률행위가 민법 제104조의 불공정한 법률행위에 해당하는지 여부를 판단함에 있어서 **경솔과 무경험은 대리인을 기준**으로 하여 판단하고, **궁박은 본인의 입장**에서 판단하여야 한다.

⑹ 매매계약과 같은 쌍무계약이 급부와 반대급부와의 불균형으로 말미암아 민법 제104조에서 정하는 '불공정한 법률행위'에 해당하여 무효라고 한다면, 그 계약으로 인하여 불이익을 입는 당사자로 하여금 위와 같은 불공정성을 소송 등 사법적 구제수단을 통하여 주장하지 못하도록 하는 **부제소합의** 역시 다른 특별한 사정이 없는 한 **무효**이다.

⑺ 급부와 반대급부 사이의 '**현저한 불균형**'은 단순히 시가와의 차액 또는 시가와의 배율로 판단할 수 있는 것은 아니고 구체적·개별적 사안에 있어서 **일반인의 사회통념**에 따라 결정하여야 한다. 그 판단에 있어서는 피해 당사자의 궁박·경솔·무경험의 정도가 아울러 고려되어야 하고, **당사자의 주관적 가치가 아닌 거래상의 객관적 가치**에 의하여야 한다.

06 법률행위의 해석

1. 법률행위의 해석

(1) '법률행위의 해석'이란 당사자가 의욕한 법률행위의 내용을 명확하게 확정하는 것을 말한다. 법률행위의 해석은 **표시행위의 객관적 의미를 밝히는 것**으로 법적 가치판단에 속한다. 따라서 법률행위의 해석은 사실문제가 아니라 법률문제이므로 상고의 대상이 된다.

(2) 의사표시자가 의도한 의사와 표시가 외형상 불일치하더라도 법률행위의 해석을 통해 일치하는 것으로 확정되면 착오는 문제는 발생하지 않는다. 즉 해석은 착오에 앞선다.

(3) 법률행위의 해석은 당사자가 그 표시행위에 부여한 객관적인 의미를 명백하게 확정하는 것으로서, 사용된 문언에만 구애받는 것은 아니지만, 어디까지나 당사자의 내심의 의사가 어떤지에 관계없이 그 문언의 내용에 의하여 당사자가 그 표시행위에 부여한 객관적 의미를 합리적으로 해석하여야 한다. 이러한 법리는 비전형의 혼합계약의 해석에도 적용된다.

(4) 일반적으로 계약의 당사자가 누구인지는 계약에 관여한 **당사자의 의사해석의 문제**에 해당한다.

(5) 일방 당사자가 대리인을 통하여 계약을 체결하는 경우에 있어서 계약의 상대방이 대리인을 통하여 본인과 사이에 계약을 체결하려는 데 의사가 일치하였다면 **대리인의 대리권 존부문제와는 무관하게** 상대방과 본인이 그 계약의 당사자이다.

2. 법률행위의 해석방법

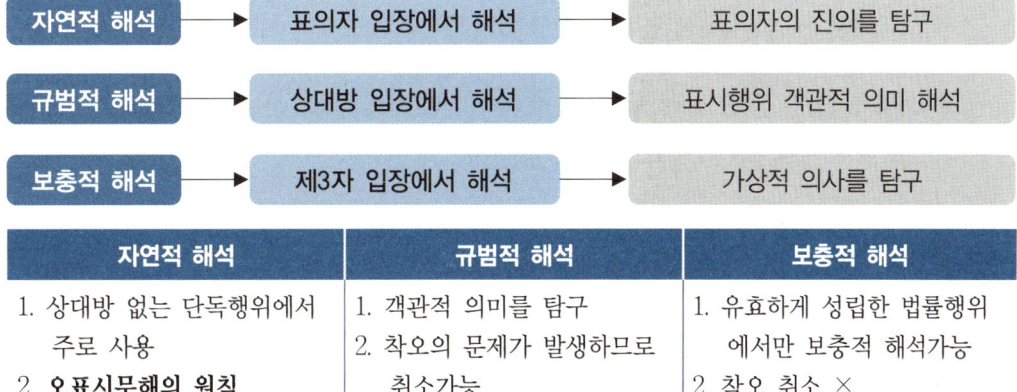

자연적 해석	규범적 해석	보충적 해석
1. 상대방 없는 단독행위에서 주로 사용 2. **오표시무해의 원칙** 3. 착오 취소 ×	1. 객관적 의미를 탐구 2. 착오의 문제가 발생하므로 취소가능	1. 유효하게 성립한 법률행위에서만 보충적 해석가능 2. 착오 취소 ×

💡 **보충적 의사**란 당사자의 실제 의사 또는 주관적 의사가 아니라 계약의 목적, 거래관행, 적용법규, 신의칙 등에 비추어 객관적으로 추인되는 정당한 이익조정 의사(가정적 의사)를 말한다.

3. 오표시무해(誤表示無害)의 원칙

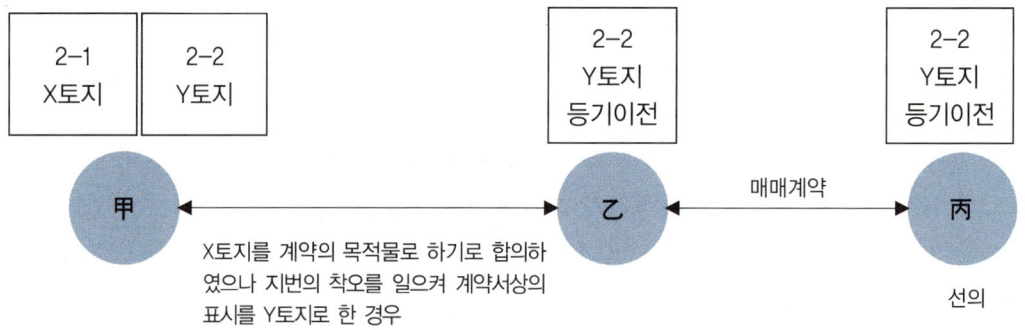

(1) 甲과 乙 사이의 매매계약은 당사자의 진의가 일치하는 **X토지에 대하여 성립**한다.

① 따라서 甲과 乙 사이의 매매계약은 乙명의로 등기된 Y토지에 대하여 성립하는 것은 아니다.

② 따라서 당사자간 甲과 乙 사이의 매매계약은 당사자가 원하는 대로 X토지에 대하여 성립하였기에, 甲 또는 乙은 자신의 **착오를 이유로 계약을 취소할 수 없다**.

(2) 乙은 甲에게 X토지에 대하여 소유권이전등기를 다시 청구할 수 있다.

그리고 甲도 乙에게 Y토지에 대한 말소등기를 청구할 수 있을 뿐이다.

(3) 乙이 자기 앞으로 Y토지가 등기된 것을 기회로 선의의 丙에게 Y토지를 매매한 경우 설령 丙이 선의라 하더라도 乙명의의 Y토지에 대한 등기는 무효등기이므로, 丙은 선의라도 Y토지에 대한 소유권을 취득할 수 없다.

> 제105조【임의규정】법률행위의 당사자가 법령 중의 선량한 풍속 기타 사회질서에 관계없는 규정과 다른 의사를 표시한 때에는 그 의사에 의한다.
> 제106조【사실인 관습】법령 중의 선량한 풍속 기타 사회질서에 관계없는 규정과 다른 관습이 있는 경우에 당사자의 의사가 명확하지 아니한 때에는 **그 관습에 의한다.**

4. 법률행위의 해석의 순서

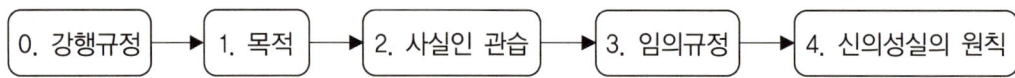

07 진의 아닌 의사표시

> 제107조 【진의 아닌 의사표시】 ① 의사표시는 표의자가 진의아님을 알고 한 것이라도 **그 효력이 있다.** 그러나 상대방이 표의자의 진의아님을 **알았거나 이를 알 수 있었을 경우에는 무효로 한다.**
> ② 전항의 의사표시의 무효는 **선의의 제삼자에게 대항하지 못한다.**

1. 진의 아닌 의사표시의 성립요건

| (1) 의사표시의 존재 | 사교적인 명백한 농담, 수면 중의 무의식적 대사 등은 의사표시가 아니므로 진의 아닌 의사표시에 관한 규정이 적용되지 않는다. |

(2) 진의와 표시의 불일치

| (3) 반드시 불일치를 알고 있어야 | 표의자가 진의와 표시의 불일치는 모르고 있으면 착오 |

(4) 동기나 이유는 불문

2. 진의 아닌 의사표시의 효과

(1) 진의 아닌 의사표시는 **원칙적으로 유효**하다.

(2) 진의 아닌 의사표시는 예외적으로 상대방이 알았거나 알 수 있었을 경우에는 무효이다(따라서 제107조 단서의 반대해석상 상대방이 **과실 없이 모르는 경우에 한하여(선의 + 무과실에 한하여)** 유효이다).

(3) 진의 아닌 의사표시가 예외적으로 무효인 경우에 선의의 제3자에게 대항할 수 없다(상대적 무효).

3. 적용범위

(1) **공법행위**, 신분행위, 주식인수의 청약, 상대방 없는 의사표시에는 적용되지 않는다.

(2) **대리권(대표권) 남용**의 경우 제107조 제1항 단서가 유추적용될 수 있다.

4. 중요판례

(1) 진의 아닌 의사표시에 있어서의 '진의'란 특정한 내용의 의사표시를 하고자 하는 표의자의 생각을 말하는 것이지 표의자가 진정으로 마음속에서 바라는 사항을 뜻하는 것은 아니므로 표의자가 의사표시의 내용을 진정으로 마음속에서 바라지는 아니하였다고 하더라도 당시의 상황에서는 그것이 최선이라고 판단하여 그 의사표시를 하였을 경우에는 이를 내심의 효과의사가 결여된 진의 아닌 의사표시라고 할 수 없다.

(2) 비록 재산을 강제로 빼앗긴다는 것이 표의자의 본심으로 잠재되어 있었다 하더라도 표의자가 **강박에 의해서나마 증여**하기로 하고 그에 따른 증여의 의사표시를 한 이상 증여의 내심의 효과의사가 결여된 것이라고 할 수는 없다.

(3) 근로자가 징계면직처분을 받은 후 당시 상황에서는 징계면직처분의 무효를 다투어 복직하기는 어렵다고 판단하여 퇴직금 수령 및 장래를 위하여 사직원을 제출하고 재심을 청구하여 종전의 징계면직처분이 취소되고 의원면직처리된 경우 그 사직의 의사표시는 비진의 의사표시에 해당하지 않는다.

(4) **법률상 또는 사실상의 장애**로 자기 명의로 대출받을 수 없는 자를 위하여 대출금채무자로서의 명의를 빌려준 자에게 그와 같은 채무부담의 의사가 없는 것이라고는 할 수 없으므로 그 의사표시를 비진의표시에 해당한다고 볼 수 없고, 설령 명의대여자의 의사표시가 비진의표시에 해당한다고 하더라도 그 의사표시의 상대방인 상호신용금고로서는 명의대여자가 전혀 채무를 부담할 의사 없이 진의에 반한 의사표시를 하였다는 것까지 알았다거나 알 수 있었다고 볼 수도 없다고 보아, 그 명의대여자는 표시행위에 나타난 대로 대출금채무를 부담한다.

(5) **학교법인이 사립학교법상의 제한규정** 때문에 그 학교의 교직원들인 소외인들의 명의를 빌려서 피고로부터 금원을 차용한 경우에 피고 역시 그러한 사정을 알고 있었다고 하더라도 위 소외인들의 의사는 위 금전의 대차에 관하여 그들이 주채무자로서 채무를 부담하겠다는 뜻이라고 해석함이 상당하므로 이를 진의 아닌 의사표시라고 볼 수 없다.

(6) 공무원이 사직의 의사표시를 하여 의원면직처분을 하는 경우 그 사직의 의사표시는 그 법률관계의 특수성에 비추어 외부적·객관적으로 표시된 바를 존중하여야 할 것이므로 비록 사직원 제출자의 내심의 의사가 사직할 뜻이 아니었다고 하더라도 진의 아닌 의사표시에 관한 민법 제107조는 그 성질상 사직의 의사표시와 같은 사인의 공법행위에는 준용되지 아니하므로 그 의사가 외부에 표시된 이상 그 의사는 표시된 대로 효력을 발한다.

(7) 진의 아닌 의사표시가 대리인에 의하여 이루어지고 그 대리인의 진의가 본인의 이익이나 의사에 반하여 자기 또는 제3자의 이익을 위한 배임적인 것임을 그 상대방이 알았거나 알 수 있었을 경우에는 민법 **제107조 제1항 단서의 유추해석상** 그 대리인의 행위는 본인의 대리행위로 성립할 수 없으므로 본인은 대리인의 행위에 대하여 아무런 책임이 없다

(8) 어떠한 의사표시가 비진의 의사표시로서 무효라고 주장하는 경우에 그 입증책임은 그 주장자에게 있다.

5. 민법의 의사표시의 규정

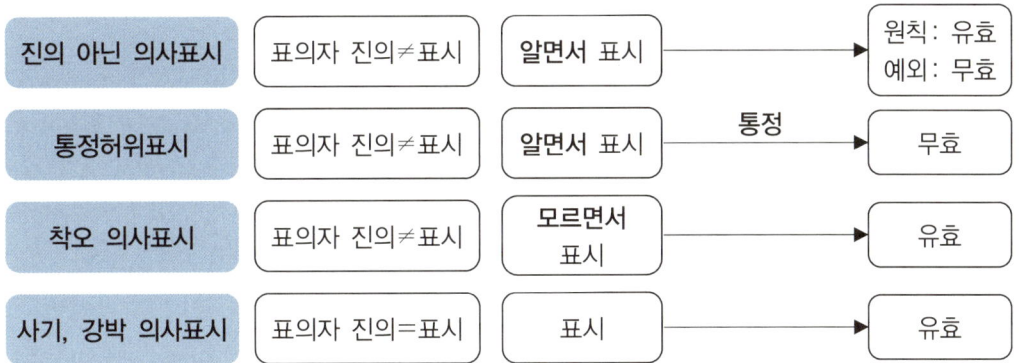

6. 민법의 의사표시에 관한 규정 적용여부

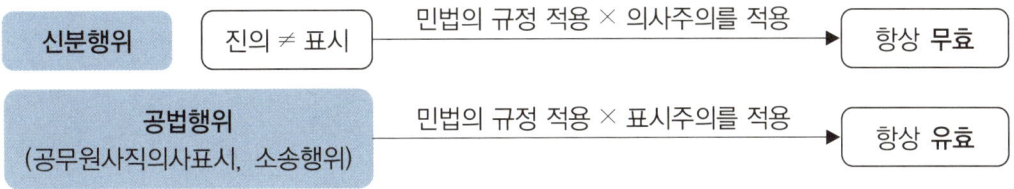

(1) **공무원의 사직의 의사표시**에는 진의 아닌 의사표시에 관한 규정이 적용되지 아니한다.

(2) **소송행위**가 사기·강박·착오에 의하여 이루어진 경우에도 이를 이유로 소송행위를 취소할 없다.

7. "선의의 제3자에게 대항하지 못한다."

(1) 제3자의 선의는 추정된다. 따라서 제3자가 악의라는 점에 대한 증명책임을 무효를 주장하는 자에게 있다.

(2) 제3자는 선의이면 충분하고 무과실을 요하지 아니한다. 따라서 과실있는 선의의 제3자도 보호된다.

> 제108조【통정한 허위의 의사표시】 ① 상대방과 통정한 허위의 의사표시는 **무효로 한다**.
> ② 전항의 의사표시의 무효는 **선의의 제삼자에게 대항하지 못한다**.

08 통정한 허위의 의사표시

1. 통정한 허위의 의사표시의 성립요건

(1) 의사표시가 존재할 것

(2) 진의와 표시가 불일치 할 것

(3) 그 불일치를 표의자가 알고 있을 것

(4) 상대방과 **통정**할 것

(5) 허위표시를 하게 된 동기, 이유는 불문

통정(通情)이란 **상대방과의 합의**를 의미한다.
상대방이 표의자의 비진의표시를 알고 있는 것을 통정으로 볼 수 없다.

2. 통정한 허위의 의사표시의 효과

(1) **허위표시의 당사자간의 효력**

① **언제나** 당사자 사이에서의 허위표시는 **무효**이다.

② 허위표시는 불법(不法)이 아니다. 따라서 제746조(불법원인급여)가 적용되지 않으므로, **부당이득반환청구할 수 있다.**

③ 채무자의 법률행위가 통정허위표시인 경우에도 **채권자취소권의 대상**이 된다.

④ 통정허위표시의 법률행위에 대해서도 채권자 대위권을 행사할 수 있다.

⑤ 허위표시는 무효인데, 당사자의 합의에 의하여 철회할 수 있다.

(2) **제3자에 대한 관계**(선의의 제3자에게 대항하지 못한다)

① 제3자는 선의이면 족하고, **무과실은 요건이 아니다**(즉 과실이 있는 선의의 제3자도 보호된다).

② **제3자의 선의는 추정**되므로, 무효를 주장하는 자(가장매매의 양도인 등)가 제3자의 악의를 입증하여야 한다(제3자 스스로 선의임을 증명하여야 한다. ×).

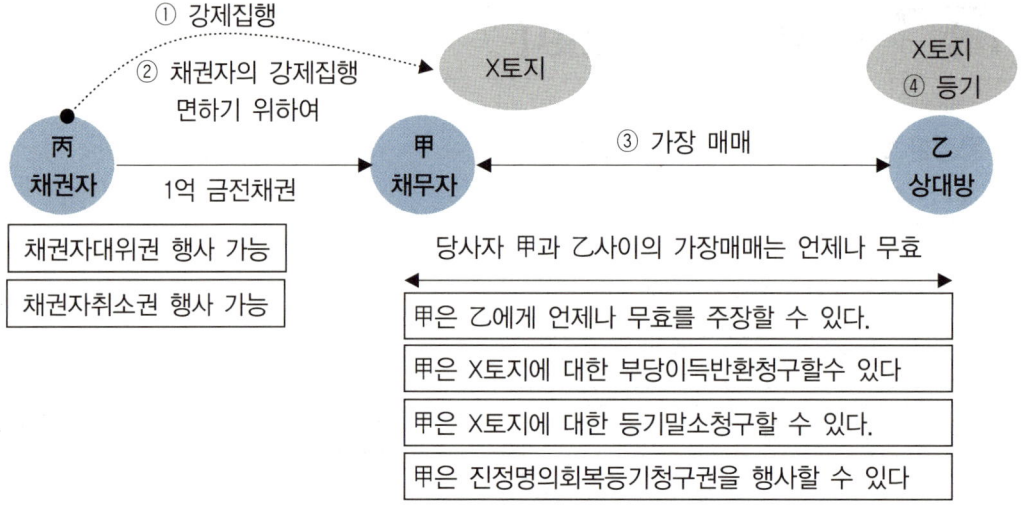

3. 제3자의 범위

(1) 통정한 허위표시에서 제3자는 허위표시의 **당사자와 포괄승계인 이외의 자**로서, 허위표시에 의하여 외형상 형성된 법률관계를 토대로 **실질적으로 새로운 법률상 이해관계**를 맺은 자를 의미한다.

(2) 선의의 제3자에 대하여는 허위표시의 당사자뿐만 아니라 그 누구도 허위표시의 무효를 대항하지 못한다.

(3) **제3자에 해당하는 자**

① 통정한 허위표시에 의하여 외형상 형성된 법률관계로 생긴 채권을 가압류한 자
② 가장양수인으로부터 목적부동산을 양수한 자
③ 가장양수인으로부터 저당권을 설정받은 자
④ 가장양도의 목적물에 대한 가압류채권자
⑤ 가장저당권설정행위에 기한 저당권실행에 의하여 부동산을 경락받은 자
⑥ 가장양수인으로부터 소유권이전등기청구권 보전을 위한 가등기를 경료받은 자
⑦ 가장행위에 기한 근저당권 채권을 가압류한 자
⑧ 통정한 허위표시에 의해 설정된 전세권에 대해 저당권을 설정받은 자
⑨ 가장양도된 임대차보증금채권의 압류 및 추심명령을 받은 자

⑩ **파산관재인**은 그 허위표시에 따라 외형상 형성된 법률관계를 토대로 실질적으로 새로운 법률상 이해관계를 가지게 된 민법 제108조 제2항의 제3자에 해당하고, 그 선의·악의도 파산관재인 개인의 선의·악의를 기준으로 할 수는 없고, 총파산채권자를 기준으로 하여 파산채권자 모두가 악의로 되지 않는 한 파산관재인은 선의의 제3자라고 할 수밖에 없다.

⑪ 주채무자의 기망행위에 의하여 주채무가 있는 것으로 믿고 주채무자와 보증계약을 체결한 다음 그에 따라 보증채무자로서 그 채무까지 이행한 **보증인**

(4) 제3자에 해당하지 않는 자

① **채권의 가장양도에서의 채무자**

② 가장양수인의 일반채권

③ **포괄승계인(＝상속인)**

④ **제3자를 위한 계약에서 제3자**

⑤ **가장소비대차에서 대주의 지위를 이전받은 자**

⑥ **대리인과 상대방이 통정한 허위표시에서 본인**

4. 허위표시와 구별되는 개념

(1) 은닉행위

아버지가 아들에게 부동산을 증여하고 있었으나, **증여세를 면탈**하기 위하여 서류상 매매계약을 체결하는 것처럼 하여 아들에게 소유권이전등기를 한 경우

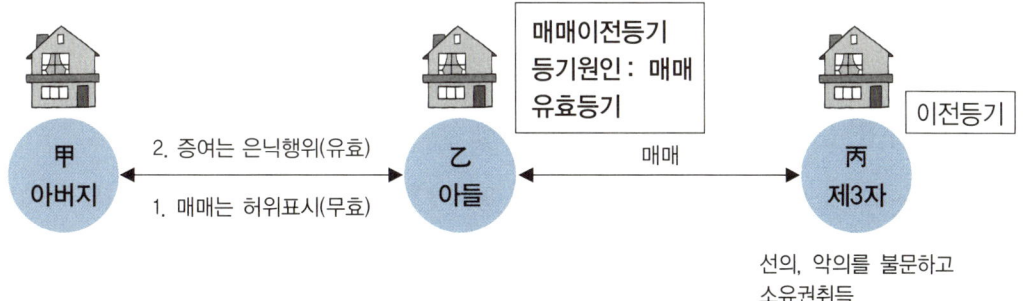

(2) 신탁행위

추심을 위한 채권양도, 명의신탁, 양도담보 등은 허위표시에 해당하지 않는다.

09 착오에 의한 의사표시

제109조 【착오로 인한 의사표시】 ① 의사표시는 법률행위의 내용의 **중요부분**에 착오가 있는 때에는 취소할 수 있다. 그러나 그 착오가 표의자의 **중대한 과실**로 인한 때에는 취소하지 못한다.
② 전항의 의사표시의 취소는 **선의의 제삼자에게 대항하지 못한다.**

1. 착오의 의의
(1) 착오란 의사표시의 내용과 내심의 의사가 일치하지 않는 것을 표의자가 **알지 못하는** 것을 의미한다.
(2) 표의자에게 착오가 있더라도 상대방이 **표의자의 진의에 동의**하였다면 착오를 이유로 취소하지 못한다.

2. 착오의 유형
(1) **표시상의 착오**, 표시기관의 착오, 내용의 착오, **법률의 착오** 등은 착오를 이유로 취소할 수 있다.
(2) 전달기관의 착오는 의사표시의 부도달의 문제일 뿐 착오에 해당하지 않는다.

3. 동기의 착오
(1) **원칙적으로** 동기의 착오는 의사표시의 중요부분에 해당하지 않기에 착오를 이유로 취소 **하지 못한다.**
(2) 다만, 예외적으로 동기를 **상대방에게 표시**하거나 **상대방으로부터 유발된 동기의 착오는 표시여부를 불문하고** 착오를 이유로 취소할 수 있다.
(3) 동기의 착오를 이유로 취소하기 위해서는 표의자가 그 동기를 당해 의사표시의 내용으로 삼을 것을 **표시**하고 의사표시의 해석상 법률행위의 내용으로 되어 있다고 인정되면 충분하고, 당사자들 사이에 그 동기를 의사표시의 내용으로 삼기로 하는 **합의까지 이루어질 필요는 없다.**
(4) 신도시가 들어선다고 믿고서 토지를 고가로 매입한 경우, 일정한 사용목적을 위하여 토지를 매수하였는데 **법령상의 제한**으로 그 토지를 목적대로 사용할 수 없게 된 경우가 동기의 착오의 예이다.

(5) 귀속재산이 아닌데도 공무원이 귀속재산이라고 하여 토지소유자가 토지를 국가에 증여한 경우가 상대방으로 유발된 동기의 착오에 해당한다.

4. 착오를 이유로 취소하기 위한 요건

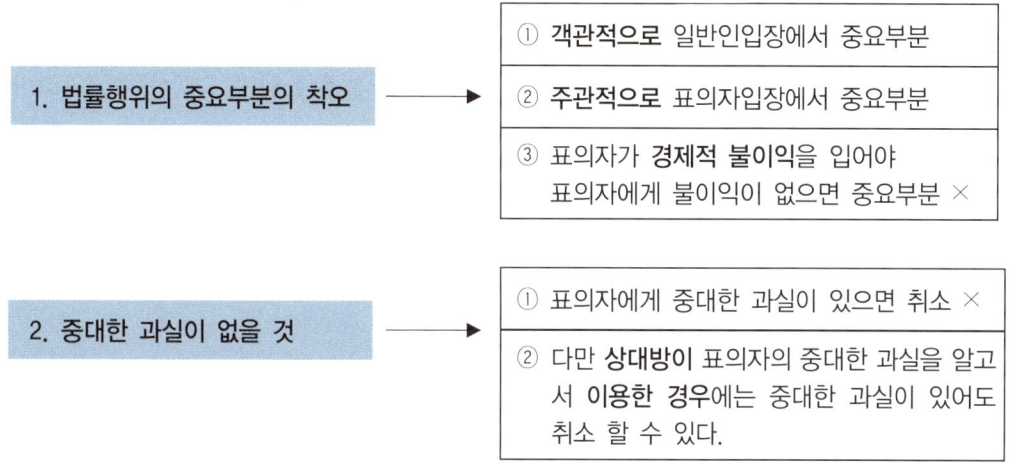

(1) 부동산 매매에서 **시가에 관한 착오**는 중요부분의 착오라고 할 수 없다.

(2) 토지 1389평을 경작할 수 있는 농지인 줄 알고 매수하였으나 그 중 600평이 하천을 이루고 있는 경우처럼 **토지의 현황·경계에 관한 착오**는 중요부분의 착오에 해당한다.

(3) 인접대지의 경계선이 자신의 대지의 경계선과 일치하는 것으로 잘못 알고 그 경계선에 담장을 설치하기로 합의한 경우 중요부분의 착오에 해당한다.

(4) 특정된 토지 전부를 매수하였으나 **표시된 지적이 실제면적보다 적은 경우**라도 그 매매계약이 법률행위의 중요부분에 착오에 있다고 할 수 없다.

(5) 건물 및 그 부지를 현상대로 매수하였다면 부지의 지분이 다소 부족하더라도 그 매매계약의 중요부분의 착오로 보지 않는다.

(6) 甲이 채무자란이 백지로 된 근저당권설정계약서를 제시받고 그 채무자가 乙인 것으로 알고 근저당권설정자로 서명날인을 하였는데 그 후 채무자가 丙으로 되어 근저당권설정등기가 경료된 경우 甲은 그 소유의 부동산에 관하여 근저당권설정계약상의 채무자를 丙이 아닌 乙로 오인한 나머지 근저당설정의 의사표시를 한 것이고, 이와 같은 채무자의 동일성에 관한 착오는 법률행위 내용의 중요부분에 관한 착오에 해당한다.

(7) 재건축조합이 건축사 자격이 없이 건축연구소를 개설한 건축학 교수에게 건축사 자격이 없다는 것을 알았더라면 재건축조합만이 아니라 객관적으로 볼 때 일반인으로서도 이와 같은 설계용역계약을 체결하지 않았을 것으로 보이므로 재건축조합 측의 착오는 중요부분의 착오에 해당한다.

(8) 공장을 경영하는 자가 공장이 협소하여 새로운 공장을 설립할 목적으로 토지를 매수함에 있어 토지상에 공장을 건축할 수 있는지 여부를 관할관청에 알아보지 아니한 과실이 '중대한 과실'에 해당한다.

(9) 공인된 중개사나 신뢰성 있는 중개기관을 통하지 않고 개인적으로 토지 거래를 한 매수인이 임야도나 임야대장 등을 확인하지 않아 매매계약 목적물인 임야의 동일성에 관한 착오를 일으킨 것은 중대한 과실에 기인한 것이다.

5. 증명책임

(1) **착오를 이유로 의사표시를 취소하는 자**는 법률행위의 내용에 착오가 있었다는 사실과 함께 그 착오가 의사표시에 결정적인 영향을 미쳤다는 점, 즉 만약 그 착오가 없었더라면 의사표시를 하지 않았을 것이라는 점을 증명하여야 한다.

(2) 민법 제109조 제1항 단서에서 규정하는 착오한 표의자의 **중대한 과실 유무에 관한 주장과 입증책임**은 착오자가 아니라 의사표시를 취소하게 하지 않으려는 **상대방**에게 있다.

(3) 즉, 중요부분에 대한 증명책임은 표의자에게 있고, 중대한 과실에 대한 증명책임은 상대방에게 있다.

6. 착오에 관한 중요판례

(1) 제109조는 **임의규정**이다. 따라서 당사자의 합의로 착오로 인한 의사표시 취소에 관한 민법 제109조 제1항의 적용을 배제할 수 있다.

(2) 착오를 이유로 취소한 결과 **상대방에게 손해가 발생한 경우**, 취소자의 취소가 위법은 아니므로 설령 상대방에게 손해가 발생하였더라도 취소자는 상대방에게 불법행위에 의한 **손해배상책임이 없다.**

(3) 매매계약 내용의 중요 부분에 착오가 있는 경우 매수인은 매도인의 **하자담보책임**이 성립하는지와 상관없이 착오를 이유로 매매계약을 **취소**할 수 있다.

(4) 매도인이 매수인의 중도금지급채무불이행을 이유로 매매계약을 적법하게 해제한 후라도 매수인으로서는 상대방이 한 계약해제의 효과로서 발생하는 손해배상책임을 지거나, 매매계약에 따른 계약금의 반환을 받을 수 없는 불이익을 면하기 위하여 착오를 이유로 한 취소권을 행사하여 매매계약 전체를 무효로 돌리게 할 수 있다.

(5) 신원보증서류에 서명날인한다는 착각에 빠진 상태로 연대보증의 서면에 서명날인한 경우 결국 위와 같은 행위는 강학상 기명날인의 착오(또는 서명의 착오), 즉 어떤 사람이 자신의 의사와 다른 법률효과를 발생시키는 내용의 서면에, 그것을 읽지 않거나 올바르게 이해하지 못한 채 기명날인을 하는 이른바 **표시상의 착오**에 해당하므로 비록 위와 같은 착오가 제3자의 **기망행위**에 의하여 일어난 것이라 하더라도 그에 관하여는 사기에 의한 의사표시에 관한 법리를 적용할 것이 아니라, 착오에 의한 의사표시에 관한 법리만을 적용하여 취소권 행사의 가부를 가려야 한다.

(6) 의사표시 당시 착오가 있었더라도 그 후의 사정변경에 의하여 표의자에게 유리하게 되었고 표의자의 착오주장이 신의성실의 원칙에 반하게 되는 경우에 취소권이 배제된다.

10 사기 또는 강박에 의한 의사표시

1. 사기에 의한 의사표시 성립요건

① 사기자의 2단의 고의 — 과실에 의한 사기는 성립 ×

② 기망행위
1. 적극적인 기망행위뿐만 아니라 침묵과 같은 **소극적인 기망행위도 포함**된다.
2. **고지의무있는** 경우 침묵(부작위에 의한 기망)도 기망행위가 될 수 있다.

③ 기망행위가 위법할 것

④ 인과관계의 존재
1. 주관적인(표의자기준) 인과관계만으로도 충분
2. 객관적인(일반인기준) 인과관계까지는 ×

2. 강박에 의한 의사표시 성립요건

① 강박자의 2단의 고의

② 강박행위 — 강박행위: 해악고지 + 공포심유발
각서에 서명날인할 것을 강력히 요구하는 것은 강박이 아니다.

③ 강박행위가 위법할 것

④ 인과관계의 존재

3. 중요판례

(1) 사기에 의한 의사표시란 타인의 기망행위로 말미암아 착오에 빠지게 된 결과 어떠한 의사표시를 하게 되는 경우이므로 거기에는 의사와 표시의 불일치가 있을 수 없다.

(2) 상품의 선전·광고에 다소의 과장이나 허위가 수반되는 것은 그것이 일반 상거래의 관행과 신의성실의 원칙에 비추어 시인될 수 있는 한 기망성이 결여된다고 하겠으나, 거래에 있어서 중요한 사항에 관하여 구체적 사실을 **신의성실의 의무에 비추어 비난받을 정도의 방법으로 허위로 고지**한 경우에는 기망행위에 해당한다.

(3) **상가를 분양**하면서 그곳에 첨단 오락타운을 조성하고 전문경영인에 의한 위탁경영을 통하여 일정 수익을 보장한다는 취지의 광고를 하였다고 하여 이로써 상대방을 **기망**하여 분양계약을 체결하게 하였다거나 상대방이 계약의 중요부분에 관하여 **착오**를 일으켜 분양계약을 체결하게 된 것이라 볼 수 **없다**.

(4) **대형백화점의 변칙세일**은 물품구매 동기에 있어서 중요한 요소인 가격조건에 관하여 구체적 사실을 신의성실의 의무에 비추어 비난받을 방법으로 허위고지한 경우이므로 위법한 **기망행위에 해당**한다.

(5) 일반적으로 교환계약에서 (중략) 일방 당사자가 자기가 소유하는 목적물의 시가를 묵비하여 상대방에게 고지하지 아니하거나 혹은 허위로 시가보다 높은 가액을 시가라고 고지하였다 하더라도 이는 상대방의 의사결정에 불법적인 간섭을 한 것이라고 볼 수 없다.

(6) 아파트분양자는 아파트 단지 인근에 쓰레기 매립장이 건설예정인 사실을 분양계약자에게 고지할 신의성실의 원칙상의 의무를 부담한다.

(7) 부동산 거래에 있어 거래 상대방이 일정한 사정에 관한 고지를 받았더라면 그 거래를 하지 않았을 것임이 경험칙상 명백한 경우에는 신의성실의 원칙상 사전에 상대방에게 그와 같은 사정을 고지할 의무가 있으며, 그와 같은 **고지의무의 대상이 되는 것**은 직접적인 **법령의 규정**뿐 아니라 널리 **계약상, 관습상 또는 조리상의 일반원칙에 의하여도 인정**될 수 있다.

(8) 일반적으로 부정행위에 대한 고소, 고발은 그것이 부정한 이익을 목적으로 하는 것이 아닌 때에는 정당한 권리행사가 되어 위법하다고 할 수 없으나, 부정한 이익의 취득을 목적으로 하는 경우에는 위법한 강박행위가 되는 경우가 있고 목적이 정당하다 하더라도 행위나 수단 등이 부당한 때에는 위법성이 있는 경우가 있을 수 있다.

(9) 강박에 의한 법률행위가 하자 있는 의사표시로서 취소되는 것에 그치지 않고 나아가 무효로 되기 위하여는, 강박의 정도가 단순한 불법적 해악의 고지로 상대방으로 하여금 공포를 느끼도록 하는 정도가 아니고, 의사표시자로 하여금 의사결정을 스스로 할 수 있는 여지를 완전히 박탈한 상태에서 의사표시가 이루어져 단지 법률행위의 외형만이 만들어진 것에 불과한 정도이어야 한다.

(10) 법률행위가 사기에 의한 것으로서 취소되는 경우에 그 법률행위가 동시에 불법행위를 구성하는 때에는 취소의 효과로 생기는 부당이득반환청구권과 불법행위로 인한 손해배상청구권은 경합하여 병존하는 것이므로 채권자는 어느 것이라도 **선택**하여 행사할 수 있지만 중첩적으로 행사할 수는 없다.

(11) 피해자가 제3자를 상대로 손해배상청구를 하기 위하여 반드시 그 분양계약을 취소할 필요는 없다. 즉 계약을 취소하지 않더라도 손해배상을 청구할 수 있다.

4. 민법의 규정

> 제110조 【사기, 강박에 의한 의사표시】 ① 사기나 강박에 의한 의사표시는 취소할 수 있다.
> ② 상대방 있는 의사표시에 관하여 **제삼자가 사기나 강박을 행한 경우에는** 상대방이 그 사실을 **알았거나 알 수 있었을 경우에 한하여** 그 의사표시를 취소할 수 있다.
> ③ 전2항의 의사표시의 취소는 **선의의 제삼자에게 대항하지 못한다.**

5. 민법 110조 규정의 해석

(1) **제110조 제1항의 의미**(상대방으로부터 사기, 강박을 당한 경우)

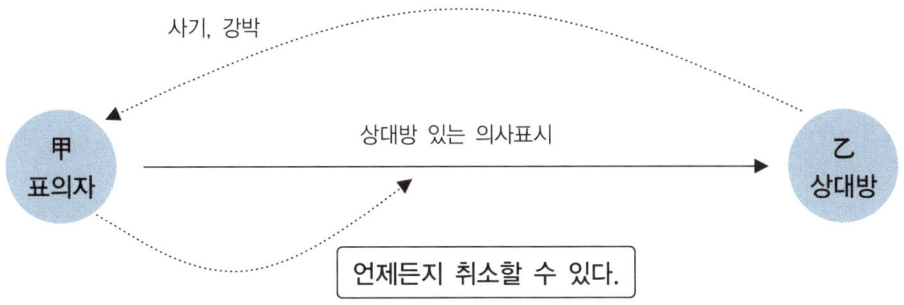

(2) **제110조 제2항의 의미**(제3자로부터 사기, 강박을 당한 경우)

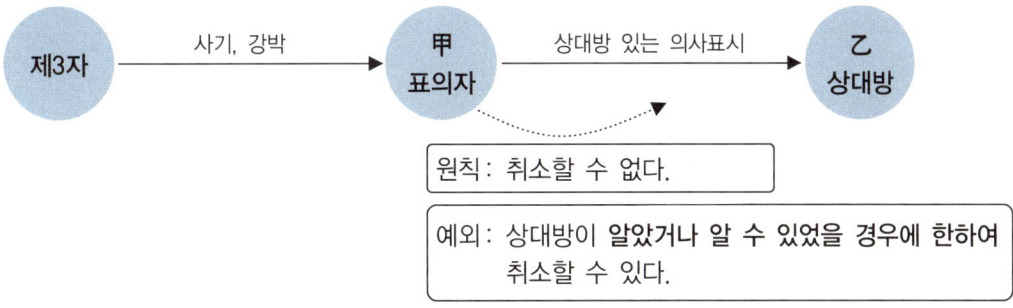

(3) **제3자의 의미**

① **상대방의 대리인 등 상대방과 동일시 할 수 있는 자**의 사기나 강박은 제3자의 사기·강박에 해당하지 않는다.
따라서 대리인이 상대방을 사기 또는 강박한 경우, **본인이 그러한 사실을 알았거나 몰랐거나(선의＋무과실이더라도) 상대방은 취소할 수 있다.**

② 단순히 상대방의 피용자이거나 상대방이 사용자책임을 져야 할 관계에 있는 피용자에 지나지 않는 자는 상대방과 동일시 할 수 없어 제3자에 해당한다.

11 의사표시의 효력발생

> 제111조 【의사표시의 효력발생시기】 ① 상대방이 있는 의사표시는 상대방에게 **도달한 때에 그 효력이 생긴다.**
> ② 의사표시자가 그 통지를 발송한 후 **사망하거나 제한능력자가 되어도** 의사표시의 효력에 영향을 미치지 아니한다.

1. 의사표시가 이루어지는 과정

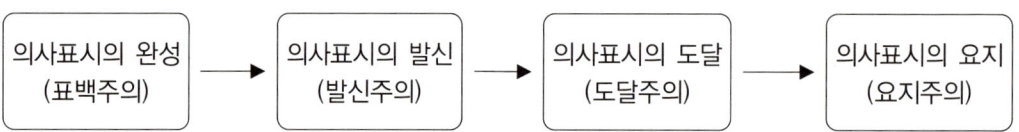

의사표시의 완성 (표백주의) → 의사표시의 발신 (발신주의) → 의사표시의 도달 (도달주의) → 의사표시의 요지 (요지주의)

2. 상대방 없는 의사표시

표의자가 자신의 의사표시를 완성과 동시에 효력이 발생한다(표백주의).

3. 상대방 있는 의사표시

(1) 원 칙

① 상대방에게 의사표시가 **도달하면** 효력을 발생한다.

② 따라서 상대방에게 도달하면 효력이 발생하므로 **철회하지 못한다.** 예를 들어 청약(해제 등)의 의사표시가 상대방에게 도달하면 철회하지 못한다. 다만 상대방에게 도달하기 전 또는 상대방에게 도달한 후라도 상대방이 동의하면 철회할 수 있다.

(2) 예 외

상대방에게 의사표시를 **발신(발송)하면** 효력이 발생한다.

(3) 발신주의를 취하는 예

> 1. 제한능력자의 상대방의 최고에 대한 확답(제15조)
> 2. 사원총회의 소집통지(제71조)
> 3. **무권대리에서 상대방의 최고에 대한 확답**(제131조)
> 4. **격지자간의 계약이 성립하는 시기**(제531조)
> 5. 채권자의 채무인수인에 대한 승낙의 통지(제455조 제2항)

(4) 의사표시의 효력발생에 관한 규정(제110조 제1항)은 **사법행위뿐만 아니라 공법상의 법률행위에도 적용**된다.

(5) 의사표시의 효력발생에 관한 규정(제110조 제1항)은 **임의규정**이다. 따라서 당사자의 약정에 의하여 효력발생시기를 다르게 정할 수 있다.

(6) 도달주의를 취하는 결과 의사표시의 부도달·연착 등은 **표의자의 불이익**이 된다.

(7) **도달에 대한 증명책임**은 도달을 주장하는 자(표의자)에게 있다.

4. 도달의 의미

(1) '도달'이란 의사표시가 상대방의 지배권 내에 들어가 사회통념상 일반적으로 요지(了知)할 수 있는 상태에 놓이는 것을 의미하고, **상대방이 이를 현실적으로 수령하였다거나 그 내용을 알았을 것(요지할 것)까지 요하지 않는다.**

(2) 상대방이 정당한 사유 없이 **통지의** 수령을 거절한 경우에는 상대방이 그 통지의 내용을 알 수 있는 객관적 상태에 놓여 있는 때에 의사표시의 효력이 생기는 것으로 보아야 한다.

(3) **내용증명우편이나 등기우편**과는 달리, **보통우편의 방법으로 발송**되었다는 사실만으로는 그 우편물이 상당기간 내에 **도달하였다고 추정할 수 없고** 송달의 효력을 주장하는 측에서 증거에 의하여 도달사실을 입증하여야 한다.

(4) 채권양도의 통지와 같은 준법률행위에도 도달의 법리가 적용된다.

5. 발신 후의 사정변경

의사표시자가 의사표시를 발신 후 상대방에게 도달하기 전에 사망하거나 행위능력을 상실하여도(= 제한능력자가 되어도) 그 의사표시는 **효력이 있다.**

6. 의사표시의 수령능력

> 제112조【제한능력자에 대한 의사표시의 효력】 의사표시의 상대방이 의사표시를 받은 때에 **제한능력자인 경우**에는 의사표시자는 **그 의사표시로써 대항할 수 없다.** 다만, 그 상대방의 법정대리인이 의사표시가 도달한 사실을 **안 후에는** 그러하지 아니하다.

(1) 의사표시의 상대방이 제한능력자인 경우에는 의사표시자는 자신의 의사표시로써 제한능력자에게 대항할 수 없다. 따라서 제한능력자에게 의사표시의 도달을 주장할 수 없다.

(2) **제한능력자는 수령무능력자**이다.

(3) 다만, 제한능력자의 법정대리인이 의사표시가 도달한 사실을 안 경우에는 대항할 수 있다.

7. 의사표시의 공시송달

> 제113조【의사표시의 공시송달】 표의자가 과실없이 상대방을 알지 못하거나 상대방의 소재를 알지 못하는 경우에는 의사표시는 민사소송법 공시송달의 규정에 의하여 송달할 수 있다.

12. 대리 일반

1. 대 리

대리란 타인(대리인)이 본인의 이름으로 의사표시를 하거나(능동대리) 또는 상대방의 의사표시를 수령(수동대리)함으로써 직접 본인에게 그 법률효과를 귀속되도록 하는 제도

2. 대리할 수 있는 범위

대리할 수 있는 것들	대리할 수 없는 것들
1. 재산상의 법률행위(매매, 증여 등) 2. 관념의 통지(**채권양도의 통지**)	1. **신분상의 법률행위**(혼인, 입양 등) 2. 사실행위(변제, 물건의 현실의 인도 등) 3. **불법행위** 4. 근로계약과 임금청구

3. 대리의 종류

(1) 임의대리와 법정대리

① 임의대리란 **본인의 의사**(= **법률행위, 대리권 수여, 수권행위**)에 의하여 대리인이 되는 경우를 의미한다.

② 법정대리란 본인의 의사와는 무관하게 법률의 규정 또는 지정 또는 법원의 선임등에 의하여 대리인이 되는 경우를 의미한다.

(2) 능동대리와 수동대리

① 능동대리란 대리인이 상대방에게 하는 의사표시를 의미한다.

② 수동대리란 상대방이 대리인에게 하는 의사표시를 의미한다.

③ 능동대리에서는 대리인이 본인을 위한다고 현명하지만, 수동대리에서는 상대방이 본인을 위한다고 현명하므로 수동대리인은 현명할 필요가 없다.

4. 대리권의 발생원인

(1) 법정대리인
법률의 규정에 의하여 발생하며, 법률의 규정에 의하여 그 범위가 정해진다.

(2) 임의대리권의 발생원인(= 수권행위)
① 수권행위는 계약이 아니라 **상대방 있는 단독행위**
② 수권행위와 원인된 법률관계(= 고용계약, 위임계약 등)는 구별된다.
③ 수권행위는 **불요식행위**이다.
④ 수권행위의 하자는 **본인을 기준**(대리인 기준 ×)으로 판단한다.
⑤ 대리권을 수여하는 수권행위는 불요식의 행위로서 명시적인 의사표시에 의함이 없이 묵시적인 의사표시에 의하여 할 수도 있으며, 어떤 사람이 대리인의 외양을 가지고 행위하는 것을 본인이 알면서도 이의를 하지 아니하고 방임하는 등 사실상의 용태에 의하여 대리권의 수여가 추단되는 경우도 있다.

5. 대리행위의 효력

> 제114조【대리행위의 효력】① 대리인이 그 권한 내에서 본인을 위한 것임을 표시한 의사표시는 직접 본인에 대하여 효력이 생긴다.
> ② 전항의 규정은 대리인에게 대한 제삼자의 의사표시에 준용한다.

(1) 본인을 위한 것임을 표시하는 현명에는 특별한 방식을 요하지 아니하므로, 명시적 현명(본인의 대리인)뿐만 아니라 **묵시적 현명**도 가능하다.

(2) 대리인은 반드시 대리인임을 표시하여 의사표시를 하여야 하는 것은 아니고 **본인 명의로도 할 수 있다**.

(3) 대리인의 대리행위의 효력은 본인에게 생기므로, 적법한 대리행위에 기한 권리·의무는 직접 본인에게 귀속한다. 따라서 해제권, 취소권 등도 본인에게 귀속한다.

(4) 계약상 채무의불이행을 이유로 계약이 상대방당사자에 의하여 유효하게 해제되었다면, 해제로 인한 원상회복의무는 대리인이 아니라 계약의 당사자인 본인이 부담한다. 이는 본인이 대리인으로부터 그 수령한 급부를 현실적으로 인도받지 못하였다거나 해제의 원인이 된 계약상 채무의 불이행에 관하여 대리인에게 책임 있는 사유가 있다고 하여도 다른 특별한 사정이 없는 한 마찬가지라고 할 것이다.

(5) 대리인이 본인을 위한다고 표시않은 경우(= 현명 ×)에는 대리행위가 아니므로, 본인에게 효력이 미치지 않는 것이 원칙이다.

(6) **현명하지 않은 경우**

> 제115조 【본인을 위한 것임을 표시하지 아니한 행위】 대리인이 **본인을 위한 것임을 표시하지 아니한 때에는 그 의사표시는 자기를 위한 것으로 본다.** 그러나 상대방이 대리인으로서 한 것임을 알았거나 알 수 있었을 때에는 전조 제1항의 규정을 준용한다.

6. 대리행위의 하자

> 제116조 【대리행위의 하자】 ① 의사표시의 효력이 의사의 흠결, 사기, 강박 또는 어느 사정을 알았거나 과실로 알지 못한 것으로 인하여 영향을 받을 경우에 그 사실의 유무는 **대리인을 표준**하여 결정한다.
> ② 특정한 법률행위를 위임한 경우에 대리인이 본인의 지시에 좇아 그 행위를 한 때에는 본인은 자기가 안 사정 또는 과실로 인하여 알지 못한 사정에 관하여 대리인의 부지를 주장하지 못한다.

(1) 대리행위의 "하자"는 본인이 아니라 **대리인을 기준**으로 하여 판단한다.

(2) 대리인에 의하여 불공정한 법률행위가 이루어진 경우 "**궁박**"은 본인을 기준으로 판단하고, "**경솔 또는 무경험**"은 대리인을 기준으로 하여 판단한다.

(3) 대리인이 상대방을 사기, 강박한 경우, 사기나 강박을 당한 상대방은 **본인이 그 사실을 알았거나 몰랐거나 관계없이** 언제든지 대리인과 체결한 법률행위(대리행위)를 취소할 수 있다.

(4) 대리인이 본인을 대리하여 매매계약을 체결함에 있어서 매매대상 토지에 관한 저간의 사정을 잘 알고 그 배임행위에 가담하였다면 대리행위의 하자 유무는 대리인을 표준으로 판단하여야 하므로 설사 **본인이 미리 그러한 사정을 몰랐더라도** 무효이다.

7. 대리인의 능력

> 제117조 【대리인의 행위능력】 대리인은 **행위능력자임을 요하지 아니한다.**

(1) 제한능력자도 타인의 대리인이 될 수 있다.

(2) 대리인은 행위능력을 요하지는 않지만, 최소한의 의사능력을 가지고 있어야 한다.

(3) **수권행위와 대리행위의 비교**

수권행위	1. 수권행위의 하자는 본인을 기준으로 판단 2. 원인된 법률관계(위임계약 등)는 대리인의 제한능력을 이유로 취소할 수 있음
대리행위	1. 대리행위의 하자는 대리인을 기준으로 판단 2. 대리행위(= 매매계약)는 대리인의 제한능력을 이유로 취소할 수 없음

8. 대리권의 증명

(1) **대리권의 존재**는 대리행위의 효과가 본인에게 귀속되기 위한 요건이므로, **대리행위의 효과를 주장하는 자(= 상대방)**가 대리권의 존재를 증명하여야 한다.

(2) 전등기명의인의 직접적인 처분행위에 의한 것이 아니라 제3자가 그 처분행위에 개입된 경우 **현등기**명의인이 그 제3자가 전등기명의인의 대리인이라고 주장하더라도 현소유명의인의 등기가 적법히 이루어진 것으로 추정된다 할 것이므로 위 등기가 원인무효임을 이유로 그 말소를 청구하는 **전소유명의인(= 본인)**으로서는 그 반대사실 즉, 그 제3자에게 전소유명의인을 대리할 권한이 없었다든지, 또는 제3자가 전소유명의인의 등기서류를 위조하였다는 등의 무효사실에 대한 **입증책임**을 진다.

13 대리권의 범위와 제한

1. **임의대리권의 범위**(대리권의 범위가 정해진 경우)

⑴ 수권행위의 통상의 내용으로서의 임의대리권은 그 권한에 부수하여 필요한 한도에서 상대방의 의사표시를 수령하는 이른바 수령대리권을 포함하는 것으로 보아야 한다.

⑵ 부동산의 소유자로부터 매매계약을 체결할 대리권을 수여받은 대리인은 특별한 사정이 없는 한 그 매매계약에서 약정한 바에 따라 **중도금이나 잔금을 수령할 권한**도 있다고 보아야 한다.

⑶ 매매계약의 체결과 이행에 관하여 **포괄적으로 대리권을 수여받은** 대리인은 특별한 다른 사정이 없는 한 상대방에 대하여 **약정된 매매대금 지급기일을 연기하여 줄 권한**도 가진다고 보아야 할 것이다.

⑷ 법률행위에 의하여 수여된 대리권은 그 원인된 법률관계의 종료에 의하여 소멸하는 것이므로 특별한 다른 사정이 없는 한 부동산을 **매수**할 권한을 수여받은 대리인에게 그 부동산을 **처분**할 대리권도 있다고 볼 수 없다.

⑸ 예금계약의 **체결**을 위임받은 자가 가지는 대리권에 당연히 그 예금을 담보로 하여 대출을 받거나 이를 **처분**할 수 있는 대리권이 포함되어 있는 것은 아니다.

⑹ 본인을 대리하여 금전소비대차 내지 그를 위한 담보권설정계약을 **체결**할 권한을 수여받은 대리인에게 본래의 계약관계를 **해제**할 대리권까지 있다고 볼 수 없다.

⑺ 대여금의 영수권한만을 위임받은 대리인이 그 대여금채무의 일부를 면제하기 위하여는 본인의 특별수권이 필요하다.

2. **권한을 정하지 아니한 임의대리권의 범위**

> **제118조【대리권의 범위】** 권한을 정하지 아니한 대리인은 다음 각 호의 행위만을 할 수 있다.
>   1. 보존행위
>   2. 대리의 목적인 물건이나 권리의 성질을 변하지 아니하는 범위에서 그 이용 또는 개량하는 행위

보존행위 ○(무제한)	이용개량행위 ○ (무제한 ×, 성질이 변하지 아니하는 범위 내에서)	처분행위 ×
1. 가옥의 수선 2. 소멸시효의 중단 3. 부패하기 쉬운 물건의 처분 4. **미등기부동산의 보존등기**	1. 물건의 임대 2. 무이자금전소비대차계약을 부금전소비대차계약으로 하는 경우	1. 예금을 주식에 투자 × 2. 예금을 찾아서 개인에게 대 여하는 행위 × 3. 저당권의 설정 ×

3. 자기계약 및 쌍방대리

> 제124조 【자기계약, 쌍방대리】 대리인은 **본인의 허락**이 없으면 본인을 위하여 자기와 법률행위를 하거나 동일한 법률행위에 관하여 당사자쌍방을 대리하지 못한다. 그러나 **채무의 이행**은 할 수 있다.

(1) (임의, 법정)대리인은 자기계약 또는 쌍방대리가 금지된다.

(2) 다만, 예외적으로 **본인의 허락**이 있거나, **본인의 허락이 없더라도 채무의 이행**을 자기계약 또는 쌍방대리가 허용된다.

(3) 대리인에 의한 본인의 금전채무가 기한이 도래한 경우 대리인은 본인의 허락이 없더라도 그 채무의 변제(= 채무의 이행)를 할 수 있다. 그러나 다툼이 있는 채무의 이행, 기한이 도래하지 않는 채무의 이행은 할 수 없다.

(4) 본인의 허락이 없고 또한 채무의 이행이 아님에도 불구하고 자기계약 또는 쌍방대리를 한 경우 무권대리가 된다. 따라서 후에 본인이 추인하면 유효화될 수 있다.

(5) 제124조는 임의대리뿐만 아니라 **법정대리에도 적용**된다.

(6) 부동산 입찰절차에서 동일물건에 관하여 이해관계가 다른 2인 이상의 대리인이 된 경우에는 그 대리인이 한 입찰은 무효이다.

(7) 법정대리인인 친권자가 부동산을 매수하여 이를 그 자(子)에게 증여하는 행위는 미성년자인 자(子)에게 이익만을 주는 행위이므로 친권자와 자 사이의 이해상반행위에 속하지 아니하고 또 자기계약이지만 **유효**하다.

4. 대리권 남용

(1) 대리권 남용이란 대리인이 본인의 이익에 반하여 대리인 또는 제3자의 이익을 위하여 대리행위를 하는 것을 의미한다.

(2) 대리권 남용은 임의대리뿐만 아니라 법정대리에도 적용된다.

(3) 대리권 남용의 경우 제107조 제1항 단서가 유추적용된다. 즉 진의 아닌 의사표시가 대리인에 의하여 이루어지고 그 대리인의 진의가 본인의 이익이나 의사에 반하여 자기 또는 제3자의 이익을 위한 배임적인 것임을 그 상대방이 알았거나 알 수 있었을 경우에는 민법 제107조 제1항 단서의 유추해석상 그 대리인의 행위에 대하여 본인은 아무런 책임을 지지 않는다고 보아야 한다.

(4) 대리권 남용된 경우 무권대리가 아니라 **무효**이다.

5. 각자대리

> 제119조【각자대리】대리인이 수인인 때에는 **각자가 본인을 대리**한다. 그러나 법률 또는 수권행위에 다른 정한 바가 있는 때에는 그러하지 아니하다.

6. 대리권의 소멸

> 제127조【대리권의 소멸사유】대리권은 다음 각 호의 어느 하나에 해당하는 사유가 있으면 소멸된다.
> 1. 본인의 사망
> 2. 대리인의 사망, 성년후견의 개시 또는 파산
>
> 제128조【임의대리의 종료】법률행위에 의하여 수여된 대리권은 전조의 경우외에 그 **원인된 법률관계의 종료**에 의하여 소멸한다. 법률관계의 종료전에 본인이 **수권행위를 철회**한 경우에도 같다.

임의대리권 소멸사유	법정대리권 소멸사유
1. **본인의 사망** 2. **대리인의 사망** 3. 대리인의 **성년후견의 개시** 4. 대리인의 파산 5. **원인된 법률관계의 종료** 6. **수권행위의 철회**	1. 본인의 사망 2. 대리인의 사망 3. 대리인의 성년후견의 개시 4. 대리인의 파산 5. 제한능력자의 행위능력취득 또는 회복 (미성년자가 성년이 된 경우, 또는 성년후견 종료심판 등)

1. 본인의 파산은 대리권 소멸사유가 아니다.
2. 대리인의 **한정후견개시**는 대리권 소멸사유가 아니다.
3. 대리인의 일시적 의사능력의 상실은 대리권 소멸사유가 아니다(일반적으로 대리인은 최소한의 의사능력은 요하므로, 영구적 의사능력의 상실은 대리권 소멸사유라고 한다).
4. 본인과 대리인간의 **이익상반행위**의 경우 대리권 제한사유이지 대리권 소멸사유는 아니다.

14 복대리

1. 복대리의 의의

(1) 복대리인이란 대리인이 **대리인 자신의 이름**으로 선임하는 **본인의 대리인**이다.

(2) 복대리인은 본인의 대리인이고, **대리인의 대리인은 아니다**. 따라서 복대리인은 본인의 이름만 현명하면 되고, 대리인의 이름은 현명할 필요가 없다.

(3) 대리인이 **복대리인을 선임**하더라도 **대리인의 대리권은 존속**한다.

(4) 대리인의 **대리권이 소멸**하면 복대리권도 소멸한다.

(5) 복대리인도 본인이나 제3자에 대하여 대리인과 동일한 권리의무가 있다.

(6) 임의대리인 또는 법정대리인에 의하여 선임된 복대리인의 성격은 모두 **임의대리인**이다.

(7) 복대리인의 행위에 의해서도 **표현대리가 성립할 수 있다**.

(8) 본인의 사망, 대리인의 사망, 대리인의 성년후견개시, 대리인의 파산, 복대리인의 사망, 복대리인의 성년후견개시, 복대리인의 파산 등으로 복대리권은 소멸한다.

2. 임의대리인의 복임권

제120조 【임의대리인의 복임권】 대리권이 법률행위에 의하여 부여된 경우에는 대리인은 **본인의 승낙이 있거나 부득이한 사유있는 때**가 아니면 복대리인을 선임하지 못한다.

제121조 【임의대리인의 복대리인선임의 책임】 ① 전조의 규정에 의하여 대리인이 복대리인을 선임한 때에는 본인에게 대하여 그 **선임감독에 관한 책임**이 있다.
② 대리인이 **본인의 지명에 의하여 복대리인을 선임한 경우**에는 그 부적임 또는 불성실함을 알고 본인에게 대한 통지나 그 해임을 태만한 때가 아니면 책임이 없다.

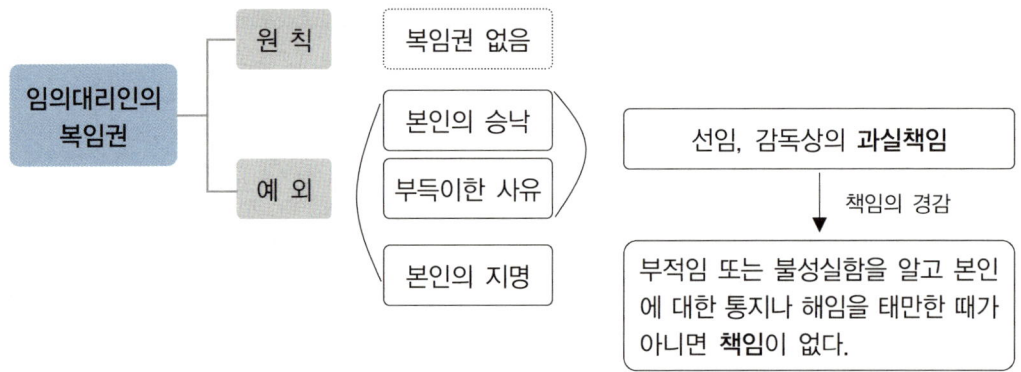

(1) 대리의 목적인 법률행위의 성질상 대리인 자신에 의한 처리가 필요하지 아니한 경우에는 본인이 복대리 금지의 의사를 명시하지 아니하는 한 복대리인의 선임에 관하여 묵시적인 승낙이 있는 것으로 보는 것이 타당하다.

(2) 오피스텔의 분양업무는 대리인의 능력에 따라 본인의 분양사업의 성공 여부가 결정되는 것이므로 사무처리의 주체가 별로 중요하지 아니한 경우에 해당한다고 보기 어렵다.

3. 법정대리인의 복임권

> **제122조【법정대리인의 복임권과 그 책임】** 법정대리인은 그 책임으로 복대리인을 선임할 수 있다. 그러나 부득이한 사유로 인한 때에는 전조 제1항에 정한 책임만이 있다.

법정대리인 복임권	원칙: 법정대리인은 **무과실책임**으로 언제든지 복대리인을 선임할 수 있음
	예외: **부득이한 사유**로 복대리인을 선임, **선임감독상의 과실책임을 부담**
	법정대리인은 복대리인에 대하여 언제나 무과실책임을 진다. (×)

15 표현대리

1. 유권대리와 무권대리

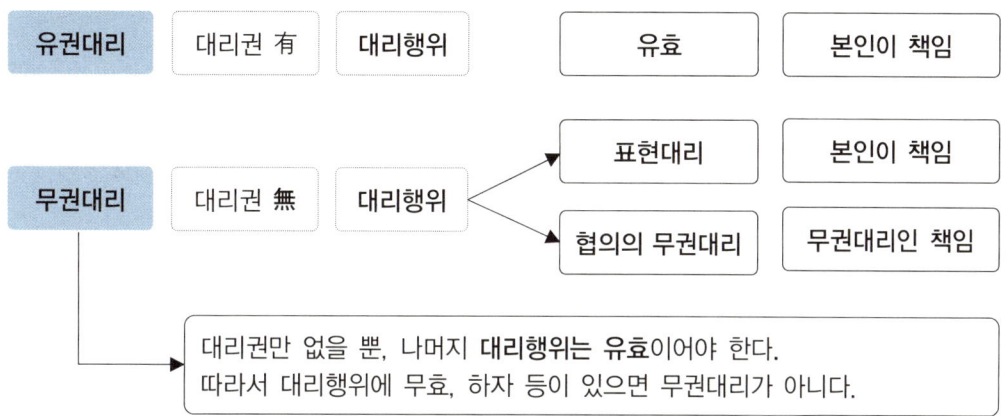

2. 표현대리의 존재이유

(1) 표현대리의 법리는 거래의 안전을 위하여 어떠한 외관적 사실을 야기한 데 원인을 준 자는 그 외관적 사실을 믿음에 정당한 이유가 있다고 인정되는 자에 대하여는 책임이 있다는 **일반적인 권리외관 이론**에 그 기초를 두고 있다.

(2) 표현대리는 **상대방을 보호**하기 위한 제도이므로, 반드시 상대방은 선의 그리고 무과실일 경우에만 표현대리가 성립한다. 상대방이 악의 또는 선의이지만 과실이 있는 경우에는 제125조, 제126조, 제129조의 표현대리는 성립하지 않는다.

3. 표현대리의 법률효과

(1) 표현대리가 성립한다고 하여 무권대리의 성질이 유권대리로 전환되는 것은 아니다.

① 유권대리와 표현대리는 동일한 법률효과가 발생한다.

② **유권대리에 관한 주장 속에는 무권대리에 속하는 표현대리의 주장이 포함되어 있다고 할 수 없다.**

③ 당사자의 표현대리의 주장이 없는 한 법원은 표현대리가 성립했는지의 여부를 심리 판단할 필요가 없다.

(2) 무효인 법률행위에서는 표현대리가 준용될 여지가 없다.

　① **강행규정에 위반한 법률행위**에 대하여 표현대리의 법리가 적용될 여지가 없다.

　② 통정허위표시, 불공정한 법률행위에 대해서도 표현대리가 적용되지 않는다.

　③ **비법인 사단의 대표자가 권한 없이 행한 총유물의 재산의 처분행위**(= 무효)에 대하여는 민법 제126조의 표현대리에 관한 규정이 준용되지 않는다.

(3) 표현대리가 성립하는 경우에, 그 본인은 표현대리행위에 의하여 전적인 책임(무과실책임)을 져야 하고, 상대방에게 과실이 있다고 하여도 **과실상계의 법리를 유추적용**하여 본인의 책임을 경감할 수 **없다**.

(4) 표현대리는 상대방만이 주장할 수 있고, 본인은 표현대리를 주장할 수 없다.

(5) 표현대리에 의해서 보호되는 상대방은 무권대리인과 직접 대리행위를 한 **직접 상대방만**을 의미하고, 그 상대방과 거래한 전득자는 보호되는 상대방이 아니다.

(6) 표현대리 역시 무권대리이므로, (무권)대리인은 본인을 위한다고 표시하여야(= 대리행위) 표현대리가 성립할 수 있다.

　① 따라서 원칙적으로 사술을 써서 대리행위의 표시를 하지 아니하고 단지 본인의 성명을 모용하여 자기가 마치 본인인 것처럼 기망하여 본인 명의로 직접 법률행위로 한 경우에는 특별한 사정이 없는 한 위 법조 소정의 표현대리는 성립할 수 없다(즉 **대리인이 본인을 위한다는 표시를 하지 않은 경우**, 특별한 사정이 없는 한 표현대리가 성립하지 않는다).

　② 그러나 예외적으로 본인으로부터 아파트에 관한 임대 등 일체의 관리권한을 위임받아 본인으로 가장하여 아파트를 임대한 바 있는 대리인이 다시 자신을 본인으로 가장하여 임차인에게 아파트를 매도하는 법률행위를 한 경우에는 권한을 넘는 표현대리의 법리를 유추적용하여 본인에 대하여 그 행위의 효력이 미친다.

(7) **사실행위**에 대해서는 표현대리가 성립하지 않는다(증권회사로부터 위임받은 고객의 유치, 투자상담 및 권유, 위탁매매약정실적의 제고 등의 업무는 사실행위에 불과하므로, 이를 기본대리권으로 하여서는 권한초과의 표현대리가 성립할 수 없다).

(8) **사자의 행위**에 대해서는 표현대리가 성립한다(대리인의 아니고 사실행위를 위한 사자라 하더라도 외견상 그에게 어떠한 권한이 있는 것의 표시 내지 행동이 있어 상대방이 그를 믿었고 또 그를 믿음에 있어 정당한 사유가 있다면 표현대리의 법리에 의하여 본인에게 책임이 있다).

(9) **복대리인의 행위**에 대해서도 표현대리가 성립한다.

① 대리인이 대리권 소멸 후 복대리인을 선임하여 복대리인으로 하여금 상대방과 사이에 대리행위를 하도록 한 경우에도, 상대방이 대리권 소멸 사실을 알지 못하여 복대리인에게 적법한 대리권이 있는 것으로 믿었고 그와 같이 믿은데 과실이 없다면 민법 제129조에 의한 표현대리가 성립할 수 있다.

② 대리인이 사자 내지 임의로 선임한 복대리인을 통하여 권한 외의 법률행위를 한 경우 상대방이 그 행위자를 대리권을 가진 대리인으로 믿었고 또한 그렇게 믿는 데에 정당한 이유가 있는 때에는 복대리인 선임권이 없는 대리인에 의하여 선임된 복대리인의 권한도 기본대리권이 될 수 있을 뿐만 아니라, 그 행위자가 사자라고 하더라도 대리행위의 주체가 되는 대리인이 별도로 있고 그들에게 본인으로부터 기본대리권이 수여된 이상, 민법 제126조를 적용함에 있어서 기본대리권의 흠결 문제는 생기지 않는다(즉 복임권이 없는 대리인에 의하여 선임된 복대리인의 행위에 대해서도 제126조의 표현대리가 성립할 수 있다).

(10) 표현대리규정의 중복적용을 인정한다(제129조 + 제126조 = 제126조 성립).

즉 과거에 가졌던 대리권이 소멸되어 민법 제129조에 의하여 표현대리로 인정되는 경우에 그 표현대리의 권한을 넘는 대리행위가 있을 때에는 민법 제126조에 의한 표현대리가 성립할 수 있다.

(11) 표현대리가 성립하여 본인이 책임을 지는 경우 책임의 형태는 **무과실책임**이다.

(12) 공법상의 행위 및 소송행위에는 표현대리규정이 적용되지 않는다.

4. 대리권수여 표시에 의한 표현대리

> **제125조【대리권수여의 표시에 의한 표현대리】** 제삼자에 대하여 타인에게 대리권을 수여함을 표시한 자는 그 대리권의 범위 내에서 행한 그 타인과 그 제삼자간의 법률행위에 대하여 책임이 있다. 그러나 제삼자가 대리권없음을 알았거나 알 수 있었을 때에는 그러하지 아니하다.

(1) 대리권수여 표시에 의한 표현대리는 **임의대리에만 적용**되고, 법정대리에는 적용되지 않는다.

(2) 대리권수여 표시는 관념의 통지(의사표시 ×)이며, 불특정다수인에 대한 대리권수여 표시도 가능하다.

(3) 민법 제125조가 규정하는 대리권수여의 표시에 의한 표현대리는 어떤 자(표현대리인)가 본인을 대리하여 제3자와 법률행위를 함에 있어 본인이 그 자(표현대리인)에게 **대리권을 수여하였다는 표시를 제3자에게 한 경우**에 성립한다.

(4) 본인에 의한 대리권 수여의 표시는 **반드시 대리권 또는 대리인이라는 말을 사용하여야 하는 것이 아니라** 사회통념상 대리권을 추단할 수 있는 직함이나 명칭 등의 사용을 승낙 또는 묵인한 경우에도 대리권 수여의 표시가 있은 것으로 볼 수 있다.

5. 권한을 넘은 표현대리

> **제126조【권한을 넘은 표현대리】** 대리인이 그 권한외의 법률행위를 한 경우에 제삼자가 그 권한이 있다고 믿을 만한 정당한 이유가 있는 때에는 본인은 그 행위에 대하여 책임이 있다.

(1) 권한을 넘은 표현대리 성립요건

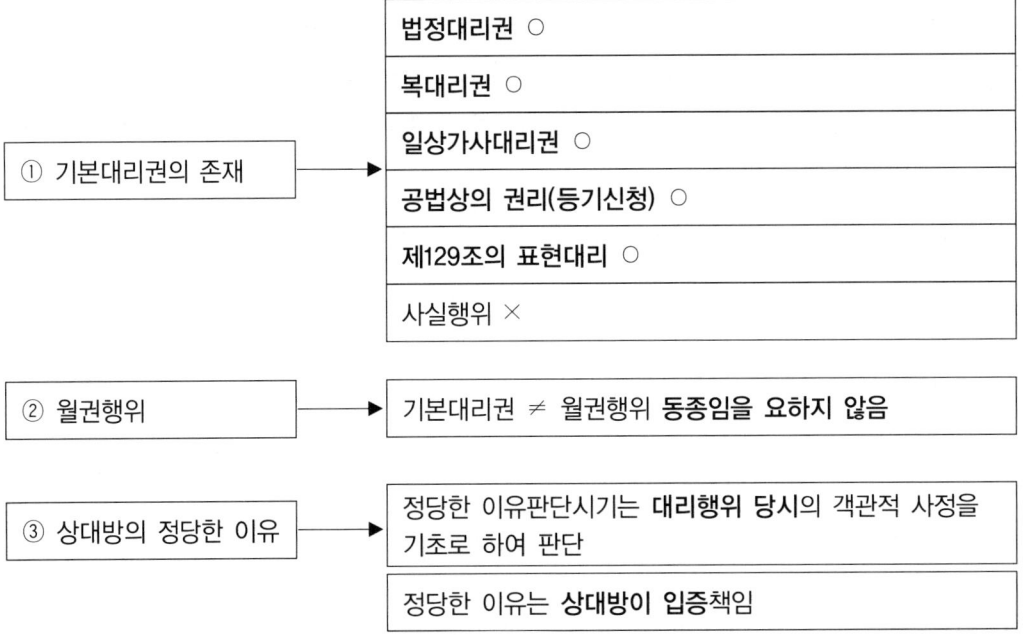

(2) **관련판례**

① 민법 제126조에서 말하는 권한을 넘은 표현대리는 현재에 대리권을 가진 자가 그 권한을 넘은 경우에 성립하는 것이지, 현재에 아무런 대리권도 가지지 아니한 자가 본인을 위하여 한 어떤 대리행위가 과거에 이미 가졌던 대리권을 넘은 경우에까지 성립하는 것은 아니라고 할 것이다.

② 제126조 소정의 권한을 넘는 표현대리규정은 임의대리뿐만 아니라 법정대리에도 적용

③ 사실상 부부사이에도 일상가사대리권을 기본대리권으로 하여 권한을 넘은 표현대리가 성립할 수 있다.

④ 정당한 이유의 존부는 자칭 대리인의 대리행위가 행하여질 때에 존재하는 제반 사정을 객관적으로 관찰하여 판단하여야 하는 것이지 **당해 법률행위가 이루어지고 난 훨씬 뒤의 사정을 고려하여 그 존부를 결정해야 하는 것은 아니다.**

6. 대리권소멸 후의 표현대리

> 제129조 【대리권소멸 후의 표현대리】 대리권의 소멸은 선의의 제삼자에게 대항하지 못한다. 그러나 제삼자가 과실로 인하여 그 사실을 알지 못한 때에는 그러하지 아니하다.

(1) 처음부터 어떠한 대리권도 없었던 경우라면 제129조가 성립하지 않는다.

(2) 제129조 대리권 소멸후의 표현대리는 임의대리뿐만 아니라 **법정대리에도 적용**된다.

7. 민법상 표현대리 비교

구 분	적용범위	선의, 무과실(정당한 이유)의 입증책임
제125조	임의대리 적용 ○, **법정대리 적용 ×**	본인
제126조	임의대리 적용 ○, 법정대리 적용 ○	**상대방**
제129조	임의대리 적용 ○, 법정대리 적용 ○	본인

16 (협의의) 무권대리

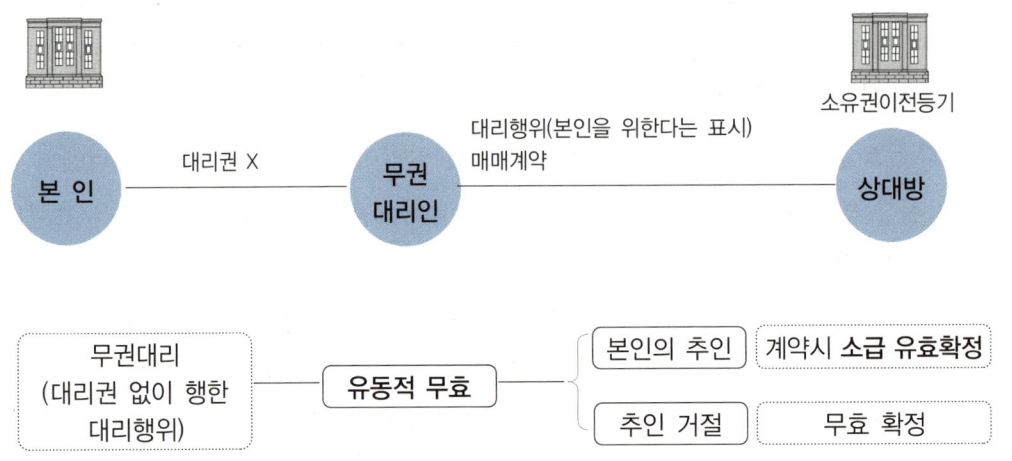

1. 무권대리

> 제130조 【무권대리】 대리권없는 자가 타인의 대리인으로 한 계약은 본인이 이를 **추인**하지 아니하면 본인에 대하여 효력이 없다.

(1) **무권대리의 효력**(= 무효)

무권대리는 본인의 추인 전에는 무효이므로, 설령 상대방에게 소유권이전등기가 마쳐진 경우라도 상대방은 소유권을 취득할 수 없고, 본인은 무효를 이유로 소유권이전등기의 말소를 청구할 수 있다.

(2) **본인의 추인의 성격**

① 상대방이나 무권대리인의 승낙이나 동의를 요하지 않는 상대방 있는 단독행위이다. 따라서 본인이 추인하고자 하는 경우 **무권대리인 또는 상대방의 동의를 요하지 않는 것**이 원칙이다.

② 그러나 **일부에 대하여 추인**하거나 그 내용을 **변경하여 추인**을 하였을 경우에는 **상대방의 동의를 얻지 못하는 한** 무효이다.

(3) **추인의 방법**

① 무권대리행위의 본인의 추인은 **무권대리행위가 있음을 알고** 그 행위의 효과를 자기에게 귀속하도록 하는 단독행위이다. 명시적 추인뿐만 아니라 **묵시적 추인도 인정**

② 본인이 매매계약을 체결한 무권대리인으로부터 매매대금의 전부 또는 일부를 받았다면 특단의 사유가 없는 한 무권대리인의 매매계약을 추인하였다고 봄이 타당하다.

③ 무권대리인이 임대차계약을 체결한 것에 대해 본인이 임대인 명의의 영수증을 받고 무권대리인에게 **차임의 일부를 지급**한 경우 임대차계약을 추인한 것이다.

④ 무권대리인이 차용한 금원의 변제기일에 채권자가 본인에게 그 변제를 독촉하자 그 유예를 요청하였다면 무권대리행위를 추인하였다고 볼 수 있다.

⑤ 무권대리행위가 범죄가 되는 경우에 대하여 그 사실을 알고도 장기간 형사고소를 하지 아니하였다 **하더라도** 그 사실만으로 묵시적인 추인이 있었다고 할 수는 없다.

⑥ 무권대리행위에 대하여 **이의함이 없이 방치하였다는 사실만**으로 추인한 것으로 볼 수 없다.

2. 추인 또는 거절의 상대방

> **제132조 【추인, 거절의 상대방】** 추인 또는 거절의 의사표시는 **상대방에 대하여 하지 아니하면 그 상대방에 대항하지 못한다.** 그러나 상대방이 그 사실을 안 때에는 그러하지 아니하다.

(1) 무권대리행위의 추인은 무권대리인, 무권대리행위의 직접의 상대방 및 그 무권대리행위로 인한 권리 또는 법률관계의 승계인에 대하여도 할 수 있다.

(2) 본인이 무권대리인에게 무권대리행위를 추인한 경우(= 상대방에게 추인하지 아니한 경우) 상대방이 이를 알지 못하는 동안에는 본인은 상대방에게 추인의 효과를 주장하지 못한다는 취지이므로 상대방은 그때까지 민법 제134조에 의한 철회를 할 수 있고, 또 **무권대리인에의 추인이 있었음을 주장**할 수도 있다.

(3) 무권대리인이 본인의 지위를 상속한 후 본인의 지위에서 추인을 거절하는 것은 신의성실의 원칙에 **반한다**(= 추인을 거절할 수 없다).

(4) 본인의 추인이 있으면 유효로 확정되기에 **추인 후에 추인을 거절하지 못하며, 상대방도 최고, 철회하지 못한다.**

(5) 본인의 추인거절이 있으면 무효로 확정된다. 따라서 추인거절 후 본인은 다시 추인하지 못한다.

3. 추인의 효력

> **제133조 【추인의 효력】** 추인은 다른 의사표시가 없는 때에는 **계약시에 소급하여** 그 효력이 생긴다. 그러나 제삼자의 권리를 해하지 못한다.

4. 상대방의 권리

> **제131조 【상대방의 최고권】** 대리권없는 자가 타인의 대리인으로 계약을 한 경우에 상대방은 상당한 기간을 정하여 본인에게 그 추인여부의 확답을 최고할 수 있다. 본인이 그 기간 내에 확답을 발하지 아니한 때에는 **추인을 거절한 것으로 본다.**
> **제134조 【상대방의 철회권】** 대리권없는 자가 한 계약은 본인의 추인이 있을 때까지 상대방은 본인이나 그 대리인에 대하여 이를 **철회할 수 있다.** 그러나 계약당시에 상대방이 **대리권 없음을 안 때에는** 그러하지 아니하다.

(1) 상대방의 최고권

① 선의의 상대방은 물론, **악의의 상대방**도 최고권을 행사할 수 있다.

② 본인에게만 최고권을 행사할 수 있고, 무권대리인에게는 최고할 수 없다.

(2) 상대방의 철회권

① 선의의 상대방만 철회권을 행사할 수 있고, **악의의 상대방**은 철회권을 행사할 수 없다.

② 본인은 물론 **무권대리인에게도** 철회권을 행사할 수 있다.

③ 상대방의 철회권 행사 후 본인은 추인할 수 없다.

5. 무권대리인의 책임

> **제135조 【상대방에 대한 무권대리인의 책임】** ① 다른 자의 대리인으로서 계약을 맺은 자가 그 대리권을 증명하지 못하고 또 본인의 추인을 받지 못한 경우에는 그는 **상대방의 선택**에 따라 계약을 이행할 책임 또는 손해를 배상할 책임이 있다.
> ② 대리인으로서 계약을 맺은 자에게 대리권이 없다는 사실을 상대방이 알았거나 알 수 있었을 때 또는 **대리인으로서 계약을 맺은 사람이 제한능력자일 때**에는 **제1항을 적용하지 아니한다.**

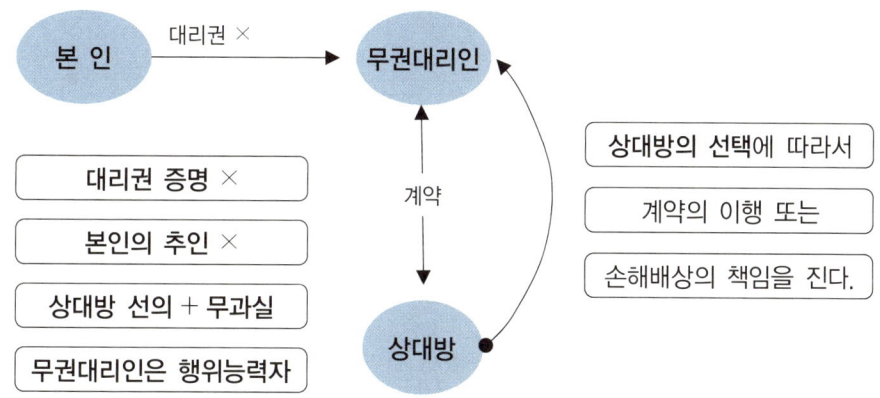

(1) 무권대리인의 상대방에 대한 책임은 **무과실책임**이다. 따라서 대리권의 흠결에 관하여 **대리인에게 과실 등의 귀책사유가 있어야만 인정되는 것이 아니고**, 무권대리행위가 제3자의 기망이나 문서위조 등 위법행위로 야기되었다고 하더라도 책임은 부정되지 아니한다.

(2) 무권대리인이 미성년자와 같은 제한능력자이면 무권대리인은 **책임을 지지 않는다**.

17 유동적 무효

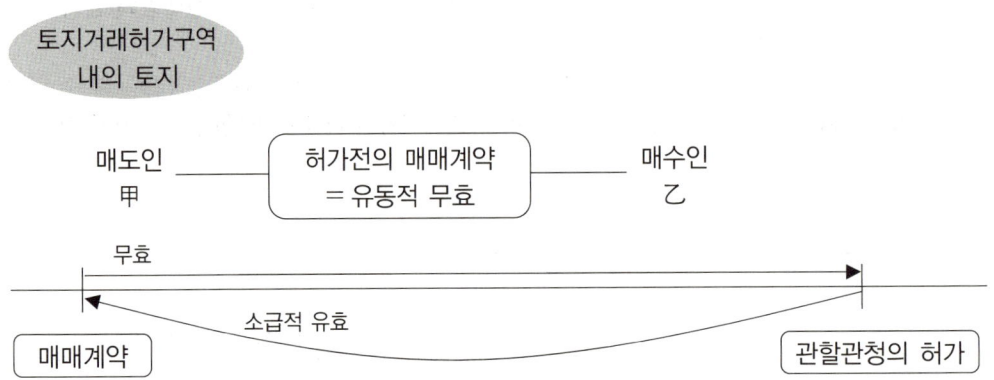

1. 허가전의 매매계약의 효력

(1) 토지거래허가구역 내의 토지 매매계약에서 허가 전의 매매계약은 **허가받기 전의 상태에서는 거래계약의 채권적 효력도 전혀 발생하지 않으므로** 권리의 이전 또는 설정에 관한 어떠한 내용의 **이행청구도 할 수 없으나**, 일단 허가를 받으면 그 계약은 소급해서 유효화되므로 허가 후에 새로이 거래계약을 체결할 필요는 없다.

(2) 관할관청의 허가의 법적 성격은 법률행위의 효력을 완성시켜 주는 인가적 성질을 띤 것으로 보아야 한다.

(3) 유동적 무효상태에 매도인은 매수인의 **대금지급이 없음**을 계약을 **해제할 수 없다**.

(4) 유동적 무효상태인 매매계약에 있어서도 당사자 사이의 매매계약은 매도인이 계약금의 배액을 상환하고 계약을 해제함으로써 적법하게 **해제**된다.

(5) 규제지역 내의 토지에 대하여 거래계약이 체결된 경우에 계약을 체결한 당사자 사이에 있어서는 그 계약이 효력 있는 것으로 완성될 수 있도록 서로 협력할 의무가 있음이 당연하므로 계약의 쌍방 당사자는 공동으로 관할관청의 허가를 신청할 의무가 있고, 이러한 의무에 위배하여 허가신청절차에 협력하지 않는 당사자에 대하여 상대방은 **협력의무의 이행을 소송으로써 구할 이익**이 있다.

(6) 협력의무의 이행을 청구하는 경우에 대금채무에 대하여 이행제공을 할 필요가 없고, 매매대금의 이행제공이 없었음을 이유로 협력의무의 이행을 거절할 수 없다.

(7) 협력의무 불이행을 이유로 유동적 무효상태의 거래계약 자체를 해제할 수는 없다.

(8) **유동적 무효상태에서는** 이미 지급한 계약금의 반환을 부당이득으로 청구할 수 없다 그러나 유동적 무효상태가 확정적 무효로 된 경우라면 계약금을 부당이득으로 청구할 수 있다

(9) 매매계약에 기한 소유권이전등기청구권 또는 허가를 받을 것을 조건으로 한 소유권이전등기청구권을 피보전권리로 한 부동산처분금지가처분신청도 허용되지 않는다.

(10) 토지매수인이 매도인에 대하여 가지는 허가를 신청하는 데 있어 협력을 구하는 권리도 채권자대위권의 객체가 된다.

(11) 토지거래허가구역내의 토지에 대한 **중간생략등기는 무효**이다.

(12) 거래계약이 확정적으로 무효로 되는 데 대하여 책임 있는 자도 그 계약의 무효를 주장할 수 있다.

(13) 토지거래허가협력의무와 매매계약상의 의무는 동시이행의 관계가 아니다.

2. 무효로 확정되는 경우

(1) 토지거래허가를 **배제하거나 잠탈**하는 내용의 계약은 확정적 무효이다.

(2) 관할관청의 **불허가처분이 확정**된 경우

(3) 당사자 **일방 또는 쌍방**이 허가신청절차협력의무의 **이행거절의사를 명백히 표시**한 경우

(4) 토지거래허가 전의 매매계약이 정지조건부 계약이었는데, 그 정지조건이 토지거래허가를 받기 전에 이미 불성취로 확정된 경우

(5) 유동적 무효상태의 매매계약이 통정허위표시, 착오, 사기·강박에 해당하여 무효로 되는 경우

토지거래가 계약당사자의 표시와 불일치한 의사(비진의표시, 허위표시 또는 착오) 또는 사기·강박과 같은 하자 있는 의사에 의하여 이루어진 경우에는 이들 사유에 의하여 그 거래의 무효 또는 취소를 주장할 수 있는 당사자는 그러한 거래허가를 신청하기 전 단계에서 이러한 사유를 주장하여 거래허가신청 협력에 대한 거절의사를 일방적으로 명백히 함으로써 그 계약을 확정적으로 무효화시키고 자신의 거래허가절차에 협력할 의무를 면할 수 있다.

(6) 토지거래허가구역 내에서 중간생략등기를 한 경우

⑺ 구 국토의 계획 및 이용에 관한 법률에서 정한 토지거래계약 허가구역 내 토지에 관하여 허가를 배제하거나 잠탈하는 내용으로 매매계약이 체결된 경우에는, 강행법규인 구 국토계획법 제118조 제6항에 따라 계약은 체결된 때부터 확정적으로 무효이다. 계약체결 후 허가구역 지정이 해제되거나 허가구역 지정기간 만료 이후 재지정을 하지 아니한 경우라 하더라도 이미 확정적으로 무효로 된 계약이 유효로 되는 것이 아니다

3. 유효로 확정되는 경우

⑴ 관할관청의 허가

⑵ 허가구역 **지정이 해제**되는 경우

⑶ 허가구역 지정기간이 만료되었음에도 **재지정을 하지 아니한 경우**

18 무효

1. 확정적 무효와 유동적 무효

확정적 무효	유동적 무효(불확정적 무효)
1. 의사무능력자의 법률행위 2. 원시적 불능의 법률행위 3. 강행규정 위반의 법률행위 4. 반사회질서 법률행위 5. 불공정한 법률행위 6. 상대방이 알았거나 알 수 있었을 경우의 진의 아닌 의사표시 7. 통정허위표시 8. 사원총회의 결의없이 행한 총유물의 처분행위	1. 대리권 없이 행한 무권대리 2. 토지거래허가구역 내의 토지에 대한 매매계약에서 허가받기 전의 매매계약

2. 절대적 무효와 상대적 무효

절대적 무효(선의의 제3자에게 대항 ○)	상대적 무효(선의의 제3자에게 대항 ×)
1. 의사무능력자의 법률행위 2. 원시적 불능의 법률행위 3. 강행규정 위반의 법률행위 4. 반사회질서 법률행위 5. 불공정한 법률행위 6. 무권대리 7. 사원총회 결의없이 행한 총유물의 처분행위	1. **상대방이 알았거나 알 수 있었을 경우의 진의 아닌 의사표시** 2. **통정허위표시**

3. 추인할 수 없는 무효와 추인할 수 있는 무효

추인할 수 없는 법률행위	추인할 수 있는 법률행위
1. **원시적 불능의 법률행위** 2. **강행규정 위반의 법률행위** 3. **반사회질서 법률행위** 4. **불공정한 법률행위**	1. 무효인 진의 아닌 의사표시 2. 통정허위표시 3. 의사무능력자의 법률행위 4. 무권대리 등

4. 확정적인 법률행위와 불확정적인 법률행위

확정적인 법률행위	불확정적 법률행위
1. 법정대리인의 동의를 얻어서 행한 미성년자의 법률행위 2. 취소한 착오(사기, 강박)에 의한 법률행위 3. 반사회질서 법률행위 4. 불공정한 법률행위 5. 조건이 성취된 조건부 법률행위 6. 기한이 도래한 기한부 법률행위 등	1. 법정대리인의 동의 없이 행한 미성년자의 법률행위 2. 취소하기 전의 착오(사기, 강박)에 의한 법률행위 3. 무권대리 4. 토지거래허가구역 내의 토지매매계약에서 허가받기 전의 매매계약 5. 조건이 성취되기 전의 조건부 법률행위 6. 기한이 도래하기 전의 기한부 법률행위 등

5. 법률행위의 일부무효

> 제137조 【법률행위의 일부무효】 법률행위의 일부분이 무효인 때에는 그 전부를 무효로 한다. 그러나 그 무효부분이 없더라도 법률행위를 하였을 것이라고 인정될 때에는 나머지 부분은 무효가 되지 아니한다.

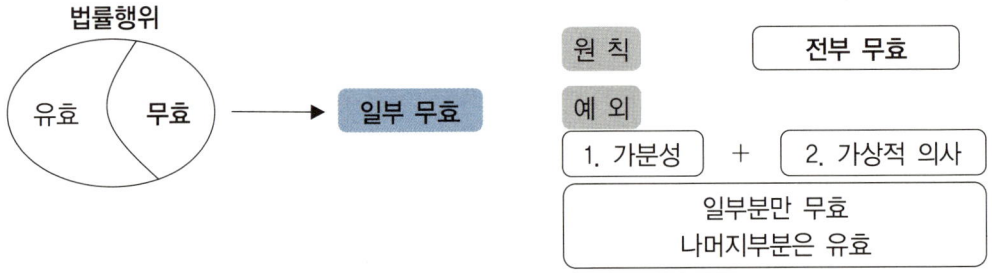

(1) 일부무효에 관한 민법 제137조는 **임의규정**이다.

(2) 법률행위의 **일부가 강행규정에 위반한 경우**에도 원칙적으로 제137조가 적용된다.

(3) 법률행위의 내용이 불가분인 경우에는 그 일부분이 무효일 때에도 일부무효의 문제는 생기지 아니한다.

(4) 하나의 법률행위의 **일부분에만 취소사유**가 있다고 하더라도 그 법률행위가 가분적이거나 그 목적물의 일부가 특정될 수 있다면, 그 나머지 부분이라도 이를 유지하려는 당사자의 가정적 의사가 인정되는 경우 그 일부만의 취소도 가능하다고 할 것이고, 그 일부의 취소는 법률행위의 일부에 관하여 효력이 생긴다.

6. 무효행위의 전환

제138조【무효행위의 전환】 무효인 법률행위가 다른 법률행위의 요건을 구비하고 당사자가 그 무효를 알았더라면 다른 법률행위를 하는 것을 의욕하였으리라고 인정될 때에는 다른 법률행위로서 효력을 가진다.

7. 무효행위의 추인

제139조【무효행위의 추인】 무효인 법률행위는 추인하여도 그 효력이 생기지 아니한다. 그러나 당사자가 그 무효임을 알고 추인한 때에는 **새로운 법률행위로 본다.**

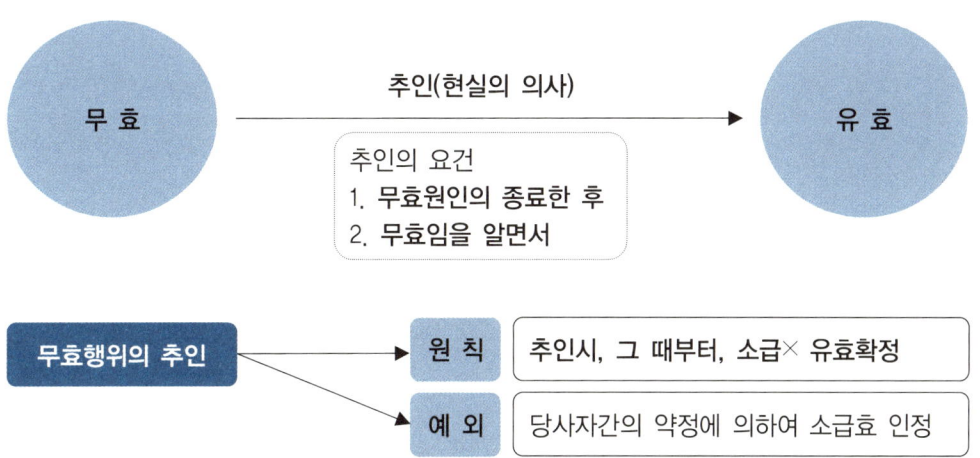

(1) **강행규정 위반의 법률행위, 반사회질서 법률행위, 불공정한 법률행위**는 추인에 의해서 유효로 될 수 없다.

(2) 통정허위표시를 당사자가 무효임을 알고 추인한 경우 **추인한 때부터** 유효로 된다.

(3) 무효인 가등기를 유효한 등기로 전용하기로 한 약정은 **그 때부터** 유효하고 이로써 위 가등기가 소급하여 유효한 등기로 전환될 수 없다.

8. 민법상 무효 규정

(1) 무효인 법률행위에서 채무불이행을 이유로 손해배상을 청구할 수 없다.

(2) 무효는 성립을 전제로 하기에, 처음부터 법률행위가 불성립한 경우라면 민법의 규정(제137조, 제138조, 제139조)이 적용되지 않는다.

(3) 무효가 유효로 전환된다는 점이다. 제137조와 제138조는 가상적 의사(현실의사가 아님을 주의)에 의하여, 제139조는 추인에 의해서 유효로 바뀐다.

9. **타인의 권리를 자기의 이름으로 또는 자기의 권리로 처분(= 무권한자의 처분행위)** 한 후에 본인이 그 처분을 인정하였다면 특별한 사정이 없는 한 **무권대리**에 있어서 본인의 **추인**의 경우와 같이 그 처분은 본인에 대하여 효력이 발생한다.

19 취소

1. 소급효가 있는 경우와 소급효가 없는 경우

소급효가 있는 경우	소급효가 없는 경우
1. 취소할 수 있는 법률행위의 취소 　① 제한능력자의 법률행위 　② 착오에 의한 의사표시 　③ 사기·강박에 의한 의사표시 2. 무권대리행위의 추인 3. 취득시효(소멸시효)의 완성 4. 계약의 해제	1. 무효행위의 추인 2. 조건의 성취 3. 기한의 도래 4. 공유물의 분할 5. 계약의 해지

2. 취소할 수 있는 법률행위

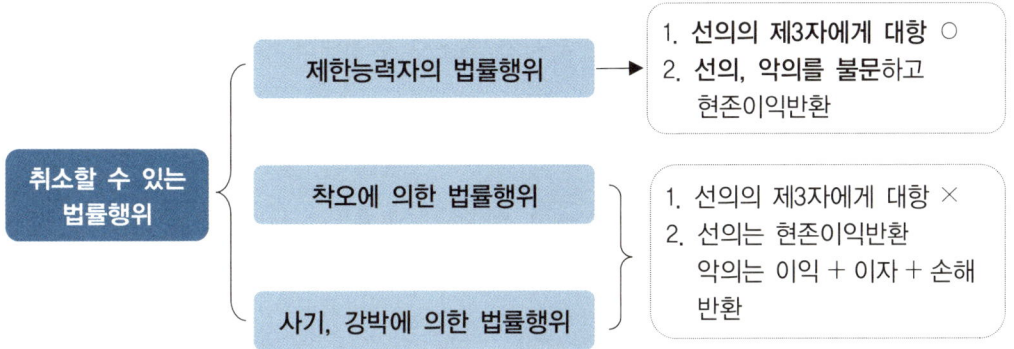

3. 취소권자

제140조【법률행위의 취소권자】 취소할 수 있는 법률행위는 **제한능력자, 착오로 인하거나 사기·강박에 의하여 의사표시를 한 자, 그의 대리인 또는 승계인만**이 취소할 수 있다.

| 제한능력자 | 미성년자, 피성년후견인, 피한정후견인도 **단독으로** 취소할 수 있다. |

| 착오, 사기, 강박에 의한 의사표시를 한 자 | 착오, 사기, 강박에 의한 의사표시를 한 자 |

| 대리인 | **임의대리인** : 취소권자 ×, 다만 본인의 취소권을 대신하여 행사
법정대리인 : 취소권자 ○
고유의 취소권행사, 제한능력자의 취소권 대리하여 행사하는 것이 아니다. |

| 승계인 | 특정승계인, 포괄승계인 모두 취소권자 ○
취소권의 승계는 인정 ○, **취소권만 승계 인정** × |

4. 취소권의 행사방법

(1) 취소권은 명시적 취소뿐만 아니라 묵시적 취소도 인정된다.

(2) 취소권의 행사는 소를 제기하는 재판상 행사뿐만 아니라 소를 제기하지 않고 행사하는 재판 외 행사도 가능하다.

(3) 법률행위의 취소를 당연한 전제로 한 소송상의 이행청구나 이를 전제로 한 이행거절 가운데는 취소의 의사표시가 포함되어 있다고 볼 수 있다.

5. 취소의 상대방

> 제142조 【취소의 상대방】 취소할 수 있는 법률행위의 상대방이 확정한 경우에는 그 취소는 그 상대방에 대한 의사표시로 하여야 한다.

6. 취소의 효과

> 제141조 【취소의 효과】 취소된 법률행위는 **처음부터 무효인 것으로 본다**. 다만, **제한능력자**는 그 행위로 인하여 받은 이익이 현존하는 한도에서 상환(償還)할 책임이 있다.

```
                    ┌ 원칙                    ┌ 선의: 현존이익의 반환
                    │ 능력자의 반환범위        └ 악의: 이익 + 이자 + 손해
부당이득반환범위 ┤
                    │ 예외
                    │ 제한능력자의 반환범위    ┌ 선의: 현존이익의 반환
                    └ (의사무능력자의 반환범위)└ 악의: 현존이익의 반환
```

(1) 유흥비, 도박 등으로 탕진한 재산은 현존이익이 없는 것으로 본다.

(2) 현존이익에 대한 입증책임은 제한능력자 측에서 현존이익이 없음을 증명하여야 한다.

(3) 취소한 법률행위는 처음부터 무효인 것으로 간주되므로 취소할 수 있는 법률행위가 일단 취소된 이상 그 후에는 취소할 수 있는 법률행위의 추인에 의하여 이미 취소되어 무효인 것으로 간주된 당초의 의사표시를 다시 확정적으로 유효하게 할 수는 없고, 다만 무효인 법률행위의 추인의 요건과 효력으로서 추인할 수는 있으나 무효행위의 추인은 그 무효원인이 소멸한 후에 하여야 그 효력이 있다

7. 취소할 수 있는 법률행위의 추인

> **제143조 【추인의 방법, 효과】** ① 취소할 수 있는 법률행위는 제140조에 규정한 자가 추인할 수 있고 **추인후에는 취소하지 못한다.**
> ② 전조의 규정은 전항의 경우에 준용한다.
> **제144조 【추인의 요건】** ① **추인은 취소의 원인이 소멸된 후에 하여야만 효력이 있다.**
> ② 제1항은 법정대리인 또는 후견인이 추인하는 경우에는 적용하지 아니한다.

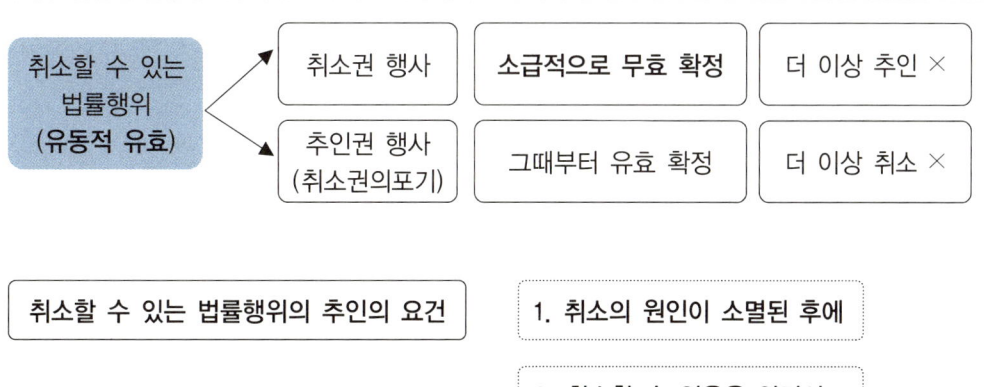

(1) 미성년자가 법정대리인의 동의 없이 미성년 상태에서(취소의 원인이 종료되기 전) 추인한 경우, 다시 추인의사표시를 취소할 수 있다.

(2) **법정대리인 또는 후견인은** 취소의 원인과 관계없으므로, **취소원인이 종료되기 전이라도** 추인할 수 있다.

8. 민법상 추인의 종류

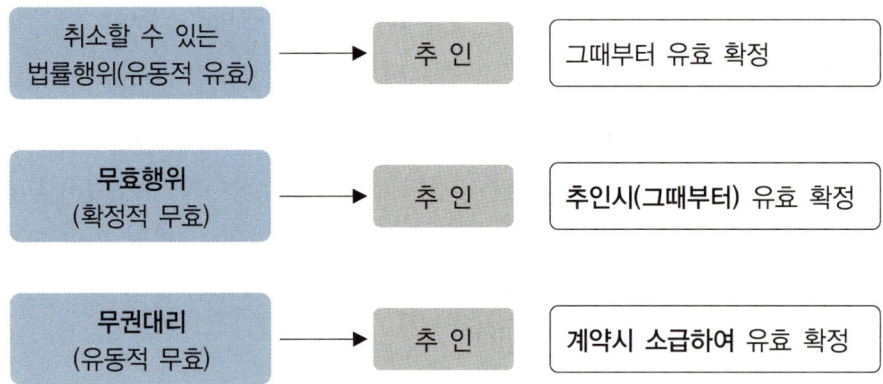

9. 법정추인

> 제145조 【법정추인】 취소할 수 있는 법률행위에 관하여 전조의 규정에 의하여 추인할 수 있는 후에 다음 각 호의 사유가 있으면 추인한 것으로 본다. 그러나 이의를 보류한 때에는 그러하지 아니하다.
> 1. 전부나 일부의 이행
> **2. 이행의 청구**
> 3. 경개
> 4. 담보의 제공
> **5. 취소할 수 있는 행위로 취득한 권리의 전부나 일부의 양도**
> 6. 강제집행

(1) **법정추인이란**

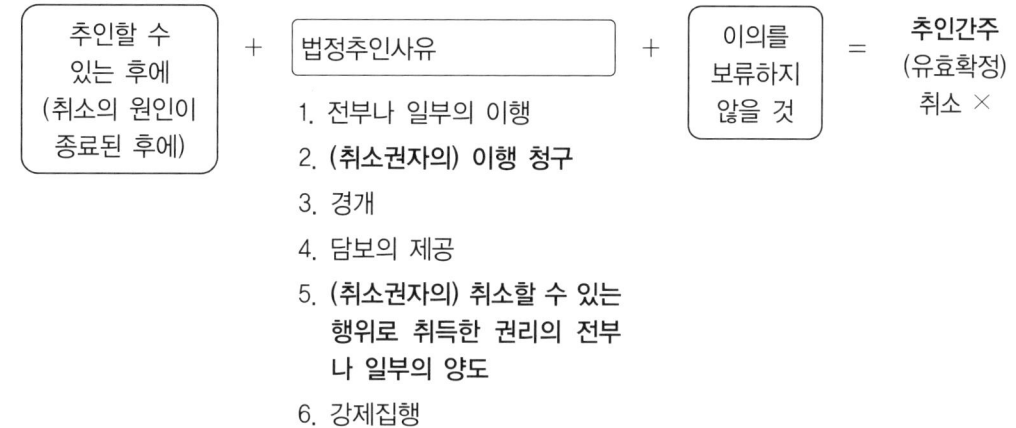

(2) 법정추인은 취소권자가 취소할 수 있음을 **알고 있을 필요는 없다**.

(3) **상대방의 이행청구 또는 상대방의 취소할 수 있는 행위로 취득한 권리의 전부나 일부의 양도**는 법정추인에 해당하지 않는다. 따라서 상대방의 이행청구 등은 **취소할 수 있다**.

10. 취소권의 행사기간

> 제146조 【취소권의 소멸】 취소권은 **추인할 수 있는 날로부터 3년 내에 법률행위를 한 날로부터 10년 내**에 행사하여야 한다.

(1) 3년, 10년의 기간은 소멸시효기간이 아니라 **제척기간**이다.

(2) 취소권의 행사기간의 경과여부는 당사자의 주장에 관계없이 법원 직권 조사사항이다.

(3) 환매권의 행사로 발생한 소유권이전등기청구권은 별도의 10년의 소멸시효기간이 진행하는 것이지, 제척기간 내에서 행사하여야 하는 것은 아니다.

20 법률행위의 부관

1. 법률행위의 부관이란

(1) "부관"이란 법률행위의 **효력**의 발생 또는 소멸을 제한하기 위하여 법률행위에 부가된 약관을 의미한다.

(2) 부관은 효력의 발생, 소멸에 관한 것이지, 성립에 관한 것은 아니다.

(3) 부관은 **장래의 효력**의 발생과 소멸에 관한 것이지, **현재의 사실이나 과거의 사실**은 부관이 될 수 없다.

2. 부관에 친하지 않은 법률행위(부관을 붙일 수 없는 법률행위)

(1) **신분행위**

혼인, 약혼, 이혼, 입양, 상속의 포기 등의 신분행위에는 조건, 기한을 붙일 수 없다.

(2) **단독행위**

① **원칙**: 단독행위에는 조건이나 기한을 붙일 수 없다(**상계는 조건이나 기한을 붙일 수 없다**).

② **예 외**
  ㉠ **유증, 채무면제**에는 조건이나 기한을 붙일 수 있다(상대방에게 유리한 경우).
  ㉡ 정지조건부 해제의 의사표시는 유효하다.
    - 이행지체에 빠진 상대방에 대하여 일정한 기간을 정하여 채무이행을 최고함과 동시에 그 기간 내에 이행이 없을 때에는 계약을 해제하겠다는 정지조건부 해제의 의사표시도 유효하다.
    - 주의할 점은 원칙적으로 해제는 단독행위이므로 조건을 부가할 수 없다. 따라서 조건부 해제의사표시는 무효이이다.

(3) 부관에 친하지 아니한 법률행위에 부관을 부가하면 부관뿐만 아니라 나머지 법률행위도 **전부 무효**이다.

3. 조건의 의의 및 조건의 요건

(1) 조건이란 법률행위의 **효력(성립 ×)**의 발생 또는 소멸을 '**장래의 불확실한(확실 ×) 사실**'의 성부(成否)에 의존하게 하는 법률행위의 부관을 의미한다.

(2) 조건의 요건

① 조건은 법률행위의 내용이므로, 당사자가 **임의로 정한 것**이어야 한다. 법률의 규정에 의한 **법정조건**은 조건이 아니다.

② 조건은 조건의사와 그 **표시가 필요**하며, 조건의사가 있더라도 그것이 외부에 표시되지 않으면 법률행위의 동기에 불과할 뿐, 그것만으로 법률행위의 부관으로서 조건이 되는 것은 아니다.

4. 조건의 종류와 조건성취의 효력

(1) 정지조건

① '공인중개사 시험에 합격하면 자동차를 사주겠다.'처럼 시험에 합격이라는 조건이 성취에 의하여 권리를 발생하는 조건을 정지조건이라 한다.

② 정지조건부 법률행위에서 조건이 성취되어야 비로소 효력이 생기므로, 조건의 불성취로 확정되면 무효로 된다.

③ 정지조건부 법률행위에서 조건이 성취되지 않는 동안에는 소멸시효가 진행되지 않는다.

④ 동산의 소유권유보부 매매계약은 정지조건부 매매이다.

(2) 해제조건

① '공인중개사 시험에 합격할 때까지 생활비를 주겠다.'처럼 시험에 합격이라는 조건이 성취되면 권리를 소멸하는 조건을 해제조건이라 한다.

② 주택건설을 위한 토지매매에서 건축허가신청이 불허되면 이를 무효로 한다고 약정한 경우 해제조건부 매매계약이다.

(3) 조건성취의 효력

> 제147조 【조건성취의 효과】 ① 정지조건있는 법률행위는 **조건이 성취한 때로부터** 그 효력이 생긴다.
> ② 해제조건있는 법률행위는 **조건이 성취한 때로부터** 그 효력을 잃는다.
> ③ 당사자가 조건성취의 효력을 그 **성취 전에 소급하게 할 의사를 표시한 때**에는 그 의사에 의한다.

(4) 증명책임

① 어느 법률행위에 **어떤 조건이 붙어 있었는지 아닌지**는 사실인정의 문제로서 그 **조건의 존재를 주장하는 자**가 이를 증명하여야 한다.

② 어떠한 법률행위가 조건의 성취시 법률행위의 효력이 발생하는 소위 **정지조건부 법률행위에 해당한다는 사실**은 그 법률행위로 인한 법률효과의 발생을 저지하는 사유로서 **그 법률효과의 발생을 다투려는 자**에게 주장입증책임이 있다.

③ 정지조건부 법률행위에 있어서 **조건이 성취되었다는 사실**은 이에 의하여 **권리를 취득하고자 하는 측**에서 그 입증책임이 있다 할 것이다.

5. 조건부 권리의 보호

> 제148조 【조건부권리의 침해금지】 조건있는 법률행위의 당사자는 조건의 성부가 미정한 동안에 조건의 성취로 인하여 생길 상대방의 이익을 해하지 못한다.
> 제149조 【조건부권리의 처분 등】 조건의 성취가 미정한 권리의무는 일반규정에 의하여 **처분, 상속, 보존 또는 담보로 할 수 있다.**

6. 조건성취의 의제 등

> 제150조 【조건성취, 불성취에 대한 반신의행위】 ① 조건의 성취로 인하여 불이익을 받을 당사자가 신의성실에 반하여 조건의 성취를 방해한 때에는 상대방은 그 **조건이 성취한 것으로 주장**할 수 있다.
> ② 조건의 성취로 인하여 이익을 받을 당사자가 신의성실에 반하여 조건을 성취시킨 때에는 상대방은 그 **조건이 성취하지 아니한 것으로 주장**할 수 있다.

(1) 조건성취의 방해는 **고의**에 의한 경우만이 아니라 과실에 의한 경우에도 신의성실에 반하여 조건의 성취를 방해한 때에 해당한다.

(2) 조건의 성취로 인하여 불이익을 받을 당사자가 신의성실에 반하여 조건의 성취를 방해한 경우 **조건이 성취된 것으로 의제되는 시점**은 이러한 신의성실에 반하는 행위가 없었더라면 **조건이 성취되었으리라고 추산되는 시점**이다(방해행위시 ×).

7. 가장조건

> 제151조【불법조건, 기성조건】① 조건이 선량한 풍속 기타 사회질서에 위반한 것인 때에는 그 법률행위는 무효로 한다.
> ② 조건이 법률행위의 당시 이미 성취한 것인 경우에는 그 조건이 정지조건이면 조건없는 법률행위로 하고 해제조건이면 그 법률행위는 무효로 한다.
> ③ 조건이 법률행위의 당시에 이미 성취할 수 없는 것인 경우에는 그 조건이 해제조건이면 조건없는 법률행위로 하고 정지조건이면 그 법률행위는 무효로 한다.

(1) **불법조건**

① 조건이 선량한 풍속 기타 사회질서에 위반한 것을 불법조건이라 한다.

② 불법조건이 붙어 있는 법률행위는 **조건만 분리해서 무효로 할 수 없고**, 전부 무효

③ 부부생활의 종료를 해제조건(= 불법조건)으로 하는 증여는 조건이 사회질서에 반하는 것으로 무효이므로 증여계약 자체가 무효이다.

(2) **기성조건**(= 이미 성취한 조건)과 **불능조건**(= 성취할 수 없는 조건)

기성조건 (이미 성취된 조건)	+	정지조건	=	조건없는 법률행위 (유효)
기성조건 (이미 성취된 조건)	+	해제조건	=	무효
불능조건 (성취할 수 없는 조건)	+	정지조건	=	무효
불능조건 (성취할 수 없는 조건)	+	해제조건	=	조건없는 법률행위 (유효)

8. 기한의 의의

(1) "기한"이란 법률행위의 당사자가 그 법률행위의 효력의 발생이나 소멸 또는 채무의 이행을 장래 발생할 것이 **'확실한 사실'**에 의존하게 하는 법률행위의 부관을 말한다.

(2) **조건과 기한의 구별**

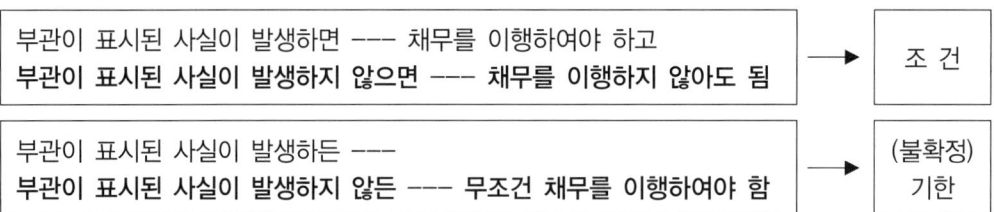

(3) 임대차계약을 체결함에 있어서 임대기한을 '본 건 토지를 임차인에게 매도할 때까지'로 정하였다면 별다른 사정이 없는 한 그것은 도래할지의 여부가 불확실한 것이므로 기한을 정한 것이라고 볼 수 없고, 기간의 약정이 없는 것으로 보는 것이 상당하다

(4) 중도금 지급기일을 '1층 골조공사 완료시'로 정한 것은 중도금 지급의무의 이행기를 장래 도래할 시기가 확정되지 아니한 때, 즉 불확정기한으로 이행기를 정한 경우에 해당한다.

(5) 당사자가 불확정한 사실이 발생한 때를 이행기한으로 정한 경우에 있어서 그 사실이 발생한 때는 물론 그 사실의 발생이 불가능하게 된 때에도 이행기한은 도래한 것으로 보아야 한다.

9. 기한의 종류

(1) 시기부 법률행위 - 내년 1월 1일부터 본 건물을 임대한다.

(2) 종기부 법률행위 - 올해 12월 31일까지 본 건물을 임대한다.

(3) 확정 기한 - 성년이 되면, 정년이 되면

(4) 불확정 기한 - 갑이 사망할 때, 우리집 개가 죽으면 등

10. 기한도래의 효과

> 제152조【기한도래의 효과】① 시기있는 법률행위는 **기한이 도래한 때로부터** 그 효력이 생긴다.
> ② 종기있는 법률행위는 **기한이 도래한 때로부터** 그 효력을 잃는다.

(1) 기한에는 항상 소급효가 없다. 당사자의 약정으로도 소급효가 없다.

(2) 조건부 권리에 관한 제148조, 제149조가 준용되므로 기한부 권리도 침해금지, 기한부 권리도 처분할 수 있다.

11. 기한의 이익

> 제153조 【기한의 이익과 그 포기】 ① **기한은 채무자의 이익을 위한 것으로 추정한다.**
> ② 기한의 이익은 이를 포기할 수 있다. 그러나 상대방의 이익을 해하지 못한다.

(1) 기한의 이익은 계약의 성질에 따라 채권자만, 채무자만, 쌍방 모두 가질 수 있지만, 기한의 이익이 누구에게 있는지 불분명한 경우 채무자의 이익을 위한 것으로 추정된다.

(2) **기한이익의 상실의 특약**

정지조건부 기한이익상실의 특약	기한이익상실사유가 발생함과 동시에 **채권자의 의사표시가 없더라도** 조건의 성취와 함께 기한의 이익을 상실하여 이행기가 도래하는 경우
형성권적 기한이익상실의 특약	기한이익상실사유가 발생한 후 채권자의 의사표시가 없다면 이행기가 도래하지 않고, **채권자의 통지나 청구 등 채권자의 의사표시가 있어야** 이행기가 도래하는 경우

기한이익상실의 특약이 명백히 정지조건부 기한이익상실의 특약이라고 볼 만한 특별한 사정이 없는 이상 **형성권적 기한이익상실의 특약으로 추정**하는 것이 타당하다.

21. 물권법정주의

1. 물권의 종류

> 제185조 【물권의 종류】 물권은 **법률 또는 관습법**에 의하는 외에는 임의로 창설하지 못한다.

(1) 물권법정주의(物權法定主義)란 물권의 종류와 내용은 민법 기타 법률이나 관습법으로 정하는 것에 한하며, 당사자가 자유롭게 창설하지 못한다는 것을 의미한다.

(2) 제185조는 강행규정이므로, 이에 반하는 약정은 무효이다.

(3) 제185조의 '법률'은 **형식적 의미의 법률**만을 의미하므로, **명령 또는 규칙(= 실질적 의미의 법률)**으로는 물권을 창설하지 못한다.

(4) 물권의 종류

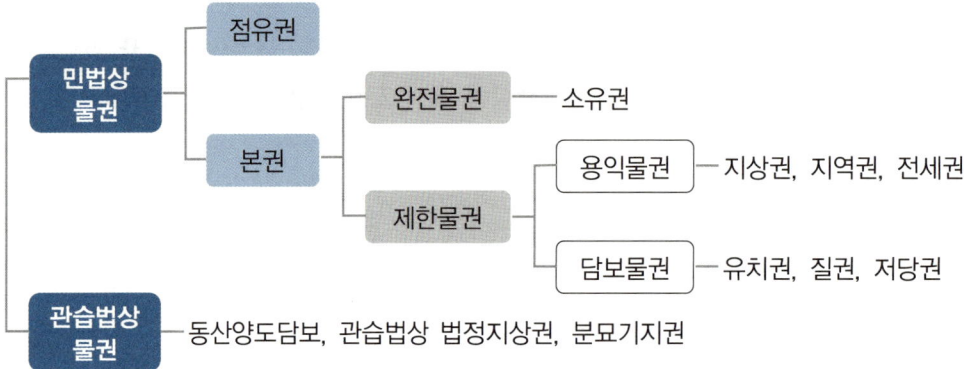

(5) 관습법으로 물권을 창설할 수 있다.

① **미등기 무허가건물의 양수인**이라 할지라도 그 소유권이전등기를 경료받지 않는 한 건물에 대한 소유권을 취득할 수 없고, 그러한 건물의 취득자에게 소유권에 준하는 관습상의 물권이 있다고 볼 수 없다.

② **온천에 관한 권리**를 관습법상의 물권이라고 볼 수 없다.

③ 도시공원법상 근린공원으로 지정된 공원은 일반 주민들이 다른 사람의 공동 사용을 방해하지 않는 한 자유로이 이용할 수 있지만 그러한 사정만으로 인근 주민들이 누구에게나 주장할 수 있는 **공원이용권**이라는 배타적인 권리를 취득하였다고는 할 수 없다.

④ 관습상의 **사도통행권** 인정이 물권법정주의에 위배된다.

2. 일물일권주의(一物一權主義)

(1) **원 칙**

① **토지의 일부**에는 **소유권**이 인정되지 않는다.

② **토지의 일부**에는 **저당권**을 설정할 수 없다.

(2) **예 외**

① **건물의 일부(구분건물)**에는 **구분소유권**이 인정된다.

② **토지의 일부**에 **지상권 또는 지역권**을 설정할 수 있고, **토지 또는 건물(부동산)의 일부**에는 **전세권**을 설정할 수 있다. 즉 용익물권에는 부동산의 일부에 설정할 수 있다.

③ **물건의 일부**에도 유치권이 성립할 수 있다.

④ 집합물
  - 원칙적으로 여러 개의 물건의 합(合)이므로 하나의 물권을 설정할 수 없다.
  - 다만, **법률의 규정이 있거나 법률의 규정이 없더라도 수량, 장소 등으로 특정될 수 있다면** 집합물 전체로 하나로 보아 **하나의 양도담보물권을 설정**할 수 있다.

⑤ 수 목
  - 원칙적으로 수목은 토지의 부합물이므로 독립성이 없다.
  - 다만, 예외적으로 **입목등기된 수목**은 토지와는 별개의 독립부동산으로 **소유권과 저당권을 설정**할 수 있다.
  - 또한 **명인방법을 갖춘 수목**도 토지와는 별개로 소유권은 인정되지만, **저당권은 설정할 수 없다**. 다만 양도담보의 목적은 될 수 있다.
  - 미분리 과실도 명인방법을 갖추면 독립한 거래의 객체가 된다.

(3) **건물과 농작물은 토지에 부합하지 않고 항상 독립한다.**

① 건물이 토지로부터 독립되는 시기는 **최소한 기둥과 지붕 그리고 주벽이 이루어지면** 족하다. 신축된 건물의 소유권의 취득시기는 건물의 완공이나 보존등기를 한 때가 아니라 기둥 그리고 지붕, 주벽을 갖춘 때이다.

② 농작물은 토지에 부합하지 않으므로 **농작물은 명인방법을 갖추지 않더라도, 권원이 없더라도** 경작자에게 귀속한다.

22 물권적 청구권

1. 물권적 청구권이란

물권 내용의 완전한 실현이 어떤 사정으로 방해받고 있거나 방해받을 염려가 있는 경우에 그 방해자에 대하여 방해의 제거 또는 예방에 필요한 행위 등을 청구할 수 있는 권리를 말한다.

2. 물권적 청구권의 종류

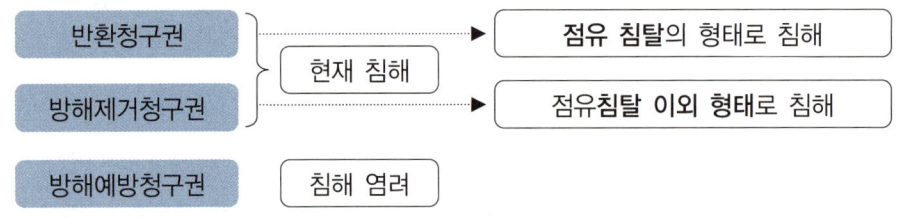

3. 민법의 규정

> **제204조【점유의 회수】** ① 점유자가 점유의 침탈을 당한 때에는 그 **물건의 반환 및 손해의 배상**을 청구할 수 있다.
> ② 전항의 청구권은 침탈자의 특별승계인에 대하여는 행사하지 못한다. 그러나 **승계인이 악의인 때에는 그러하지 아니하다.**
> ③ 제1항의 청구권은 침탈을 당한 날로부터 **1년 내에 행사**하여야 한다.
>
> **제205조【점유의 보유】** ① 점유자가 점유의 방해를 받은 때에는 그 **방해의 제거 및 손해의 배상**을 청구할 수 있다.
> ② 전항의 청구권은 방해가 종료한 날로부터 1년 내에 행사하여야 한다.
> ③ 공사로 인하여 점유의 방해를 받은 경우에는 **공사착수 후 1년을 경과하거나 그 공사가 완성한 때에는 방해의 제거를 청구하지 못한다.**
>
> **제206조【점유의 보전】** ① 점유자가 점유의 방해를 받을 염려가 있는 때에는 그 **방해의 예방 또는 손해배상의 담보를 청구**할 수 있다.
> ② 공사로 인하여 점유의 방해를 받을 염려가 있는 경우에는 전조 제3항의 규정을 준용한다.
>
> **제213조【소유물반환청구권】** 소유자는 그 소유에 속한 물건을 점유한 자에 대하여 반환을 청구할 수 있다. 그러나 점유자가 그 물건을 점유할 권리가 있는 때에는 반환을 거부할 수 있다.
>
> **제214조【소유물방해제거, 방해예방청구권】** 소유자는 소유권을 방해하는 자에 대하여 방해의 제거를 청구할 수 있고 소유권을 방해할 염려있는 행위를 하는 자에 대하여 그 예방이나 손해배상의 담보를 청구할 수 있다.

제290조【준용규정】 ① **제213조, 제214조**, 제216조 내지 제244조의 규정은 지상권자간 또는 지상권자와 인지소유자간에 이를 준용한다.

제301조【준용규정】 제214조의 규정은 지역권에 준용한다.

제319조【준용규정】 제213조, 제214조, 제216조 내지 제244조의 규정은 전세권자간 또는 전세권자와 인지소유자 및 지상권자간에 이를 준용한다.

제370조【준용규정】 제214조, 제321조, 제333조, 제340조, 제341조 및 제342조의 규정은 저당권에 준용한다.

4. 물권적 청구권의 성질

(1) 소유권에 기한 **물권적 청구권은 소멸시효에 걸리지 않는다.**

(2) **물권과 물권적 청구권은 분리하여 양도할 수 없다.** 따라서 소유권을 상실한 전 소유자는 소유권에 기한 물권적 청구권을 행사할 수 없다.

(3) 물권적 청구권은 **상대방의 고의 또는 과실을 요하지 아니하며**, 손해의 발생도 요하지 아니한다.

(4) 물권적 청구권의 상대방은 현재 물권의 내용을 침해하는 자를 상대로 하여야 한다.
따라서 정당한 권원에 기하여 물건을 점유하는 자에게는 물권적 청구권을 행사할 수 없다.

(5) 물권을 상실하면 물권적 청구권도 상실하므로 종전의 물권자는 물권적 청구권의 이행불능으로 상대방에게 손해배상을 청구할 수 없다.

≪◆ 물권적 청구권과 불법행위에 의한 손해배상청구권의 비교

구 분	물권적 청구권	불법행위에 의한 손해배상청구권
귀책사유	귀책사유 불요(不要)	귀책사유 요(要)
손해발생여부	손해발생 불요(不要)	손해발생 요(要)

5. 소유권에 기한 물권적 청구권의 내용

(1) **소유권을 상실한 전 소유자**는 제3자인 불법점유자에게 대하여 물권적 청구권에 의한 방해배제를 청구할 수 없다.

(2) **미등기무허가 건물의 양수인**은 소유권에 기한 방해제거청구권을 행사할 수 없다. 다만 점유권에 기한 물권적 청구권을 행사하거나 소유자의 물권적 청구권을 대위행사할 수 있을 뿐이다.

(3) 소유권에 기한 방해배제청구권에 있어서 **'방해'**라 함은 **현재에도 지속되고 있는 침해**를 의미하고, 법익 침해가 과거에 일어나서 **이미 종결된 경우**에 해당하는 '손해'의 개념과는 다르다 할 것이어서, 소유권에 기한 방해배제청구권은 **방해결과의 제거를 내용으로 하는 것이 되어서는 아니 되며** 현재 계속되고 있는 방해의 원인을 제거하는 것을 내용으로 한다.

(4) **소유물방해예방청구권**은 방해의 발생을 기다리지 않고 현재 예방수단을 취할 것을 인정하는 것이므로, 그 방해의 염려가 있다고 하기 위하여는 방해예방의 소에 의하여 미리 보호받을 만한 가치가 있는 것으로서 객관적으로 근거 있는 상당한 개연성을 가져야 할 것이고 **관념적인 가능성만으로는 이를 인정할 수 없다.**

(5) 소유자가 침해자에 대하여 방해제거 행위 또는 방해예방 행위를 하는 데 드는 비용을 청구할 수 있는 권리는 위 규정에 포함되어 있지 않으므로, 소유자가 민법 제214조에 기하여 **방해배제비용 또는 방해예방비용**을 청구할 수는 없다.

6. 등기청구권

(1) **'등기청구권'**이란 계약의 일방이 상대방을 상대로 행사하는 **사법상의 권리**이다. 이에 비하여 **등기신청구권**은 등기권리자와 등기의무자와 함께 국가에 등기를 신청하는 공법상의 권리이다.

(2) 매매로 인한 소유권이전등기청구권은 **채권적 청구권**이므로 10년간 행사하지 않으면 시효로 인하여 소멸한다.

① 부동산 매수인이 그 목적물을 인도받아서 이를 사용·수익하고 있는 경우에는 그 매수인의 등기청구권은 다른 채권과는 달리 소멸시효에 걸리지 않는다.

② 부동산의 매수인이 그 부동산을 인도받은 이상 이를 사용·수익하다가 그 부동산에 대한 보다 적극적인 권리행사의 일환으로 다른 사람에게 그 부동산을 처분하고 그 점유를 승계하여 준 경우에도 이전등기청구권의 소멸시효는 진행되지 않는다.

(3) 취득시효의 완성에 따른 **점유자의 소유권이전등기청구권**은 **채권적 청구권**이지만, 점유자가 점유하고 있는 동안에는 소멸시효가 진행하지 않는다.

- 취득시효가 완성된 점유자가 점유를 상실한 경우 취득시효완성으로 인한 소유권이전등기청구권은 그 점유자가 그 점유를 상실한 때로부터 10년간(즉시 ×) 등기청구권을 행사하지 아니하면 소멸시효가 완성한다.

⑷ 부동산 매매계약이 합의해제된 경우에 매수인에게 이전되었던 소유권은 당연히 매도인에게 복귀하는 것이므로 **합의해제에 따른 매도인의 원상회복청구권**은 소유권에 기한 물권적 청구권이라고 할 것이고, 이는 소멸시효의 대상이 되지 않는다.

⑸ 진정한 등기명의회복을 위한 소유권이전등기청구권은 소멸시효의 대상이 아니다.

⑹ 채권담보의 목적으로 이루어지는 부동산 양도담보의 경우에 있어서 피담보채무가 변제된 이후에 양도담보권설정자가 행사하는 등기청구권은 양도담보권설정자의 실질적 소유권에 기한 물권적 청구권이므로 따로이 시효소멸되지 아니한다.

⑺ **등기청구권의 양도**

① 부동산매매로 인한 소유권이전등기청구권은 그 권리의 성질상 양도가 제한되고 그 양도에 **채무자의 승낙이나 동의를 요한다**.

② 취득시효완성에 따른 소유권이전등기청구권의 양도는 **등기의무자에게 통지**함으로써 그에게 대항할 수 있다(일반채권양도의 법리에 따라 양도된다).

23. 부동산의 물권변동

> 제186조 【부동산물권변동의 효력】 부동산에 관한 **법률행위**로 인한 물권의 득실변경은 **등기하여야 그 효력이 생긴다.**
> 제187조 【등기를 요하지 아니하는 부동산물권취득】 상속, 공용징수, 판결, 경매 기타 법률의 규정에 의한 부동산에 관한 물권의 취득은 **등기를 요하지 아니한다.** 그러나 등기를 하지 아니하면 이를 처분하지 못한다.

1. 법률행위에 의한 물권의 변동 – 등기(효력발생요건)

(1) 법률행위에 의한 물권의 변동은 등기한 때에 효력이 발생한다.

(2) **부동산의 점유취득시효**는 법률의 규정에 의한 것이지만, **등기**하여야 소유권을 취득한다.

(3) **공유지분의 포기, 합유지분의 포기** 역시 법률행위에 의한 물권변동이므로 포기의 의사표시에 의하여 물권변동이 생기는 것이 아니라 등기하여야 물권변동의 효력이 생긴다.

(4) 승역지소유자의 **위기**도 법률행위에 의한 것이므로 등기를 요한다.

(5) 공유물분할의 소송절차 **또는 조정절차에서** 공유자 사이에 공유토지에 관한 **현물분할의 협의가 성립**하여 그 합의사항을 조서에 기재함으로써 조정이 성립하였다고 하더라도, 공유자들이 협의한 바에 따라 토지의 분필절차를 마친 후 각 단독소유로 하기로 한 부분에 관하여 다른 공유자의 공유지분을 **이전받아** 등기를 마침으로써 비로소 그 부분에 대한 대세적 권리로서의 소유권을 취득하게 된다고 보아야 한다.

2. 법률의 규정에 의한 물권의 변동

(1) **상 속**

피상속인의 **사망시(상속개시일)** 에 등기없이도 상속인에게 이전된다.

(2) **공용징수**

협의수용의 경우에는 협의에서 정한 시기에, 재결수용(= 강제수용)의 경우에는 **수용개시일**에 물권변동의 효력이 발생한다.

(3) **판 결**

① 제187조의 판결은 **공유물분할판결**, 사해행위취소판결, 상속재산분할판결 등 **형성판결만을 의미**하고, 이행판결이나 확인판결은 이에 포함되지 않는다.

② 매매계약에 기한 소유권이전등기청구소송에서 매수인의 **승소판결**이 확정되었다고 하더라도 **이전등기를 하여야** 소유권을 취득한다.

③ 본조에서 이른바 판결이라 함은 판결자체에 의하여 부동산물권취득의 형식적 효력이 발생하는 경우를 말하는 것이고 당사자 사이에 이루어진 어떠한 법률행위를 원인으로 하여 부동산소유권이전등기절차의 이행을 명하는 것과 같은 내용의 판결 또는 소유권이전의 약정을 내용으로 하는 **화해조서**는 이에 포함되지 않는다.

(4) **경 매**

경락인이 **매각대금을 완납하면** 소유권을 취득한다.

3. 등기를 요하지 아니한 경우

(1) 신축건물의 소유권취득(집합건물의 구분소유권의 취득)

(2) 관습법상의 법정지상권의 취득

(3) 피담보채권의 소멸에 의한 저당권의 소멸

(4) 용익물권의 존속기간만료에 의한 소멸

(5) 혼동에 의한 물권의 소멸

(6) 소멸시효에 의한 물권의 소멸

(7) 부동산 멸실에 의한 물권의 소멸

(8) 포락에 의한 물권의 소멸

(9) 분묘기지권의 취득

(10) 법률행위의 해제에 의한 소유권의 복귀

(11) 법정갱신된 전세권 취득

(12) 유치권의 간이변제충당

24 등기

1. 등기의 형식적 요건

(1) 등기는 **효력발생요건**이지 **효력존속요건**은 아니다.

① 물권에 관한 **등기가 원인 없이 말소된 경우**에도 그 물권의 효력에는 **아무런 영향을 미치지 아니한다.**

② 부동산에 설정된 저당권이 원인 없이 불법말소된 경우에도 저당권은 소멸하지 않으므로, 저당권이 설정된 부동산이 타인에게 이전된 경우 **저당권의 회복등기를 하지 않더라도 저당권은 상실되지 않는다.** 이 경우 회복등기의 상대방은 현재의 명의인이 아니라 말소당시의 등기명의인이다.

③ 다만, 저당권설정등기가 원인 없이 말소된 이후 저당부동산에 대한 경매절차가 진행되어 **경락인이 경락대금을 완납**하면, 원인 없이 말소된 저당권도 경매와 함께 소멸한다.

(2) **이중보존등기**

① 선차보존등기가 원인무효가 아닌 한 뒤에 이루어진 **이중보존등기는 무효**이다.

② 무효인 **이중보존등기**를 근거로 하여 부동산의 **등기부취득시효는 할 수 없다.**

2. 등기의 실질적 요건

(1) 증여에 의하여 부동산을 취득하였지만 등기원인을 매매로 기재하였더라도 그 등기는 유효하다.

(2) 소유자로부터 토지를 적법하게 매수한 매수인의 소유권이전등기가 위조된 서류에 의하여 경료되었더라도 그 등기는 유효하다.

(3) 신축건물의 보존등기를 건물 완성 전에 하였더라도 그 후 건물이 곧 완성된 이상 등기를 무효라고 볼 수 없다.

3. 무효등기의 유용

(1) 실질관계의 소멸로 무효로 된 등기의 유용은 그 등기를 유용하기로 하는 합의가 이루어지기 전에 **등기상 이해관계가 있는 제3자가 생기지 않은 경우에 한하여 허용**된다.

(2) 무효인 표제부 등기의 유용은 허용되지 않는다.

즉 멸실된 건물과 신축된 건물이 위치나 기타 여러 가지 면에서 서로 같다고 하더라도 그 두 건물이 동일한 건물이라고는 할 수 없으므로 신축건물의 물권변동에 관한 등기를 멸실건물의 등기부에 등재하여도 그 등기는 무효이고 가사 신축건물의 소유자가 멸실건물의 등기를 신축건물의 등기로 전용할 의사로써 멸실건물의 등기부상 표시를 신축건물의 내용으로 표시 변경 등기를 하였다고 하더라도 그 등기가 무효임에는 변함이 없다.

4. 미등기 매수인의 법적 지위

(1) **대외관계**(소유자 ×)

① 미등기 매수인은 법적 소유자가 아니므로, 매도인의 부동산에 대한 강제집행시 제3자이의의 소를 제기할 수 없고, 매도인의 파산시 환취권을 행사할 수 없다.

② 다만 미등기매수인도 목적부동산을 점유하고 있다면 점유자로서 점유보호청구권을 행사할 수 있다.

(2) **대내관계**

토지의 매수인이 아직 소유권이전등기를 경료받지 아니하였다 하여도 매매계약의 이행으로 그 토지를 인도받은 때에는 매매계약의 효력으로서 이를 점유·사용할 권리가 생기게 된 것으로 보아야 하므로 매도인은 매수인에 대하여 토지소유권에 기한 물권적 청구권을 행사할 수 없다.

(3) **미등기매수인의 지위**

① 미등기 무허가 건물의 양수인이라도 그 소유권이전등기를 경료하지 않는 한 그 건물의 소유권을 취득할 수 없으므로, 미등기 건물의 매수인은 그 건물의 불법점거자에 대하여 직접 자신의 소유권 등에 기하여 인도를 청구할 수 없지만, 매도인을 대위하여 건물인도청구를 할 수 있다.

② 타인의 토지위에 건립된 건물로 그 건물을 철거할 의무가 있는 사람은 그 **건물의 소유자나 그 건물이 미등기건물일 때에는 이를 매수하여 법률상 사실상 처분할 수 있는 사람이라 할 것**이므로, 미등기건물의 철거소송에서 **미등기건물의 매수인을 상대로 철거를 청구**할 수 있다.

③ 미등기건물에 대한 **양도담보계약상의 채권자의 지위를 승계하여 건물을 관리하고 있는 자**는 건물의 소유자가 아님은 물론 건물에 대하여 법률상 또는 사실상 처분권을 가지고 있는 자라고 할 수도 없다 할 것이어서 건물에 대한 철거처분권을 가지고 있다고 할 수 없으므로, **미등기건물의 철거소송의 상대방이 될 수 없다**.

④ 건물이 그 존립을 위한 토지사용권을 갖추지 못하여 토지의 소유자가 건물의 소유자에 대하여 당해 건물의 철거 및 그 대지의 인도를 청구할 수 있는 경우에라도 건물소유자가 아닌 사람이 건물을 점유하고 있다면 토지소유자는 자신의 소유권에 기한 방해배제로서 **건물점유자**에 대하여 건물로부터의 **퇴출을 청구**할 수 있다. 그리고 이는 건물점유자가 건물소유자로부터의 임차인으로서 그 건물임차권이 이른바 대항력을 가진다고 해서 달라지지 아니한다.

25. 등기의 효력과 추정력

1. 본등기의 효력

> ① 권리변동적 효력　② 순위확정적 효력
> ③ 대항적 효력　④ 추정적 효력

2. 등기의 추정력

(1) 민법은 등기의 추정력에 대하여 규정하고 있지 않다. 등기에는 **공신력도 없다**.

(2) 등기의 추정력은 사실상 추정이 아니라 **법률상 추정**이다.

(3) 등기가 있으면 그에 상응하는 실체적 권리관계의 존재가 추정되므로, **등기의 효력을 부인하는 자가 증명책임**을 진다.

3. 등기의 추정력의 범위

(1) 소유권이전등기가 있으면 소유권의 존재가, 임차권 등기가 있으면 임차권의 존재가 적법하게 존재하는 것으로 추정한다(즉 등기된 권리가 등기명의자에게 귀속하는 것으로 추정한다).

(2) 등기가 절차상으로도 유효요건을 갖추어서 적법하게 이루어진 것이라고 추정된다. 즉 전 등기명의인이 미성년자이고 당해 부동산을 친권자에게 증여하는 행위가 이해상반행위라고 하더라도 일단 친권자에게 이전등기가 경료된 이상 그 이전등기에 관하여 필요한 특별대리인이 선임된 절차를 적법하게 거친 것으로 추정된다.

(3) 등기원인에 대해서도 추정력을 인정한다. 즉 등기명의자가 전소유자로부터 부동산을 취득함에 있어 등기부상 기재된 등기원인(매매)에 의하지 아니하고, 다른 원인(증여)으로 적법하게 취득하였다고 하면서 등기원인행위의 태양이나 과정을 다소 다르게 주장하였다고 하여 이러한 주장만 가지고 그 등기의 추정력이 깨어진다고 할 수 없다.

(4) **대리권 존재의 추정**
　① 매매계약 및 등기가 본인의 대리인에 의해서 행하여진 경우 그 대리인이 대리권을 수여받았다거나 표현대리의 요건을 갖추어서 유효한 대리행위를 하였다는 점은 추정된다.
　② 전등기명의인의 직접적인 처분행위에 의한 것이 아니라 제3자가 그 처분행위에 개입된 경우 현등기명의인이 그 제3자가 전등기명의인의 대리인이라고 주장하더라도 현등기명의인의 등기가 적법히 이루어진 것으로 추정되므로 그 등기가 원인무효임을 이유로 말소를 청구하는 전등기명의인으로서는 그 반대사실 즉, 그 제3자에게 전등기명의인을 대리할 권한이 없었다든지, 또는 그 제3자가 전등기명의인의 등기서류를 위조하였다는 등의 무효사실에 대한 입증책임을 진다.

(5) **기타 등기사항 존재의 추정**
　① 담보물권의 등기로부터 그 담보물권의 존재뿐만 아니라 피담보채권의 존재도 추정된다.
　② 근저당권설정등기는 피담보채권은 추정되지만, 피담보채권을 성립시키는 법률행위에 대해서는 추정되지 않는다.

(6) 소유권이전등기의 말소등기가 경료된 경우에, 그 말소등기가 적법하게 이루어졌고 따라서 이전등기 명의인의 소유권은 소멸한 것으로 추정되지만, 원인없이 말소되었다면 그 회복등기가 경료되기 전이라도 말소된 소유권이전등기의 최종명의인은 적법한 권리자로 추정된다.

(7) 멸실회복등기에 있어 전 등기의 접수연월일, 접수번호 및 원인일자가 불명이라고 기재되어 있다 하더라도, 특별한 사정이 없는 한 이는 등기공무원에 의하여 적법하게 수리되고 처리된 것이라고 추정된다.

(8) 등기의 추정력은 등기명의인뿐만 아니라 제3자도 추정의 효과를 원용할 수 있다.

(9) 등기의 추정력은 **전소유자에 대해서도 주장**할 수 있다.
　① 즉 甲소유의 토지를 乙이 매수하고 소유권**이전**등기를 한 경우, 乙은 전 소유자인 甲에 대해서도 등기의 추정력을 주장할 수 있다. 따라서 甲은 乙을 상대로 소유권이전등기 말소청구를 한 경우 乙은 甲에게 적법한 소유권자로 추정된다고 주장할 수 있기 때문에 甲이 乙의 등기가 원인무효라는 사실을 주장·증명해야 한다.
　② 그러나 甲이 신축하여 소유권을 원시취득한 건물에 대해 乙이 소유권**보존**등기를 한 경우, 乙은 전 소유자인 甲에 대해서 보존등기의 추정력을 주장할 수 없다.

⑽ 임야소유권이전등기에 관한 특별조치법(법률 제2111호)에 의한 소유권보존등기가 경료된 임야에 관하여서는 그 임야를 사정받은 사람이 따로 있는 것으로 밝혀진 경우라도 그 등기는 동법 소정의 적법한 절차에 따라 마쳐진 것으로서 실체적 권리관계에 부합하는 등기로 추정된다.

⑾ 등기를 신뢰하고 거래하는 경우에는 무과실로 추정된다. 그러나 등기내용을 조사하지 않은 경우에는 선의이더라도 과실이 있는 것으로 추정된다.

⑿ 부동산물권을 취득하려는 자는 미리 등기부를 조사하는 것이 일반적이므로 거래당사자는 악의로 추정된다.

4. 등기의 추정력이 깨어지는 경우

⑴ **허무인으로부터 이전등기, 전소유자가 아닌 자의 행위에 기한 이전등기, 등기부상 기재 자체로 부실등기임이 명백한 경우, 매수인과 등기명의자가 불일치한 경우, 등기절차상 적법성이 의심되는 경우, 등기부상 등기명의자의 공유지분의 분자 합계가 분모를 초과하는 경우**에는 등기의 추정력이 번복된다.

⑵ 소유권이전등기의 원인으로 주장된 **계약서가 진정하지 않은 것으로 증명**된 이상 그 등기의 **적법추정은 복멸**되고 계속 다른 적법한 등기원인이 있을 것으로 추정할 수는 없다.

⑶ 사망자 명의로 신청하여 이루어진 이전등기에는 추정력이 인정되지 않는다.

⑷ **소유권보존등기명의인이 전소유자로부터 매수하였다고 주장하였는데 전소유자가 양도사실을 부인하는 경우,** 보존등기명의인 외의 자가 사정받은 사실이 인정되는 경우, **건물보존등기명의자 이외의 자가 건물을 신축한 사실이 드러난 경우**에는 보존등기의 추정력이 번복된다.

26 가등기

(1) 소유권이전청구권 보전을 위한 가등기가 있다 하여, 소유권이전등기를 청구할 어떤 법률관계가 있다고 **추정되지 아니한다**.

(2) 가등기는 그 성질상 본등기의 순위보전의 효력만이 있어 후일 본등기가 경료되면 **본등기에 의한 물권변동의 효력이 본등기(가등기시 ×)한 때에 발생**하고 그 순위는 가등기한 때로 소급한다.

(3) 채권적 청구권을 보전하기 위하여 가등기 할 수 있다. 또한 저당권설정등기 청구권을 보전하기 위하여 가등기가 허용된다. 정지조건부 청구권을 보전하기 위하여 가등기 할 수 있다.

(4) 그러나 **물권적 청구권을 보전하기 위한 가등기**는 허용되지 않는다.

(5) 가등기된 소유권이전등기청구권은 **가등기에 대한 부기등기의 방법**으로 타인에게 양도될 수 있다.

(6) 소유권이전등기청구권의 보전을 위한 가등기에 기한 본등기가 경료되면 그 사이에 행해진 **중간처분의 등기**는 가등기에 의하여 순위가 보전된 권리와 양립할 수 없는 범위 내에서 **무효**이다.
  ① 가등기권리자가 가등기에 기한 소유권이전의 본등기를 한 경우에는 등기공무원은 그 가등기 후에 한 제3자 명의의 소유권이전등기를 **직권으로 말소**하여야 한다.
  ② 가등기가 부적법하게 말소된 후 소유권이전등기를 마친 제3자는 가등기의 회복등기절차에서 승낙의무가 있다.

(7) 소유권이전등기 청구권을 보전하기 위한 가등기에 의한 본등기를 청구하는 경우, 가등기 후 소유자가 변경되더라도 **가등기 당시의 등기명의인(현 등기명의인 ×)**을 상대로 하여야 한다.

(8) 가등기에 기한 본등기청구와 단순한 소유권이전등기청구는 비록 그 등기원인이 동일하다고 하더라도 이는 **서로 다른 청구**로 보아야 한다.

(9) 매매계약에 따른 소유권이전등기청구권 보전을 위하여 가등기가 경료된 경우 가등기권자가 가등기에 기한 본등기절차에 의하지 아니하고 가등기설정자로부터 별도의 소유권이전등기를 경료받았다고 하여도 가등기권자의 가등기에 기한 본등기청구권이 소멸하지는 않는다 할 것이다.

27 중간생략등기

1. 중간생략등기의 유효성
(1) 부동산등기특별조치법상 중간생략등기는 금지하고 있다.
(2) 중간생략등기금지규정은 단속규정이므로, **중간생략등기는 유효**하다.
(3) 다만, **토지거래허가구역내의 중간생략등기**는 효력규정위반으로 **무효**이다.

2. 이미 경료된 중간생략등기
(1) 중간생략등기절차에 있어서 이미 중간생략등기가 이루어져 버린 경우에 있어서는, 그 관계 계약당사자 사이에 적법한 원인행위가 성립되어 이행된 이상, **다만 중간생략등기에 관한 합의가 없었다는 사유만**으로는 그 등기를 무효라고 할 수는 없다.
(2) 따라서 합의가 없음을 들어 그 등기의 말소를 청구할 수 없다.

3. 중간생략등기 합의에 의한 등기청구권
(1) 중간생략등기의 합의는 순차적 또는 묵시적으로 할 수 있다.
(2) 중간생략등기의 합의가 있더라도 최초매도인과 최종매수인 사이에 매매계약이 체결되었다고 볼 수 없다.
(3) 최종 양수인이 중간생략등기의 합의를 이유로 최초 양도인에게 직접 중간생략등기를 청구하기 위하여는 **관계당사자 전원의 의사합치**가 필요하다.
  ① 관계당사자 전원의 합의가 있다면 최종매수인은 최초매도인에게 직접 등기의 이전을 청구할 수 있고, 중간자를 대위하여 등기의 이전을 청구할 수 있다.
  ② 관계당사자 전원의 합의가 없다면 최종매수인은 최초매도인에게 직접 등기의 이전을 청구할 수 없고, 중간자를 대위하여 등기의 이전을 청구할 수 있다.
(4) 부동산이 전전양도된 경우에 중간생략등기의 합의가 없는 한 그 최종 양수인은 최초 양도인에 대하여 직접 자기 명의로의 소유권이전등기를 청구할 수 없고, 부동산의 양도계약이 순차 이루어져 최종 양수인이 중간생략등기의 합의를 이유로 최초 양도인에게 직접 그 소유권이전등기청구권을 행사하기 위하여는 관계당사자 전원의 의사합치, 즉 중간생략등기에 대한 최초 양도인과 중간자의 동의가 있는 외에 최초 양도인과 최종 양수인 사이에도 그 중간등기생략의 합의가 있었음이 요구되므로, 비록 최종 양수인이 중간자로부

터 소유권이전등기 청구권을 양도받았다고 하더라도 **최초 양도인이 그 양도에 대하여 동의하지 않고 있다면** 최종 양수인은 최초 양도인에 대하여 채권양도를 원인으로 하여 소유권이전등기 절차 이행을 청구할 수 없다.

(5) 중간생략등기의 합의가 있었다 하더라도 이러한 합의는 중간등기를 생략하여도 당사자 사이에 이의가 없겠고 또 그 등기의 효력에 영향을 미치지 않겠다는 의미가 있을 뿐이지 그러한 **합의가 있었다 하여 중간매수인의 소유권이전등기청구권이 소멸된다거나 첫 매도인의 그 매수인에 대한 소유권이전등기의무가 소멸되는 것은 아니**라 할 것이다.

(6) 중간생략등기의 합의가 있다고 하여 최초의 매도인이 자신이 당사자가 된 매매계약상의 매수인인 중간자에 대하여 갖고 있는 매매대금청구권의 행사가 제한되는 것은 아니다.

(7) 최초 매도인과 중간 매수인, 중간 매수인과 최종 매수인 사이에 순차로 매매계약이 체결되고 이들 간에 중간생략등기의 합의가 있은 후에 최초 매도인과 중간 매수인 간에 **매매대금을 인상하는 약정**이 체결된 경우, 최초 매도인은 인상된 **매매대금이 지급되지 않았음을 이유**로 최종 매수인 명의로의 **소유권이전등기의무의 이행을 거절**할 수 있다.

(8) 토지거래허가구역내의 토지에 대하여 중간생략등기의 합의가 있더라도 최종매수인은 최초 매도인에 대하여 직접 그 토지에 관한 토지거래허가 신청절차의 협력의무 이행청구권을 가지고 있다고 할 수 없다.

28 물권의 소멸

1. 목적물이 멸실되면(포락 등) 물권도 소멸한다.

2. **지상권과 지역권**은 20년간 행사하지 않으면 **시효로 인하여 소멸**한다.

3. 공용징수, 몰수, 포기 등도 물권의 소멸사유이다.

4. 혼 동

> 제191조【혼동으로 인한 물권의 소멸】① **동일한 물건에 대한 소유권과 다른 물권이 동일한 사람에게 귀속한 때에는 다른 물권은 소멸한다.** 그러나 그 물권이 제삼자의 권리의 목적이 된 때에는 소멸하지 아니한다.
> ② 전항의 규정은 소유권이외의 물권과 그를 목적으로 하는 다른 권리가 동일한 사람에게 귀속한 경우에 준용한다.
> ③ **점유권에 관하여는 전2항의 규정을 적용하지 아니한다.**

(1) 혼동이란 동일한 물건에 대한 소유권가 다른 물권이 동일인에게 귀속한 경우 다른 물권이 소멸하는 것을 의미한다.

   ① 다만 **소멸되는 다른 물권**이 **제3자의 권리의 목적이 된 때에는 소멸하지 않는다.**

   ② **점유권과 광업권**은 혼동으로 소멸하지 않는다.

(2) 어떠한 물건에 대한 소유권과 다른 물권이 동일한 사람에게 귀속한 경우 그 제한물권은 혼동에 의하여 소멸하는 것이 원칙이지만, **본인 또는 제3자의 이익을 위하여 그 제한물권을 존속시킬 필요가 있다고 인정되는 경우**에는 민법 제191조 제1항 단서의 해석에 의하여 혼동으로 소멸하지 않는다.

(3) 선순위 근저당권자 甲, 후순위 근저당권자 乙에 이어 丙과 丁이 각각 그 부동산에 대한 가압류등기를 경료한 다음에 乙이 그 부동산을 매수하여 소유권을 취득한 경우, 乙의 근저당권은 혼동으로 소멸하지 아니한다.

(4) 부동산에 대한 소유권과 임차권이 동일인에게 귀속하게 되는 경우 임차권은 혼동에 의하여 소멸하는 것이 원칙이지만, 그 임차권이 대항요건을 갖추고 있고 또한 그 대항요건을 갖춘 후에 저당권이 설정된 때에는 혼동으로 인한 물권 소멸 원칙의 예외규정인 민법 제191조 제1항 단서를 준용하여 임차권은 소멸하지 않는다.

(5) 어느 부동산에 대하여 근저당권을 취득한 자가 근저당권설정자로부터 동부동산을 매수하여 소유권이전등기를 경료하면 근저당권은 혼동으로 소멸하나, 후에 소유권이전등기가 원인무효가 되면 소멸하였던 근저당권은 당연히 부활한다.

29 점유권 일반

1. 점유권의 의의

'점유권'이란 물건을 사실상 지배하는 경우에 그 지배를 정당화시켜 주는 법률상의 권리(= 본권, 本權)가 있는가의 여부를 묻지 않고, 그 사실상의 지배상태에 대하여 일정한 법률효과를 부여하는 물권을 의미한다.

> 제192조【점유권의 취득과 소멸】① 물건을 사실상 지배하는 자는 점유권이 있다.
> ② 점유자가 물건에 대한 사실상의 지배를 상실한 때에는 점유권이 소멸한다. 그러나 제204조의 규정에 의하여 점유를 회수한 때에는 그러하지 아니하다.

(1) **물건에 대한 점유**란 사회관념상 어떤 사람의 사실적 지배 아래에 있는 객관적 상태를 말하는 것으로서, 사실적 지배가 있다고 하기 위해서는 **반드시 물건을 물리적, 현실적으로 지배하는 것만을 의미하는 것이 아니다.**

(2) 대지의 소유자로 **이전등기**한 자는 보통의 경우 **등기할 때에 대지를 인도받아 점유**를 얻은 것으로 보아야 한다.

(3) 그러나 **보존등기**를 마쳤다고 하여 일반적으로 등기명의자가 그 무렵 다른 사람으로부터 점유를 이전받는다고 볼 수는 없기 때문이다.

(4) 사회통념상 건물은 그 부지를 떠나서는 존재할 수 없는 것이므로 **건물의 부지가 된 토지는 그 건물의 소유자가 점유**하는 것이다.

(5) **미등기건물을 양수하여 건물에 관한 사실상의 처분권을 보유**하게 됨으로써 그 양수인이 **건물부지 역시 아울러 점유**하고 있다고 볼 수 있는 등의 다른 특별한 사정이 없는 한 **건물의 소유명의자가 아닌 자**로서는 실제로 그 건물을 점유하고 있다고 하더라도 그 **건물의 부지를 점유하는 자로 볼 수 없다.**

2. 상속인의 점유

> 제193조【상속으로 인한 점유권의 이전】점유권은 상속인에 이전한다.

피상속인이 사망한 경우 상속인은 물건에 대한 사실상 지배가 없더라도, 피상속인의 사망 사실을 알지 못하더라도 상속인이 점유권을 취득한다.

3. 간접점유

> **제194조 【간접점유】** 지상권, 전세권, 질권, 사용대차, 임대차, 임치 기타의 관계로 타인으로 하여금 물건을 점유하게 한 자는 간접으로 점유권이 있다.

(1) **점유매개관계**(지상권, 전세권, 질권, 사용대차, 임대차, 임치 기타의 관계)
 ① 점유매개관계는 **반환청구권**을 내용으로 하는 법률관계이다.
 ② 점유매개관계는 **반드시 유효할 필요 없다**.
 ③ 점유매개관계는 중첩적일 수도 있다.
 ④ 점유매개관계는 법률행위에 의한 경우뿐만 아니라 **법령의 규정에 의해서도 설정**될 수 있다.
 ⑤ 점유매개자(직접점유자)의 점유는 **타주점유**이다.

(2) **간접점유자**
 ① 간접점유자도 점유자이므로 점유권을 가진다.
 ② 간접점유자도 점유보호청구권을 행사할 수 있다. 또한 간접점유자도 점유보호청구권의 상대방이 될 수 있다.
 ③ 간접점유자에게는 자력구제권이 인정되지 않는다.

4. 점유보조자

> **제195조 【점유보조자】** 가사상, 영업상 기타 유사한 관계에 의하여 **타인의 지시**를 받아 물건에 대한 사실상의 지배를 하는 때에는 그 타인만을 점유자로 한다.

(1) **점유보조관계**
 ① 점유보조관계란 지시에 의한 명령·복종관계를 의미한다.
 ② 점유보조관계는 유효한 것이어야 하는 것은 아니며, 계속적인 것도 요하지 아니한다.
 ③ 자기 물건에 대해서도 점유보조관계가 성립될 수 있다.

(2) **점유보조자**

점유보조자는 점유자가 아니므로 **점유보호청구권을 행사할 수 없다.** 그러나 자력구제권은 행사할 수 있다.

5. 점유의 태양

> 제197조 【점유의 태양】 ① 점유자는 **소유의 의사로 선의, 평온 및 공연하게 점유한 것으로 추정**한다.
> ② 선의의 점유자라도 본권에 관한 소에 패소한 때에는 그 **소가 제기된 때로부터** 악의의 점유자로 본다.

(1) **자주점유**(= 소유의사 있는 점유)**와 타주점유**(= 소유의사 없는 점유)

① 점유자의 점유가 소유의 의사 있는 **자주점유인지 아니면 소유의 의사 없는 타주점유인지의 여부**는 점유자의 **내심의 의사에 의하여 결정되는 것이 아니라** 점유취득의 원인이 된 권원의 성질이나 점유와 관계가 있는 **모든 사정에 의하여 외형적·객관적으로 결정**되어야 한다.

② 실제로 매매계약이 있었던 이상 그 계약이 무효라고 하더라도 매수인은 원칙적으로 자주점유자이다.

③ 부동산을 매수하여 이를 점유하게 된 자는 그 매매가 무효가 된다는 사정이 있음을 알았다는 등의 특별한 사정이 없는 한 그 점유의 시초에 소유의 의사로 점유한 것이며, **나중에** 매도자에게 처분권이 없었다는 등의 사유로 그 매매가 무효인 것이 밝혀졌다 하더라도 점유의 성질이 변하는 것은 아니다.

④ 매매계약의 **매도인의 점유**는 타주점유이다.

⑤ **명의수탁자의 점유, 지상권자의 점유, 경매에서의 종전 소유자의 점유, 매매계약이 해제된 경우의 매수인의 점유, 공유토지를 공유자 1인이 전부 점유하고 있는 경우 다른 공유자의 지분범위 점유**는 타주점유이다.

⑥ 매매대상 건물 부지의 면적이 등기부상의 면적을 상당히 초과하는 경우에는 특별한 사정이 없는 한 그 점유는 권원의 성질상 타주점유에 해당한다.

(2) **점유의 태양**(증명책임)
  ① 점유자가 스스로 매매 등과 같은 자주점유의 권원을 주장한 경우 이것이 인정되지 않았다는 이유만으로 자주점유의 추정이 번복된다거나 또는 점유권원의 성질상 타주점유로 볼 수는 없다
  ② 부동산의 점유권원의 성질이 분명하지 않을 때에는 민법 제197조 제1항에 의하여 점유자는 소유의 의사로 선의, 평온 및 공연하게 점유한 것으로 추정되고, 이러한 추정은 지적공부 등의 관리주체인 **국가나 지방자치단체가 점유하는 경우**에도 마찬가지이다.
  ③ 점유자가 점유 개시 당시 소유권 취득의 원인이 될 수 있는 법률행위 기타 법률요건 없이 그와 같은 법률요건이 없다는 사실을 잘 알면서 타인 소유의 부동산을 무단점유(= 악의의 무단점유)한 것이 입증된 경우에도 자주점유의 추정이 깨진다.
  ④ **타주점유가 자주점유로 전환되기 위하여는 새로운 권원에 의하여 다시 소유의 의사로 점유하거나** 자기에게 점유시킨 자에게 **소유의 의사가 있음을 표시**하지 않으면 그 점유의 성질이 변하지 않는다.
  ⑤ 토지의 점유자가 이전에 토지소유자를 상대로 그 토지에 관하여 매매를 원인으로 한 소유권이전등기청구소송을 제기하였다가 패소하고 그 판결이 확정되었다 하더라도 그 사정만을 들어서는 토지점유자의 자주점유의 추정이 이로써 번복되어 타주점유로 전환된다고 할 수 없다.
  ⑥ **토지소유자가 점유자를 상대로** 소유권이전등기청구소송을 제기하여 점유자가 패소한 경우 **패소판결시에 타주점유로 전환**된다.
  ⑦ 등기부취득시효에 있어서는 점유의 개시에 **과실이 없었음**을 필요로 하고, 그 입증책임은 주장자(= 점유자)에게 있다.
(3) 선의의 점유자가 **소 제기시(= 소장 부본이 점유자에게 송달된 때)부터** 악의의 점유자가 되고, 자주점유자는 **패소판결 확정시부터** 타주점유자로 전환된다.

6. 점유의 계속

> **제198조【점유계속의 추정】** 전후양시에 점유한 사실이 있는 때에는 그 점유는 계속한 것으로 **추정한다**.

민법 제198조 소정의 점유계속추정은 동일인이 전후 양 시점에 점유한 것이 증명된 때에만 적용되는 것이 아니고 전후 양 시점의 점유자가 다른 경우에도 점유의 승계가 입증되는 한 점유계속은 추정된다.

7. 점유의 승계

> **제199조【점유의 승계의 주장과 그 효과】** ① 점유자의 승계인은 **자기의 점유만을 주장**하거나 **자기의 점유와 전점유자의 점유를 아울러 주장**할 수 있다.
> ② 전점유자의 점유를 아울러 주장하는 경우에는 그 하자도 계승한다.

(1) **점유의 승계가 있는 경우** 전 점유자의 점유가 타주점유라 하여도 점유자의 승계인이 **자기의 점유만을 주장하는 경우에는 현 점유자의 점유는 자주점유로 추정**된다.

(2) 상속에 의하여 점유권을 취득한 경우에는 상속인이 새로운 권원에 의하여 자기 고유의 점유를 시작하지 않는 한 피상속인의 점유를 떠나 자기만의 점유를 주장할 수 없다.

8. 점유의 추정

> **제200조【권리의 적법의 추정】** 점유자가 점유물에 대하여 행사하는 권리는 적법하게 보유한 것으로 **추정**한다.

(1) 점유자의 권리추정의 규정은 등기에 표장되어 있는 **부동산 물권**에 대하여는 특별한 사정이 없는 한 적용되지 아니한다.

(2) 점유의 추정력은 법률상 추정이므로 입증책임은 상대방에게 있다.

(3) 점유의 적법추정은 점유자의 이익뿐만 아니라 불이익을 위해서도 추정되며, 추정의 효과는 점유자뿐만 아니라 제3자도 이를 원용할 수 있다.

30 점유자와 회복자의 관계

1. 점유자의 과실수취권

> 제201조 【점유자와 과실】 ① **선의의 점유자는 점유물의 과실을 취득한다.**
> ② **악의의 점유자**는 수취한 과실을 반환하여야 하며 소비하였거나 과실로 인하여 훼손 또는 수취하지 못한 경우에는 그 과실의 대가를 보상하여야 한다.
> ③ 전항의 규정은 **폭력 또는 은비에 의한 점유자**에 준용한다.

(1) '선의의 점유자'란 과실수취권을 포함하는 권원이 있다고 오신한 점유자를 말하고, 그와 같은 오신을 함에는 오신할 만한 정당한 근거가 있어야 한다.

(2) 민법상 과실에는 천연과실, 법정과실 뿐만 아니라 **물건(토지, 건물)의 사용이익**을 포함한다.

(3) 따라서 건물을 사용함으로써 얻는 이득은 그 건물의 과실에 준하는 것이므로, 선의의 점유자는 비록 법률상 원인 없이 타인의 건물을 점유·사용하고 이로 말미암아 그에게 손해를 입혔다고 하더라도 그 점유·사용으로 인한 이득을 반환할 의무는 없다.

(4) 선의의 점유자도 과실취득권이 있다 하여 불법행위로 인한 손해배상책임이 배제되는 것은 아니다.

(5) 악의의 점유자는 수취한 과실을 반환하여야 한다. 반환범위는 그 **받은 이익에 이자를 붙여서 반환**하여야 하며, 그 **이자의 이행지체로 인한 지연손해금**도 지급하여야 한다.

(6) 과실의 수취에 관한 점유자의 선의·악의는 과실이 **원물에서 분리되는 때를 기준**으로 판단한다.

(7) 악의의 점유자가 **과실(過失)없이 수취하지 못한 경우**에는 과실의 대가를 보상하지 않아도 된다.

(8) 매매계약이 **취소, 무효**가 된 경우에 **선의의 점유자에게 과실수취권이 인정**된다. 그러나 매매계약이 **해제**된 경우에는 원상회복의무이므로 **과실수취권이 인정되지 않는다.**

(9) 민법 제203조 제2항에 의한 점유자의 회복자에 대한 **유익비상환청구권은 점유자가 계약관계 등 적법하게 점유할 권리를 가지지 않아** 소유자의 소유물반환청구에 응하여야 할 의무가 있는 경우에 성립되는 것으로서, **점유자가 유익비를 지출할 당시 계약관계 등 적법한 점유의 권원을 가진 경우**에 그 지출비용의 상환에 관하여는 그 계약관계를 규율하는 법조항이나 법리 등이 적용되는 것이어서, 점유자는 그 계약관계 등의 상대방에 대하

여 해당 법조항이나 법리에 따른 비용상환청구권은 행사할 수 있을 뿐 계약관계 등의 상대방이 아닌 점유회복 당시의 소유자에 대하여 민법 제203조 제2항에 따른 지출비용의 상환을 구할 수는 없다.

2. 점유물의 멸실·훼손에 대한 책임

> **제202조 【점유자의 회복자에 대한 책임】** 점유물이 **점유자의 책임있는 사유**로 인하여 멸실 또는 훼손한 때에는 **악의의 점유자는 그 손해의 전부를 배상**하여야 하며 **선의의 점유자는 이익이 현존하는 한도**에서 배상하여야 한다. **소유의 의사가 없는 점유자는 선의인 경우에도 손해의 전부를** 배상하여야 한다.

(1) 자주점유 + 선의점유자 = 현존이익 배상

(2) 자주점유 + 악의점유자 = 손해전부 배상

(3) 타주점유 + 선의점유자 = 손해전부배상

3. 점유자의 비용상환청구권

> **제203조 【점유자의 상환청구권】** ① 점유자가 점유물을 반환할 때에는 회복자에 대하여 점유물을 보존하기 위하여 지출한 금액 기타 필요비의 상환을 청구할 수 있다. 그러나 **점유자가 과실을 취득한 경우에는 통상의 필요비는 청구하지 못한다.**
> ② 점유자가 점유물을 개량하기 위하여 지출한 금액 기타 유익비에 관하여는 그 가액의 증가가 현존한 경우에 한하여 **회복자의 선택에 좇아** 그 지출금액이나 증가액의 상환을 청구할 수 있다.

(1) **선의, 악의, 자주, 타주** 점유자에게도 비용상환청구권이 인정된다.

(2) 선의의 점유자가 과실을 수취한 경우에는 통상의 필요비는 청구할 수 없다.

(3) 비용상환청구권의 행사시기는 **회복자로부터 점유물의 반환을 청구받거나** 그에 따라 **점유물을 반환할 때**이다.

(4) 비용지출 후 점유의 승계가 있는 경우에는 비용지출 당시의 점유자가 아니라 현재의 점유자가 비용상환을 청구할 수 있다.

(5) 점유자는 비용을 지출할 당시의 소유자가 누구였는지와 상관없이 **점유 회복 당시의 소유자**에게 비용상환을 청구할 수 있다.

(6) 유익비의 경우 상당기간을 허여한 경우에는 유치권을 행사할 수 없다.

4. 점유보호청구권

> **제204조【점유의 회수】** ① 점유자가 점유의 침탈을 당한 때에는 그 **물건의 반환 및 손해의 배상**을 청구할 수 있다.
> ② 전항의 청구권은 침탈자의 특별승계인에 대하여는 행사하지 못한다. 그러나 **승계인이 악의인 때에는 그러하지 아니하다**.
> ③ 제1항의 청구권은 침탈을 당한 날로부터 **1년 내에 행사**하여야 한다.
> **제205조【점유의 보유】** ① 점유자가 점유의 방해를 받은 때에는 그 **방해의 제거 및 손해의 배상**을 청구할 수 있다.
> ② 전항의 청구권은 방해가 종료한 날로부터 1년 내에 행사하여야 한다.
> ③ 공사로 인하여 점유의 방해를 받은 경우에는 **공사착수 후 1년을 경과하거나 그 공사가 완성한 때에는 방해의 제거를 청구하지 못한다**.
> **제206조【점유의 보전】** ① 점유자가 점유의 방해를 받을 염려가 있는 때에는 그 **방해의 예방 또는 손해배상의 담보를 청구**할 수 있다.
> ② 공사로 인하여 점유의 방해를 받을 염려가 있는 경우에는 전조 제3항의 규정을 준용한다.
> **제207조【간접점유의 보호】** ① 전3조의 청구권은 제194조의 규정에 의한 간접점유자도 이를 행사할 수 있다.
> ② 점유자가 점유의 침탈을 당한 경우에 **간접점유자는 그 물건을 점유자에게 반환할 것을 청구할 수 있고** 점유자가 그 물건의 반환을 받을 수 없거나 이를 원하지 아니하는 때에는 자기에게 반환할 것을 청구할 수 있다.

점유보호청구권
- 점유회수청구권(반환청구권)
- 점유보유청구권(방해배제청구권)
- 점유보전청구권(방해예방청구권)

점유보호청구권의 특징
1. 상대방의 고의, 과실 不要
2. 손해의 발생 不要

(1) 사기에 의하여 점유를 이전한 경우에는 점유회수청구권을 행사할 수 없다.

(2) 직접점유자가 임의로 점유를 타에 양도하였다면 그 점유이전이 간접점유자의 의사에 반하더라도 간접점유자는 점유의 회수를 구할 수 없다.

(3) 점유보호청구권의 1년의 제척기간은 재판 외에서 권리행사하는 것으로 족한 기간이 아니라 반드시 그 기간 내에 소를 제기하여야 하는 이른바 **출소기간**으로 해석함이 상당하다.

(4) 점유보조자에게는 점유보호청구권이 인정되지 않지만, 간접점유자에게는 점유보호청구권이 인정된다.

5. 기타 규정

> **제208조 【점유의 소와 본권의 소와의 관계】** ① 점유권에 기인한 소와 본권에 기인한 소는 서로 영향을 미치지 아니한다.
> ② 점유권에 기인한 소는 본권에 관한 이유로 재판하지 못한다.
>
> **제209조 【자력구제】** ① 점유자는 그 점유를 부정히 침탈 또는 방해하는 행위에 대하여 자력으로써 이를 방위할 수 있다.
> ② 점유물이 침탈되었을 경우에 부동산일 때에는 점유자는 침탈 후 직시 가해자를 배제하여 이를 탈환할 수 있고 동산일 때에는 점유자는 현장에서 또는 추적하여 가해자로부터 이를 탈환할 수 있다.

31 소유권 일반

1. 소유권의 내용

> **제211조【소유권의 내용】** 소유자는 법률의 범위 내에서 그 소유물을 사용, 수익, 처분할 권리가 있다.

(1) 민법 제211조는 "소유자는 법률의 범위 내에서 그 소유물을 사용, 수익, 처분할 권리가 있다."고 규정하고 있으므로, 소유자가 채권적으로 상대방에 대하여 사용·수익의 권능을 포기하거나 사용·수익권 행사에 제한을 설정하는 것 외에 **소유권의 핵심적 권능에 속하는 배타적인 사용·수익 권능이 소유자에게 존재하지 아니한다고 하는 것**은 물권법정주의에 반하여 특별한 사정이 없는 한 허용될 수 없다.

(2) 소유자가 소유권의 핵심적 권능에 속하는 **사용·수익의 권능을 대세적으로 포기하는 것**은 특별한 사정이 없는 한 허용되지 않는다.

(3) **처분권능이 없는 소유권**은 인정될 여지가 없다.

2. 토지소유권의 범위

> **제212조【토지소유권의 범위】** 토지의 소유권은 정당한 이익있는 범위 내에서 토지의 상하에 미친다.

(1) 어떤 **토지가 지적공부에 1필지의 토지로 등록**되면 토지의 소재, 지번, 지목, 지적 및 경계는 특별한 사정이 없는 한 **등록으로써 특정**되고 **소유권의 범위**는 현실의 경계와 관계없이 **공부상의 경계에 따라 확정**되는 것이 원칙이다.

(2) 다만 지적도를 작성할 때 기점을 잘못 선택하는 등 **기술적인 착오**로 지적도상의 경계선이 진실한 경계선과 다르게 작성되었다거나 당사자들이 사실상의 경계대로 토지를 매매할 의사를 가지고 거래를 한 경우 등과 같은 특별한 사정이 있는 경우에 한하여 **토지의 경계는 실제의 경계**에 의하여야 한다.

(3) 물권의 객체인 **토지 1필지의 공간적 범위를 특정**하는 것은 **지적도나 임야도의 경계**이지 등기부의 표제부나 임야대장·토지대장에 등재된 면적이 아니다.

(4) 부동산등기부의 표제부에 토지의 면적이 실제와 다르게 등재되어 있어도 이러한 등기는 해당 토지를 표상하는 등기로서 **유효**하다.

(5) **건물의 경계**는 현실의 경계에 의하여 특정된다.

32. 상린관계

1. '상린관계'란 인접하는 두 부동산의 소유자 상호간의 이용을 조절하기 위하여 그들 사이의 권리관계를 규정하고 있는 것을 의미한다. 상린관계는 소유권의 내용의 확장 또는 제한이라고 할 수 있다.

2. 상린관계에 관한 규정은 **임의규정**이다.

3. **상린관계의 적용범위**

(1) 소유권에 관한 상린관계(제216조~제244조 규정)은 **지상권과 전세권**에 준용하고 있다. 임대차에는 준용규정은 없지만 유추적용된다.

(2) 상린관계에 파생하는 '상린권'은 독립한 물권이 아니라 소유권의 일부에 속한다.

4. **주위토지통행권**

> 제219조【주위토지통행권】① 어느 토지와 공로사이에 그 토지의 용도에 필요한 통로가 없는 경우에 그 토지소유자는 주위의 토지를 통행 또는 통로로 하지 아니하면 **공로에 출입할 수 없거나 과다한 비용을 요하는 때**에는 그 주위의 토지를 통행할 수 있고 필요한 경우에는 통로를 개설할 수 있다. 그러나 이로 인한 손해가 가장 적은 장소와 방법을 선택하여야 한다.
> ② 전항의 통행권자는 통행지소유자의 **손해를 보상**하여야 한다.
> 제220조【분할, 일부양도와 주위통행권】① **분할로 인하여 공로에 통하지 못하는 토지가 있는 때**에는 그 토지소유자는 공로에 출입하기 위하여 다른 분할자의 토지를 통행할 수 있다. 이 경우에는 **보상의 의무가 없다.**
> ② 전항의 규정은 토지소유자가 그 **토지의 일부를 양도한 경우에 준용**한다.

(1) **주위토지통행권의 법적 성질**

주위토지통행권은 법정통행권이고, 소유권의 일부이므로 **별도의 등기 필요 없다**.

(2) **주위토지통행권의 성립요건**

① 공로로 출입할 수 없는 경우

② 과다한 비용을 요하는 경우

③ 이미 기존의 통로가 있더라도 그것이 토지의 용도에 **필요한 통로로 기능하지 못하는** 경우

④ 일단 주위토지통행권이 발생하였다고 하더라도 나중에 그 토지에 접하는 공로가 개설됨으로써 **주위토지통행권을 인정할 필요가 없어진** 때에는 그 통행권은 소멸한다.

(3) 주위토지통행권의 범위

① 이미 그 소유토지의 용도에 필요한 통로가 있는 경우에는 그 통로를 사용하는 것보다 **더 편리하다는 이유**만으로 다른 장소로 통행할 권리를 인정할 수 없다.

② 주위토지통행권은 현재의 토지의 용법에 따른 이용의 범위에서 인정되는 것이지 더 나아가 장차의 이용상황까지 미리 대비하여 통행로를 정할 것은 아니다.

③ 통행지소유자는 원칙적으로 통행권자의 **통행을 수인할 소극적 의무**를 부담할 뿐 통로개설 등 적극적인 작위의무를 부담하지 않는다. 따라서 통로개설이나 유지비용은 통행권자가 부담한다.

④ 통행권이 제대로 기능하기 위하여 필요한 경우에는 통행권자는 당초에 **적법하게 설치된 담장의 철거를 청구**할 수도 있다.

⑤ 주위토지통행권이 통행지에 대한 통행지소유자의 점유를 배제할 권능까지 포함하는 것은 아니므로, 통행권자가 통행지를 배타적으로 점유하는 경우에는 통행지소유자는 통행지의 인도를 청구할 수 있다.

⑥ 민법 제219조에 의한 주위토지통행권은 인접한 토지의 상호 이용의 조절에 기한 권리로서 **토지의 소유자 또는 지상권자, 전세권자 등 토지사용권을 가진 자**에게 인정되는 권리이다. 따라서 명의신탁자에게는 주위토지통행권이 인정되지 아니한다.

⑦ 건축법에서 정하는 도로의 폭이나 면적 등과 일치하는 주위토지통행권이 바로 생긴다고 할 수 없다.

⑧ 주위토지통행권자가 통행지 소유자에게 **보상해야 할 손해액**은 주위토지통행권이 인정되는 당시의 현실적 이용 상태에 따른 **통행지의 임료 상당액을 기준**으로 하여야 한다. 단지 주위토지통행권이 인정되어 통행하고 있다는 사정만으로 **통행지를 '도로'로 평가하여** 산정한 임료 상당액이 통행지 소유자의 손해액이 된다고 볼 수 없다.

(4) 보상 유무(有無)

① 주위토지통행권이 인정되는 경우에도 이로 인한 손해가 가장 적은 장소와 방법을 선택하여야 한다. 이 경우 통행권자는 **통행지소유자의 손해를 보상**하여야 한다.

② 통행권자가 보상의무의 이행을 지체하더라도 채무불이행책임이 발생할 뿐 통행권이 소멸하지 않는다.

③ 통행권자의 허락을 얻어 사실상 통행하고 있는 자에게는 그 손해의 보상을 청구할 수 없다.
④ **토지의 분할 또는 일부 양도의 경우**에는 보상의 의무가 없다.
⑤ 무상주위통행권에 관한 민법 제220조의 규정은 토지의 직접 분할자 또는 일부 양도의 당사자 사이에만 적용되고 포위된 토지 또는 피통행지의 특정승계인에게는 적용되지 않는다.

5. 그 밖의 중요 상린관계 규정

제221조【자연유수의 승수의무와 권리】① 토지소유자는 이웃 토지로부터 자연히 흘러오는 물을 막지 못한다.
② 고지소유자는 이웃 저지에 자연히 흘러 내리는 이웃 저지에서 필요한 물을 자기의 정당한 사용범위를 넘어서 이를 막지 못한다.

제225조【처마물에 대한 시설의무】토지소유자는 처마물이 이웃에 직접 낙하하지 아니하도록 적당한 시설을 하여야 한다.

제237조【경계표, 담의 설치권】① 인접하여 토지를 소유한 자는 **공동비용으로 통상의 경계표나 담을 설치**할 수 있다.
② 전항의 **비용은 쌍방이 절반하여 부담**한다. 그러나 **측량비용은 토지의 면적에 비례**하여 부담한다.

제238조【담의 특수시설권】인지소유자는 자기의 비용으로 담의 재료를 통상보다 양호한 것으로 할 수 있으며 그 높이를 통상보다 높게 할 수 있고 또는 방화벽 기타 특수시설을 할 수 있다.

제239조【경계표 등의 공유추정】경계에 설치된 **경계표, 담, 구거 등은 상린자의 공유로 추정**한다. 그러나 경계표, 담, 구거 등이 상린자일방의 단독비용으로 설치되었거나 담이 건물의 일부인 경우에는 그러하지 아니하다.

제240조【수지, 목근의 제거권】① 인접지의 **수목가지가 경계를 넘은 때**에는 그 소유자에 대하여 **가지의 제거를 청구**할 수 있다.
② 전항의 청구에 응하지 아니한 때에는 **청구자가 그 가지를 제거할 수 있다**.
③ 인접지의 **수목뿌리가 경계를 넘은 때에는 임의로 제거**할 수 있다.

제242조【경계선부근의 건축】① 건물을 축조함에는 특별한 관습이 없으면 **경계로부터 반미터 이상의 거리**를 두어야 한다.
② 인접지소유자는 전항의 규정에 위반한 자에 대하여 건물의 변경이나 철거를 청구할 수 있다. 그러나 **건축에 착수한 후 1년을 경과하거나 건물이 완성된 후에는 손해배상만을 청구**할 수 있다.

제244조【지하시설 등에 대한 제한】① 우물을 파거나 용수, 하수 또는 오물 등을 저치할 지하시설을 하는 때에는 경계로부터 **2미터 이상의 거리**를 두어야 하며 저수지, 구거 또는 지하실공사에는 경계로부터 그 깊이의 반 이상의 거리를 두어야 한다.
② 전항의 공사를 함에는 토사가 붕괴하거나 하수 또는 오액이 이웃에 흐르지 아니하도록 적당한 조처를 하여야 한다.

제245조【점유로 인한 부동산소유권의 취득기간】① 20년간 소유의 의사로 평온, 공연하게 부동산을 점유하는 자는 **등기**함으로써 그 소유권을 취득한다.
② 부동산의 소유자로 등기한 자가 10년간 소유의 의사로 평온, 공연하게 선의이며 과실없이 그 부동산을 점유한 때에는 소유권을 취득한다.

제246조【점유로 인한 동산소유권의 취득기간】① 10년간 소유의 의사로 평온, 공연하게 동산을 점유한 자는 그 소유권을 취득한다.
② 전항의 점유가 선의이며 과실없이 개시된 경우에는 5년을 경과함으로써 그 소유권을 취득한다.

제247조【소유권취득의 소급효, 중단사유】① 전2조의 규정에 의한 소유권취득의 효력은 **점유를 개시한 때에 소급**한다.
② 소멸시효의 중단에 관한 규정은 전2조의 소유권취득기간에 준용한다.

제248조【소유권 이외의 재산권의 취득시효】전3조의 규정은 소유권 이외의 재산권의 취득에 준용한다.

33. 취득시효의 일반

1. 취득시효의 종류

2. 취득시효의 대상이 되는 권리

구 분	점유권	소유권	지상권	지역권	전세권	유치권	질 권	저당권
취득시효	×	○	○	○	×	×	○	×
소멸시효	×	×	○	○	×	×	×	×

3. 취득시효의 대상이 되는 물건

① **자기소유의 부동산**에 대해서도 취득시효할 수 있다.
② **성명불상자**의 소유물에 대해서도 시효취득할 수 있다.
③ **부동산의 일부**에 대해서도 시효취득할 수 있다.
④ 공유지분의 일부에 대해서도 시효취득할 수 있다.
⑤ 국유재산 중 일반재산에 대해서는 시효취득할 수 있다.
  - **원래 잡종재산이던 것이 행정재산으로 된 경우** 잡종재산일 당시에 취득시효가 완성되었다고 하더라도 행정재산으로 된 이상 이를 원인으로 하는 소유권이전등기를 청구할 수 **없다.**
  - 행정재산이더라도 공용폐지에 의하여 일반재산으로 되면 시효취득의 대상이 된다.
⑥ **집합건물의 공용부분**은 취득시효할 수 **없다.**
⑦ **미등기부동산**도 취득시효 할 수 있다.
⑧ 간접점유(법인 아닌 사단, 종중)도 취득시효 할 수 있다.

4. 시효기간의 경과(20년의 기산점)

(1) 원 칙

점유자가 임의로 20년의 기산점을 선택할 수 없고, 현실적으로 점유를 개시한 시점을 기준으로 그 때부터 20년의 기간을 기산하여야 한다.

(2) 예 외

전 점유기간을 통틀어 등기명의인이 동일하다면(= 소유권의 변동이 없다면) 취득시효의 완성을 주장할 수 있는 시점에 시효기간이 경과한 사실이 확정되면 임의의 시점을 그 기산점을 선택할 수 있다.

(3) 점유의 승계가 있는 경우

① 점유의 승계인이 **전 점유자의 점유를 아울러 주장하는 경우** 어느 점유자의 점유까지 주장할 것인가에 대하여 전 점유자의 **점유개시일** 또는 현 점유자의 **점유개시일을 임의로 선택**할 수 있지만, 어느 점유자의 점유기간 중의 **임의의 시점을 선택할 수 없다**.

② 부동산을 취득시효 기간 만료 당시의 점유자로부터 양수하여 점유를 승계한 현 점유자는 전 점유자의 소유자에 대한 소유권이전등기청구권을 대위행사할 수 있을 뿐, 전 점유자의 취득시효 완성의 효과를 주장하여 **직접** 자기에게 소유권이전등기를 청구할 수 없다.

5. 시효완성전의 소유권의 변동

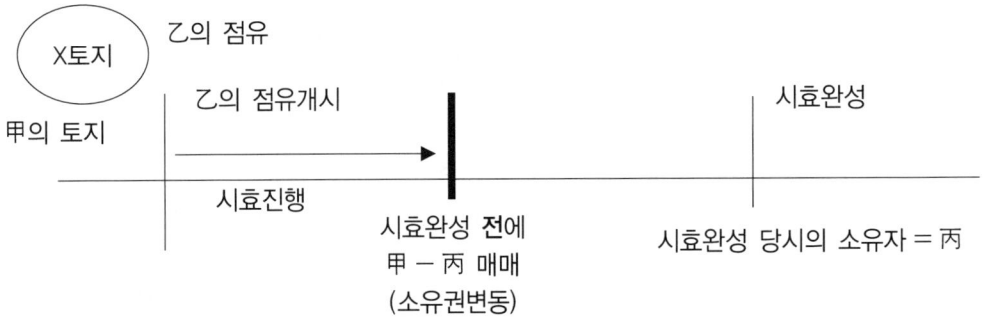

(1) 취득시효 기간 만료 **전**에 등기부상의 **소유 명의가 변경**되었다 하더라도 이로써 종래의 점유상태의 계속이 파괴되었다고 할 수 없으므로 이는 취득시효의 **중단사유**가 될 수 없다.

(2) 따라서 시효완성자는 **시효완성 당시의 소유자**(점유개시당시의 소유자 X)를 상대로 시효완성을 주장할 수 있다.

6. 시효완성 후의 소유권의 변동

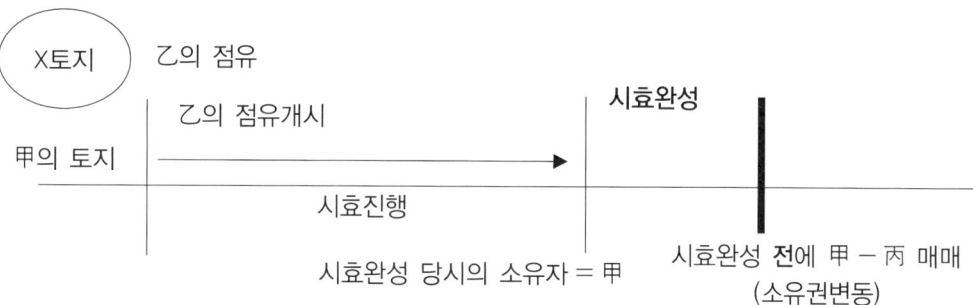

(1) **취득시효 완성 후 그 점유자 명의의 등기 전**에 제3자가 소유자로부터 부동산을 양수하여 등기를 마쳤다면 점유자는 **제3자**를 상대로 취득시효 완성을 주장할 수 없다.

(2) 시효완성 당시 **미등기**로 남아 있던 토지에 관하여 소유권을 가지고 있던 자가 시효완성 후에 그 명의로 소유권보존등기를 마친 경우 그 자는 새로운 제3자에 해당하지 않으므로 그 자에게는 시효완성을 주장할 수 있다.

(3) 시효완성 후 **명의신탁이 해지**되어 명의신탁자 명의로 소유권이전등기가 경료된 경우, 그 명의신탁자는 취득시효 완성 후에 새로운 소유권을 취득한 자에 해당하여 **명의신탁자**에게는 취득시효를 주장할 수 없다.

(4) 시효완성 후 소유자가 **제3자에게 명의신탁을 한 경우**, 소유자는 언제든지 수탁자를 상대로 언제든지 명의신탁을 해지하고 소유권이전등기를 청구할 수 있으므로, 점유자는 그 제3자(수탁자)를 상대로 취득시효의 완성을 주장할 수 있다(제3자가 소유자로서 권리를 행사하는 경우 점유자는 취득시효 완성을 이유로 **이를 저지할 수 있다**).

(5) 취득시효 완성 후 시효완성자가 그 명의로 등기하기 전에 취득시효 완성 전에 이미 설정된 가등기에 기하여 소유권이전의 본등기가 경료된 경우, 시효완성자(점유자)는 시효완성 후 본등기를 경료한 자에게 시효취득을 주장할 수 없다.

7. 시효완성 후 소유권이 제3자에게 이전된 경우의 법률관계

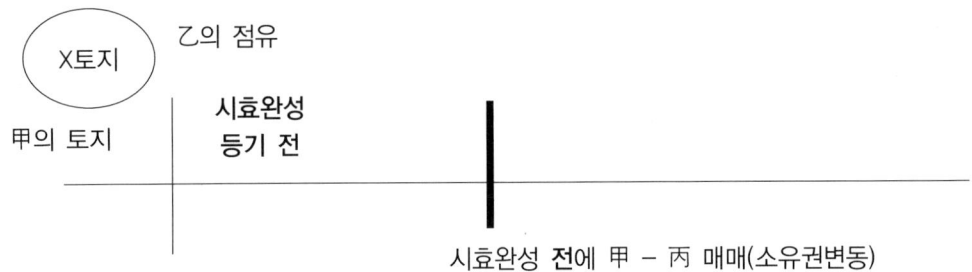

(1) **소유자 甲이 시효완성 사실을 모르고 매매한 경우**

① 점유자는 소유자에게 불법행위를 이유로 손해배상을 청구할 수 없다.

② 제3자는 시효완성 사실에 대하여 선의, 악의를 불문하고 X토지에 대한 소유권을 취득한다(따라서 점유자는 제3자에 대하여 시효완성을 주장할 수 없다).

(2) **소유자 甲이 시효완성 사실을 알고(점유자가 시효완성을 주장한 후) 매매한 경우**

① 점유자는 소유자에게 **불법행위**를 이유로 손해배상을 청구할 있다(**채무불이행**을 이유로 손해배상을 청구할 수 없다).

② 제3자는 시효완성 사실에 대하여 선의, 악의를 불문하고 소유권을 취득한다.

③ 단, 제3자가 시효완성 사실에 대하여 알면서 **적극가담**한 경우에는 반사회질서 법률행위에 해당하여 무효이다.

(3) 어떤 사유로든 소유명의자에게 소유권이 **복귀**하였다면 시효완성자는 소유명의자에게 시효완성을 주장할 수 있다.

(4) **2차 취득시효**

취득시효 완성 후 제3자에게 이전등기가 된 경우라도, 당초의 점유가 계속되고 있고 제3자에게 소유권이전된 시점을 새로운 기산점으로 삼아도 다시 취득시효의 점유기간이 완성되는 경우라면 점유자는 제3자를 상대로 취득시효의 완성을 주장할 수 있다.

(5) **대상청구권의 행사여부**

① 시효완성 후 토지가 수용된 경우 점유자는 수용보상금에 대하여 대상청구권을 행사할 수 없다.

② 단, 시효완성 후 점유자가 소유자를 상대로 **시효완성을 주장한 후에 토지가 수용**된 경우에는 수용보상금에 대하여 대상청구권을 행사할 수 있다.

34. 취득시효의 효과

1. 취득시효 완성의 효과

(1) 점유취득시효에 의한 부동산의 소유권의 취득은 **원시취득**에 해당한다.

① 다만, **시효완성 후 점유자가 등기하기 전**에 설정된 저당권 등의 제한물권이 있는 경우, **저당권 등에 의한 제한이 있는 상태로 소유권을 취득**한다.

② 시효취득자가 원소유자에 의하여 그 토지에 설정된 **근저당권의 피담보채무를 변제**하는 경우 자신의 이익을 위한 행위이므로, 변제액 상당에 대하여 원소유자에게 구상권을 행사하거나 부당이득을 이유로 그 **반환청구를 할 수 없다**.

(2) 부동산의 점유취득시효는 법률에 규정에 의한 소유권의 취득이지만, 반드시 **등기**하여야 소유권을 취득한다. 따라서 미등기부동산의 경우에도 등기하여야 한다.

(3) 점유자의 소유자에 대한 점유취득시효 완성에 따른 등기청구권은 **채권적 청구권**에 해당한다.

① 따라서 등기청구권은 채권적 청구권에 해당하여 10년간 행사하지 않으면 시효로 소멸하지만 점유자가 **점유가 계속**되고 있다면 시효로 인하여 소멸하지 않는다.

② 그러나 점유자가 점유를 상실하게 되면 **점유를 상실하게 된 때로부터**(즉시 ×) 10년간 행사하지 않으면 시효로 인하여 소멸한다.

③ 점유취득시효 완성에 따른 소유권이전등기청구권은 **통상의 채권양도의 법리**(채무자에게 통지 **또는** 채무자의 승낙)에 따라 양도할 수 있다. 따라서 시효완성자는 소유자(채무자)에게 통지하면 되고 소유자(채무자)의 동의 없이 등기청구권을 양도할 수 있다.

(4) **등기청구권의 상대방**

점유취득시효완성을 원인으로 한 소유권이전등기청구권은 **시효완성 당시의 진정한 소유자를 상대로** 하여야 한다. 따라서 시효완성당시의 **등기가 무효**라면 그 등기명의인을 상대로 시효완성을 주장할 수 없고, 시효완성자는 진정한 소유자를 대위하여 무효등기의 말소를 구하고 다시 위 진정한 소유자를 상대로 취득시효완성을 이유로 소유권이전등기청구권을 행사하여야 한다.

2. 취득시효의 소급효

(1) 취득시효로 인한 소유권의 취득의 효과는 **점유를 개시한 때**로 **소급**한다.

(2) 따라서 점유자가 취득시효 기간 동안에 얻은 과실 기타의 이익은 정당한 권원에 의해 얻은 것이 되어 소유자에게 반환할 필요가 없다.

(3) 토지소유자는 점유자에 대하여 그 토지에 대한 불법점유임을 이유로 그 지상건물의 철거와 대지의 인도를 청구할 수 **없고**, 점유로 인한 **손해배상청구나 부당이득반환청구할 수 없다**.

3. 부동산 등기부취득시효

(1) **점 유**

   ① **선의·무과실**은 등기에 관한 것이 아니라 **점유**에 관한 것이다.

   ② 선의·무과실은 **점유개시시**에 있으면 족하다(전 점유기간 계속 ×).

   ③ 과실 없는 점유(무과실의 점유)는 추정되지 않으므로 점유자가 증명책임을 진다.

(2) **등 기**

   ① 유효한 등기뿐만 아니라 **무효인 등기**에 의해서도 등기부취득시효가 가능하다.

   ② 다만, **무효인 이중보존등기**에 기초하여서는 등기부취득시효가 인정되지 않는다.

(3) **10년의 점유와 등기**

   ① 등기기간과 점유기간은 각각 10년이어야 한다.

   ② 점유의 승계뿐만 아니라 **등기의 승계**도 인정된다.

4. 시효중단과 시효이익의 포기

(1) 소멸시효의 중단에 관한 규정이 취득시효에도 준용된다.

   - 그러나 **압류, 가압류 또는 가처분**은 취득시효의 중단사유에 해당하지 아니한다.

(2) 소멸시효이익의 포기가 인정되듯이, 취득시효의 이익의 포기도 허용된다.

   - 취득시효 이익의 포기의 상대방은 시효완성 당시의 진정한 소유자이어야 한다. 따라서 원인무효인 등기부상의 소유자는 시효이익포기의 상대방이 될 수 없다.

35 공유

1. 공유의 의의

제262조【물건의 공유】① 물건이 지분에 의하여 수인의 소유로 된 때에는 공유로 한다.
② **공유자의 지분은 균등한 것으로 추정한다.**

(1) '공유'란 하나의 물건을 지분에 의하여 수인의 소유하는 형태를 의미한다.

(2) '지분'은 1개의 소유권이 분량적으로 수인에게 귀속되는 형태이며, 성질상 공유물 전부에 미친다.

법률행위에 의한 공유의 성립	법률의 규정에 의한 공유의 성립
• 공유자들의 합의에 의하여 성립 • 공유의 등기와 지분의 등기	• 타인의 물건속에서 매장물 발견 • 주종을 구별할 수 없는 동산의 부합 또는 혼화 • 귀속불명의 부부재산 • 공동상속재산 • 구분소유의 공용부분 • 경계에 설치된 경계표, 담, 구거 ⎬ 공유물분할청구 ×

(3) **지분의 처분**

제263조【공유지분의 처분과 공유물의 사용, 수익】공유자는 그 **지분을 처분할 수 있고** 공유물 전부를 지분의 비율로 사용, 수익할 수 있다.

① 공유자는 **다른 공유자의 동의 없더라도** 지분을 자유롭게 처분할 수 있다.

② 공유자의 공유지분에도 저당권을 설정할 수 있다.

(4) **공유지분의 포기 등**

제267조【지분포기 등의 경우의 귀속】공유자가 **그 지분을 포기하거나 상속인없이 사망한 때에는 그 지분은 다른 공유자에게 각 지분의 비율로 귀속**한다.

① 공유자 1인이 사망하면 공유자의 지분은 상속된다.

② 그러나 공유자가 지분을 포기하거나 상속인 없이 사망하면 그 지분은 다른 공유자에게 지분의 비율로 귀속한다.

③ 공유지분의 포기는 법률행위에 의한 것이므로 **등기하여야** 공유지분 포기에 따른 물권변동의 효력이 발생한다.

2. 공유자간의 법률관계

(1) 공유물의 관리, 보존

> 제265조 【공유물의 관리, 보존】 공유물의 관리에 관한 사항은 공유자의 지분의 과반수로써 결정한다. 그러나 **보존행위는 각자가 할 수 있다.**

① 공유자가 공유물을 타인에게 임대하는 행위 및 그 임대차계약을 해지하는 행위는 공유물의 관리행위에 해당하므로, 민법 제265조 본문에 의하여 공유자의 지분의 과반수로써 결정하여야 한다.

② 과반수 지분권자가 **나대지에** 건물을 신축하여 소유하거나, 제3자에게 건물소유를 위하여 공유지를 임대하는 행위는 공유물의 처분행위이므로 전원의 동의를 얻어야 한다.

③ 과반수의 지분을 가진 공유자가 그 공유물을 배타적으로 사용·수익하기로 정하는 것은 공유물의 관리방법으로서 적법하다. 다만 소수지분권자는 과반수지분권자에게 지분에 상응하는 **임료 상당의 부당이득을 청구**할 수 있다.

④ 과반수 지분의 공유자는 다른 공유자와 사이에 미리 공유물의 관리방법에 관한 협의가 없었다 하더라도 공유물의 관리에 관한 사항을 단독으로 결정할 수 있다. 과반수 지분의 공유자가 그 공유물의 특정 부분을 배타적으로 사용·수익하기로 정하는 것은 공유물의 관리방법으로서 적법하다고 할 것이므로, 과반수 지분의 공유자로부터 사용·수익을 허락받은 점유자에 대하여 소수 지분의 공유자는 그 점유자가 사용·수익하는 건물의 철거나 퇴거 등 점유배제를 구할 수 없다. 따라서 소수지분권자는 점유자에게 부당이득의 반환을 청구할 수 없다.

⑤ **공유물의 소수지분권자**가 다른 공유자와 협의 없이 **공유물의 전부 또는 일부를 독점적으로 점유·사용하고 있는 경우 다른 소수지분권자**는 공유물의 보존행위로서 그 **인도를 청구할 수는 없고**, 다만 자신의 지분권에 기초하여 공유물에 대한 방해 상태를 제거하거나 공동 점유를 **방해하는 행위의 금지 등을 청구할 수 있다고** 보아야 한다.

⑥ 공유자가 **다른 공유자의 지분권을 대외적으로 주장하는 것은 공유물의 보존행위에 속한다고 할 수 없다**. 즉 부동산 공유자의 1인이 자신의 공유지분이 아닌 '다른 공유자'의 공유지분을 침해하는 원인 무효의 등기가 이루어졌다는 이유로 공유물에 관한 보존행위로서 그 부분 등기의 말소를 구할 수 없다.

⑦ 상속에 의하여 수인의 공유로 된 부동산에 관하여 그 공유자 중의 1인이 부정한 방법으로 공유물 전부에 관한 소유권이전등기를 그 단독명의로 경료한 경우 공유자 중의 1인은 단독명의로 등기를 경료하고 있는 공유자에 대하여 그 **공유자의 공유지분을 제외한 나머지** 공유지분 전부에 관하여 소유권이전등기말소등기절차의 이행을 구할 수 있다.

⑧ 공유물에 끼친 불법행위를 이유로 하는 **손해배상청구권**은 특별한 사유가 없는 한 각 공유자가 **지분에 대응하는 비율의 한도내**에서만 이를 행사할 수 있다.

⑨ **공유물의 사용·수익·관리에 관한 공유자 사이의 특약은 유효**하며 그 특정승계인에 대하여도 승계되지만, 그 특약이 지분권자로서의 사용·수익권을 사실상 포기하는 등으로 **공유지분권의 본질적 부분을 침해하는 경우**에는 특정승계인이 그러한 사실을 알고도 공유지분권을 취득하였다는 등의 특별한 사정이 없다면 특정승계인에게 당연히 승계된다고 볼 수 없다.

⑩ 공유물을 제3자가 불법점유하고 있는 경우에 소수지분권자라고 하더라도 공유물의 보존행위로서 명도청구를 할 수 있다.

⑪ 부동산의 공유자의 1인은 당해 부동산에 관하여 제3자 명의로 원인무효의 소유권이전등기가 경료되어 있는 경우 공유물에 관한 보존행위로서 제3자에 대하여 그 등기 전부의 말소를 구할 수 있다.

(2) 공유물의 처분·변경

> 제264조【공유물의 처분, 변경】공유자는 **다른 공유자의 동의없이 공유물을 처분하거나 변경하지 못한다.**

① 공유물의 처분·변경은 공유자 전원의 동의를 얻어야 한다.
② 공유자 1인은 다른 공유자의 동의 없이 공유물에 지역권 등의 용익물권을 설정할 수 없다.
③ 공유자 1인이 단독으로 공유물 전부를 매매하고 이전등기를 한 경우에도 매매계약은 유효하고, 처분공유자의 지분 범위내에서의 이전등기는 유효하다.

(3) 공유물의 부담

> 제266조【공유물의 부담】① 공유자는 그 지분의 비율로 공유물의 관리비용 기타 의무를 부담한다.
> ② 공유자가 **1년 이상 전항의 의무이행을 지체한 때**에는 다른 공유자는 상당한 가액으로 지분을 매수할 수 있다.

① 민법 제266조 제2항의 규정에 의하여 공유자가 다른 공유자의 의무이행지체를 이유로 그 지분의 매수청구권을 행사함에 있어서는 매수대상이 되는 지분 전부의 매매대금을 제공한 다음 매수청구권을 행사하여야 한다.
② 공유자가 **공유물의 관리에 관하여 제3자와 계약을 체결한 경우**에 그 계약에 기하여 제3자가 지출한 관리비용의 상환의무를 누가 어떠한 내용으로 부담하는가는 일차적으로 당해 계약의 해석으로 정하여진다. 공유자들이 공유물의 관리비용을 각 지분의 비율로 부담한다는 내용의 민법 제266조 제1항은 공유자들 사이의 내부적인 부담관계에 관한 규정일 뿐이다. 즉 **민법 제266조 제1항이 적용되지 않는다.**

3. 공유물의 분할

> 제268조【공유물의 분할청구】① **공유자는 공유물의 분할을 청구할 수 있다.** 그러나 5년내의 기간으로 분할하지 아니할 것을 약정할 수 있다.
> ② 전항의 계약을 갱신한 때에는 그 기간은 갱신한 날로부터 5년을 넘지 못한다.
> ③ 전2항의 규정은 제215조, 제239조의 공유물에는 적용하지 아니한다.

> 제269조 【분할의 방법】 ① **분할의 방법**에 관하여 협의가 성립되지 아니한 때에는 공유자는 **법원에 그 분할을 청구**할 수 있다.
> ② 현물로 분할할 수 없거나 분할로 인하여 현저히 그 가액이 감손될 염려가 있는 때에는 법원은 물건의 경매를 명할 수 있다.
> 제270조 【분할로 인한 담보책임】 공유자는 다른 공유자가 분할로 인하여 취득한 물건에 대하여 그 지분의 비율로 매도인과 동일한 담보책임이 있다.

(1) 공유물 분할의 자유

① 공유자 1인은 다른 공유자의 동의 없이 언제든지 공유물의 분할을 청구할 수 있다.

② 공유자들은 5년 내의 기간내에서 분할금지약정할 수 있다. 이 기간은 갱신할 수 있지만 5년을 넘지 못한다.

③ 공유물 중에서 구분건물의 **공용부분**과 경계에 설치된 **경계표, 담, 구거** 등은 분할청구하지 못한다.

(2) 공유물분할의 방법 1

① **원칙**: 협의분할

② **예외**: 재판상 분할

③ 공유물분할은 협의분할을 원칙으로 하고 **협의가 성립되지 아니한 때에는 재판상 분할을 청구할 수 있으므로** 공유자 사이에 **이미 분할에 관한 협의가 성립된 경우**에는 일부 공유자가 분할에 따른 이전등기에 협조하지 않거나 분할에 관하여 다툼이 있더라도 재판상 분할을 청구할 수 없다.

④ 공유물분할청구의 소는 분할을 청구하는 공유자가 원고가 되어 다른 공유자 전부를 공동피고로 하여야 하는 고유필수적 공동소송이다.

(3) 공유물분할방법 2

① **원칙**: 현물분할

② **예외**: 대금분할

③ 협의가 이루어지지 아니하여 재판에 의하여 공유물을 분할하는 경우에는 법원은 **현물로 분할하는 것이 원칙이다.**

④ 그리고 분할의 방법은 **당사자가 구하는 방법에 구애받지 아니하고 법원의 재량에 따**라 공유관계나 객체인 물건의 제반 상황에 따라 공유자의 지분비율에 따른 합리적인 분할을 하면 되는데, **여러 사람이 공유하는 물건을 현물분할하는 경우에는 분할청구자의 지분한도 안에서 현물분할을 하고 분할을 원하지 않는 나머지 공유자는 공유로 남는 방법도 허용**된다. 그러나 분할청구자가 상대방들을 공유로 남기는 방식의 현물분할을 청구하고 있다고 하여, 상대방들이 그들 사이만의 공유관계의 유지를 원하고 있지 아니한데도 상대방들을 여전히 공유로 남기는 방식으로 현물분할을 하여서는 아니 된다.

⑤ 공유물을 공유자 중의 1인의 단독소유 또는 수인의 공유로 하되 현물을 소유하게 되는 공유자로 하여금 다른 공유자에 대하여 그 지분의 적정하고도 합리적인 가격을 배상시키는 방법에 의한 분할도 현물분할의 하나로 허용된다.

(4) **분할의 효과**

① 공유물분할의 효과는 **소급효가 없다**.

② 공유물분할판결에 의하여 공유물이 분할된 경우에는 판결확정시에 물권변동이 발생하지만, **공유물분할의 소송절차**에서 협의로 **조정이 성립한 경우에는 등기하여야** 분할의 효과가 발생한다.

(5) 토지공유자의 한 사람의 지분 위에 설정된 근저당권 등 담보물권은 특단의 합의가 없는 한, 공유물분할이 된 뒤에도 종전의 지분비율대로 공유물 전부의 위에 그대로 존속하며 **근저당권설정자 앞으로 분할된 부분에 대하여 당연히 집중되는 것은 아니다**.

36　공동소유[합유, 총유]

제271조 【물건의 합유】 ① 법률의 규정 또는 계약에 의하여 수인이 조합체로서 물건을 소유하는 때에는 합유로 한다. 합유자의 권리는 합유물 전부에 미친다.
② 합유에 관하여는 전항의 규정 또는 계약에 의하는 외에 다음 3조의 규정에 의한다.

제272조 【합유물의 처분, 변경과 보존】 합유물을 **처분 또는 변경함에는 합유자 전원의 동의**가 있어야 한다. 그러나 **보존행위는 각자가 할 수 있다.**

제273조 【합유지분의 처분과 합유물의 분할금지】 ① 합유자는 **전원의 동의없이 합유물에 대한 지분을 처분하지 못한다.**
② 합유자는 **합유물의 분할을 청구하지 못한다.**

제274조 【합유의 종료】 ① 합유는 조합체의 해산 또는 합유물의 양도로 인하여 종료한다.
② 전항의 경우에 합유물의 분할에 관하여는 공유물의 분할에 관한 규정을 준용한다.

제275조 【물건의 총유】 ① **법인이 아닌 사단**의 사원이 집합체로서 물건을 소유할 때에는 **총유**로 한다.
② 총유에 관하여는 사단의 정관 기타 계약에 의하는 외에 다음 2조의 규정에 의한다.

제276조 【총유물의 관리, 처분과 사용, 수익】 ① **총유물의 관리 및 처분은 사원총회의 결의**에 의한다.
② 각 사원은 정관 기타의 규약에 좇아 총유물을 사용, 수익할 수 있다.

제277조 【총유물에 관한 권리의무의 득상】 총유물에 관한 사원의 권리의무는 사원의 지위를 취득상실함으로써 취득상실된다.

1. 합유재산을 합유자 1인 명의로 소유권보존등기를 한 경우 그 합유자의 지분 범위 내라 하더라도 **무효등기**이다.

2. 합유자 중 1인이 사망한 경우 **합유지분은 상속되지 않는다.** 합유자가 사망하면 잔존 합유자의 합유가 된다.

3. 합유지분의 포기는 포기의사표시 외에 **등기가 있어야** 한다.

4. 합유물의 보존행위는 **합유자 1인이 각자** 할 수 있다.

5. **총유물의 보존행위는 구성원이 각자 할 수 없다.**

6. 공동소유의 비교

구 분	공 유	합 유	총 유
보존행위	각자	각자	• 각자 × • 사원총회 결의
지 분	있음	있음	**없음**
지분의 처분	동의없이 자유 처분	전원동의 처분	
관리행위	지분의 과반수	조합규약에 의함	사원총회 결의
분할청구	공유물분할청구	합유물분할청구 ×	총유물분할청구 ×
처분·변경	전원동의	전원동의	사원총회 결의

37 첨 부

1. 부 합

> 제256조 【부동산에의 부합】 부동산의 소유자는 그 **부동산에 부합한 물건의 소유권을 취득한다.** 그러나 타인의 권원에 의하여 부속된 것은 그러하지 아니하다.
> 제257조 【동산간의 부합】 동산과 동산이 부합하여 훼손하지 아니하면 분리할 수 없거나 그 분리에 과다한 비용을 요할 경우에는 **그 합성물의 소유권은 주된 동산의 소유자에게 속한다.** 부합한 **동산의 주종을 구별할 수 없는 때에는 동산의 소유자는 부합당시의 가액의 비율로 합성물을 공유**한다.

(1) 부동산과 동산의 부합

① 부동산과 동산에 한하지 않고, **부동산과 부동산도 부합**할 수 있다(건물의 증축).

② 인위적인 부합이든 자연적인 부합이든 부합의 원인은 묻지 않는다.

③ **원 칙**
- 부동산의 소유자가 부합된 물건의 소유권을 취득한다. **부합된 물건(동산)의 가격이 부동산의 가격을 초과**하더라도 부동산의 소유자가 소유권을 취득한다.
- 권원 없이 타인의 부동산에 식재한 수목은 토지에 부합하므로 토지소유자가 수목의 소유권을 취득한다.

④ **예 외**
- 타인의 권원에 의하여 부속된 때에는 부속시킨 자의 소유이다. 즉 지상권, 임차권에 기하여 수목을 식재한 경우에는 식재자의 소유자이다.
- 부동산을 이용할 수 있는 권원이 없는 자가 토지소유자의 승낙 없이 임차인의 승낙만을 받아 토지위에 수목을 식재한 경우에는 토지소유자에게 그 수목의 소유권을 주장할 수 없다.
- **권원에 의하여 부속시킨 경우라도** 부속된 물건이 구조상·이용상의 독립성이 없어 **부동산의 구성부분이 된 경우에는** 그 물건의 소유권은 **부동산의 소유자에게 속한다.**

⑤ 건물과 농작물은 토지에 부합하지 않는다.

(2) 동산과 동산의 부합

① 원 칙

주종의 구별이 있는 경우에는 주된 동산의 소유자가 취득한다.

② 예 외

주종의 구별이 없는 경우에는 부합당시의 가액의 비율로 합성물을 공유한다.

2. 혼 화

> 제258조【혼 화】전조의 규정은 동산과 동산이 혼화하여 식별할 수 없는 경우에 준용한다.

3. 가 공

> 제259조【가 공】① 타인의 동산에 가공한 때에는 그 물건의 소유권은 **원재료의 소유자**에게 속한다. 그러나 가공으로 인한 가액의 증가가 원재료의 가액보다 현저히 다액인 때에는 **가공자의 소유**로 한다.
> ② 가공자가 재료의 일부를 제공하였을 때에는 그 가액은 전항의 증가액에 가산한다.

4. 첨부의 효과

> 제260조【첨부의 효과】① 전4조의 규정에 의하여 동산의 소유권이 소멸한 때에는 그 동산을 목적으로 한 다른 권리도 소멸한다.
> ② 동산의 소유자가 합성물, 혼화물 또는 가공물의 단독소유자가 된 때에는 전항의 권리는 합성물, 혼화물 또는 가공물에 존속하고 그 공유자가 된 때에는 그 지분에 존속한다.
> 제261조【첨부로 인한 구상권】전5조의 경우에 손해를 받은 자는 부당이득에 관한 규정에 의하여 보상을 청구할 수 있다.

(1) 부합 등으로 인하여 손해를 입은 자는 부당이득에 관한 규정에 의하여 보상을 청구할 수 있다.

(2) 매도인에게 소유권이 **유보된 자재**가 제3자와 매수인 사이에 이루어진 도급계약의 이행으로 제3자 소유 건물의 건축에 사용되어 **부합된 경우** 보상청구를 거부할 법률상 원인이 있다고 할 수 없지만, 제3자가 도급계약에 의하여 제공된 자재의 소유권이 유보된 사실에 관하여 **과실 없이 알지 못한 경우라면** 선의취득의 경우와 마찬가지로 제3자가 그 자재의 귀속으로 인한 이익을 보유할 수 있는 법률상 원인이 있다고 봄이 상당하므로, 매도인으로서는 그에 관한 **보상청구를 할 수 없다.**

5. 법률의 규정에 의한 소유권 취득

① 취득시효에 의한 소유권 취득, ② 선의취득에 의한 소유권 취득, ③ 무주물선점에 의한 소유권 취득, ④ 유실물습득에 의한 소유권취득, ⑤ 매장물 발견에 의한 소유권 취득, ⑥ 부합, 혼화, 가공에 의한 소유권취득

> 제249조 【선의취득】 평온, 공연하게 동산을 양수한 자가 선의이며 과실없이 그 **동산을 점유한 경우**에는 양도인이 정당한 소유자가 아닌 때에도 즉시 그 동산의 소유권을 취득한다.
>
> 제252조 【무주물의 귀속】 ① 무주의 **동산**을 **소유의 의사**로 점유한 자는 그 소유권을 취득한다.
> ② **무주의 부동산은 국유로 한다.**
> ③ 야생하는 동물은 무주물로 하고 사양하는 야생동물도 다시 야생상태로 돌아가면 무주물로 한다.
>
> 제253조 【유실물의 소유권취득】 유실물은 법률에 정한 바에 의하여 공고한 후 **6개월** 내에 그 소유자가 권리를 주장하지 아니하면 습득자가 그 소유권을 취득한다.
>
> 제254조 【매장물의 소유권취득】 매장물은 법률에 정한 바에 의하여 공고한 후 1년내에 그 소유자가 권리를 주장하지 아니하면 발견자가 그 소유권을 취득한다. 그러나 타인의 토지 기타 물건으로부터 발견한 매장물은 그 토지 기타 물건의 소유자와 발견자가 절반하여 취득한다.
>
> 제255조 【문화재의 국유】 ① 학술, 기예 또는 고고의 중요한 재료가 되는 물건에 대하여는 제252조 제1항 및 전2조의 규정에 의하지 아니하고 국유로 한다.
> ② 전항의 경우에 습득자, 발견자 및 매장물이 발견된 토지 기타 물건의 소유자는 국가에 대하여 적당한 보상을 청구할 수 있다.

38. 지상권

1. 지상권의 의의

> 제279조【지상권의 내용】지상권자는 타인의 토지에 **건물 기타 공작물이나 수목을 소유하기 위하여** 그 토지를 사용하는 권리가 있다.

| (1) 타인의 토지 | 타인의 토지 전부 뿐만 아니라 **토지의 일부** ○ |

| (2) 건물, 공작물, 수목을 소유하기 위하여 | 건물 공작물 사용 ×
 지상물(건물 등) 멸실하더라도 지상권 소멸 × |

| (3) 타인의 토지를 사용하는 권리 | 타인의 토지를 독점적, 배타적 점유
 토지사용 대가인 지료는 지상권 성립요소 × |

2. 담보지상권

(1) 근저당권 등 담보권 설정의 당사자들이 그 목적이 된 토지 위에 차후 용익권이 설정되거나 건물 또는 공작물이 축조·설치되는 등으로써 그 목적물의 담보가치가 저감하는 것을 막는 것을 주요한 목적으로 하여 채권자 앞으로 아울러 지상권을 설정하였다면, 그 **피담보채권**이 변제 등으로 만족을 얻어 소멸한 경우는 물론이고 **시효소멸한 경우**에도 그 **지상권은 피담보채권에 부종하여 소멸**한다.

(2) **지상권은 용익물권**으로서 담보물권이 아니므로 **피담보채무라는 것이 존재할 수 없다.**

(3) 금융기관이 대출금 채권의 담보를 위하여 토지에 저당권과 함께 **지료 없는 지상권**을 설정하면서 채무자 등의 사용·수익권을 배제하지 않은 경우, 위 지상권은 근저당목적물의 담보가치를 확보하는 데 목적이 있으므로, 그 위에 도로개설·옹벽축조 등의 행위를 한 무단점유자에 대하여 지상권 자체의 침해를 이유로 한 **임료 상당 손해배상을 구할 수 없다.**

(4) 토지에 관하여 저당권을 취득함과 아울러 그 저당권의 담보가치를 확보하기 위하여 지상권을 취득하는 경우, **제3자가 저당권의 목적인 토지 위에 건물을 신축하는 경우**에는, 그 제3자가 지상권자에게 대항할 수 있는 권원을 가지고 있다는 등의 특별한 사정이 없는 한, 지상권자는 그 방해배제청구로서 신축중인 **건물의 철거와 대지의 인도 등을 구할 수 있다**고 할 것이다.

3. 지상권의 존속기간

> **제280조【존속기간을 약정한 지상권】** ① 계약으로 지상권의 존속기간을 정하는 경우에는 그 기간은 **다음 연한보다 단축하지 못한다.**
> 1. 석조, 석회조, 연와조 또는 이와 유사한 **견고한 건물이나 수목의 소유**를 목적으로 하는 때에는 **30년**
> 2. 전호이외의 건물의 소유를 목적으로 하는 때에는 **15년**
> 3. 건물이외의 공작물의 소유를 목적으로 하는 때에는 **5년**
> ② 전항의 기간보다 단축한 기간을 정한 때에는 전항의 기간까지 연장한다.
>
> **제281조【존속기간을 약정하지 아니한 지상권】** ① 계약으로 지상권의 존속기간을 정하지 아니한 때에는 그 기간은 전조의 최단존속기간으로 한다.
> ② **지상권설정당시에 공작물의 종류와 구조를 정하지 아니한 때에는 지상권은 전조 제2호의 건물의 소유를 목적으로 한 것으로 본다.**
>
> **제284조【갱신과 존속기간】** 당사자가 계약을 갱신하는 경우에는 지상권의 존속기간은 갱신한 날로부터 제280조의 최단존속기간보다 단축하지 못한다. 그러나 당사자는 이보다 장기의 기간을 정할 수 있다.

(1) 지상권의 존속기간에 대하여 지상물의 종류에 따른 최단존속기간만 규정하고 있다.

(2) 지상권의 최장존속기간에 대한 규정이 없으므로 **영구무한의 지상권도 설정**할 수 있다.

(3) **용익물권의 존속기간의 비교**

4. 지상권의 효력

(1) **토지의 독점·배타적 사용권**

① 지상권자는 설정계약에서 정하는 목적범위 내에서 타인의 토지를 사용할 권리가 있다. 따라서 지상권이 설정된 토지를 양수한 양수인은 지상권 존속기간 내에는 지상권자에게 토지의 인도를 청구할 수 없다.

② 지상권이 침해된 경우 지상권자는 지상권에 기한 물권적 청구권도 행사할 수 있고, 점유권에 기한 물권적 청구권도 행사할 수 있다.

③ 지상권에도 상린관계가 준용된다.

> **제290조【준용규정】** ① 제213조, 제214조, 제216조 내지 제244조의 규정은 지상권자간 또는 지상권자와 인지소유자간에 이를 준용한다.

(2) 지상권의 양도

> **제282조【지상권의 양도, 임대】** 지상권자는 타인에게 그 권리를 양도하거나 그 권리의 존속기간 내에서 그 토지를 임대할 수 있다.

① 지상권은 독립된 물권으로서 다른 권리에 부종함이 없이 그 자체로서 양도될 수 있으며 그 양도성은 민법 제282조, 제289조에 의하여 절대적으로 보장되고 있으므로 **소유자의 의사에 반하여도 자유롭게 타인에게 양도**할 수 있다.

② 지상권자는 지상권을 유보한 채 지상물 소유권만을 양도할 수도 있고 **지상물 소유권을 유보한 채 지상권만을 양도**할 수도 있다.

(3) 지상권에서 지료

① 지상권에 있어서 지료의 지급은 그의 요소가 아니어서 **지료에 관한 유상 약정이 없는 이상** 지료의 지급을 구할 수 없다.

② 지상권에 있어서 유상인 지료에 관하여 **지료액 또는 그 지급시기 등의 약정은 이를 등기하여야만** 그 뒤에 토지소유권 또는 지상권을 양수한 사람 등 **제3자에게 대항**할 수 있고, 지료에 관하여 등기되지 않은 경우에는 무상의 지상권으로서 지료증액청구권도 발생할 수 없다.

③ 지상권에 있어서 지료의 지급은 그 요소가 아니므로 지료에 관한 약정이 없으면 지료의 지급을 구할 수 없으나 그 약정이 있는 이상 토지소유자는 지료에 관한 등기 여부에 관계없이 (당해)지상권자에 대하여 그 약정된 지료의 지급을 구할 수 있다.

(4) 지상권의 갱신청구권 등

> **제283조【지상권자의 갱신청구권, 매수청구권】** ① **지상권이 소멸한 경우에 건물 기타 공작물이나 수목이 현존한 때**에는 지상권자는 계약의 갱신을 청구할 수 있다.
> ② 지상권설정자가 **계약의 갱신을 원하지 아니하는 때**에는 지상권자는 상당한 가액으로 전항의 공작물이나 수목의 매수를 청구할 수 있다.

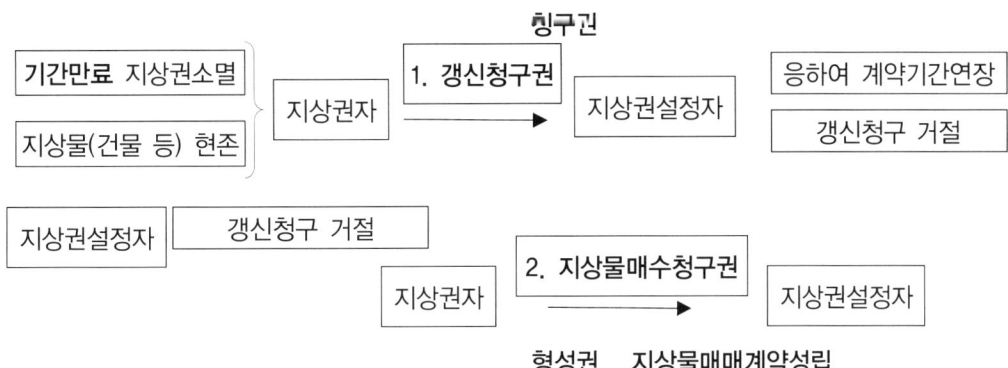

지상권자의 지료연체를 이유로 토지소유자가 그 지상권소멸청구를 하여 **지상권이 소멸**된 경우에는 지상물매수청구권이 인정되지 않는다.

(5) 지료증감청구권

> 제286조【지료증감청구권】지료가 토지에 관한 조세 기타 부담의 증감이나 지가의 변동으로 인하여 상당하지 아니하게 된 때에는 당사자는 그 증감을 청구할 수 있다.

(6) 지상권소멸청구권

> 제287조【지상권소멸청구권】지상권자가 **2년 이상의 지료를 지급하지 아니한 때**에는 지상권설정자는 **지상권의 소멸을 청구**할 수 있다.
> 제288조【지상권소멸청구와 저당권자에 대한 통지】지상권이 저당권의 목적인 때 또는 그 토지에 있는 건물, 수목이 저당권의 목적이 된 때에는 전조의 청구는 저당권자에게 통지한 후 **상당한 기간이 경과함으로써** 그 효력이 생긴다.

① 지상권자의 지료 지급 연체가 토지소유권의 양도 전후에 걸쳐 이루어진 경우 토지양수인에 대한 연체기간이 2년이 되지 않는다면 양수인은 지상권소멸청구를 할 수 없다.

② 지상권이 저당권의 목적인 때에는 지상권소멸청구는 저당권자에게 통지한 후 **상당한 기간이 경과하여야 지상권이 소멸한다.**

5. 지상권 소멸 등

> **제285조 【수거의무, 매수청구권】** ① 지상권이 소멸한 때에는 지상권자는 건물 기타 공작물이나 수목을 수거하여 토지를 원상에 회복하여야 한다.
> ② 전항의 경우에 **지상권설정자**가 상당한 가액을 제공하여 그 공작물이나 수목의 **매수를 청구**한 때에는 지상권자는 정당한 이유없이 이를 거절하지 못한다.

6. 편면적 강행규정

> **제289조 【강행규정】** 제280조 내지 제287조의 규정에 위반되는 계약으로 **지상권자에게 불리한 것은 그 효력이 없다.**

7. 구분지상권

> **제289조의2 【구분지상권】** ① 지하 또는 지상의 공간은 상하의 범위를 정하여 **건물 기타 공작물을 소유**하기 위한 지상권의 목적으로 할 수 있다. 이 경우 설정행위로써 지상권의 행사를 위하여 토지의 사용을 제한할 수 있다.
> ② 제1항의 규정에 의한 구분지상권은 제3자가 토지를 사용·수익할 권리를 가진 때에도 그 권리자 및 그 권리를 목적으로 하는 권리를 가진 자 전원의 승낙이 있으면 이를 설정할 수 있다. 이 경우 토지를 사용·수익할 권리를 가진 제3자는 그 지상권의 행사를 방해하여서는 아니 된다.

(1) 지하 또는 지상의 공간의 **상하의 범위를 정하여야** 한다.

(2) **수목의 소유를 목적**으로 구분지상권을 설정할 수 없다.

8. 분묘지기권

(1) **분묘기지권**(墳墓基地權)의 의의

'분묘기지권'이란 타인의 토지에서 분묘라는 특수한 공작물을 설치한 자가 그 분묘를 소유하기 위하여 분묘의 기지부분의 타인소유 토지를 사용할 수 있는 권리로서 지상권에 유사한 성질을 갖는 물권이다.

(2) 분묘의 외형 자체가 공시방법으로서의 구실을 하며, 등기는 필요하지 않다.

(3) 효 력

① 분묘기지권은 분묘를 수호하고 봉사하는 데 필요한 범위에까지 미친다.

② 분묘기지권은 권리자가 분묘를 수호하고 그 분묘가 존속하고 있는 동안 존속하며, 상속될 수 있으나 양도될 수는 없다.

③ 장사 등에 관한 법률에 의하여 2001. 1. 13. **이후에 설치한 분묘**에 대해서는 분묘기지권의 시효취득이 인정되지 않는다(장사 등에 관한 법률 제27조). **장사법 시행 이전에 설치된 분묘기지권에 대해서는 여전히 유효한 관습법**이다.

④ 타인의 토지에 합법적으로 분묘를 설치한 자는 관습상 그 토지 위에 지상권에 유사한 일종의 물권인 분묘기지권을 취득하나, 분묘기지권에는 그 효력이 미치는 범위 안에서 새로운 분묘를 설치하거나 원래의 분묘를 다른 곳으로 이장할 권능은 포함되지 않는다.

⑤ 타인소유의 토지에 소유자의 승낙 없이 분묘를 설치한 경우에는 20년간 평온·공연하게 그 분묘의 기지를 점유하면 지상권 유사의 관습법상의 물권인 **분묘기지권을 시효로 취득**하는데, 이러한 분묘기지권은 봉분 등 외부에서 분묘의 존재를 인식할 수 있는 형태를 갖추고 있는 경우에 한하여 인정되고, 평장되어 있거나 암장되어 있어 객관적으로 인식할 수 있는 외형을 갖추고 있지 아니한 경우에는 인정되지 않으므로, 이러한 특성상 **분묘기지권은 등기 없이 취득**한다.

⑥ 장사법 시행일 이전에 타인의 토지에 분묘를 설치한 다음 20년간 평온·공연하게 분묘의 기지(기지)를 점유함으로써 분묘기지권을 시효로 취득하였더라도, 분묘기지권자는 토지소유자가 분묘기지에 관한 지료를 청구하면 그 **청구한 날부터의 지료를 지급할 의무가 있다**고 보아야 한다.

⑦ 자기 소유 토지에 분묘를 설치한 사람이 그 토지를 양도하면서 분묘를 이장하겠다는 특약을 하지 않음으로써 분묘기지권을 취득한 경우, 특별한 사정이 없는 한 분묘기지권자는 **분묘기지권이 성립한 때부터** 토지 소유자에게 그 분묘의 기지에 대한 토지사용의 대가로서 지료를 지급할 의무가 있다.

⑧ 분묘의 기지에 대한 지상권 유사의 물권인 관습법상의 법정지상권은 권리자가 의무자에 대하여 그 **권리를 포기하는 의사표시**를 하는 외에 **점유까지도 포기하여야만 그 권리가 소멸하는 것은 아니다**.

39 법정지상권

1. 관습법상의 법정지상권

(1) 의 의

관습법상의 법정지상권이란 토지와 그 지상의 건물이 동일인에게 속하였다가 매매 기타 원인으로 각각 그 소유자를 달리하게 된 경우에, 그 건물을 철거한다는 특약이 없으면 건물소유자로 하여금 토지를 계속 사용하게 하려는 것이 당사자의 의사라고 보아 관습법에 의하여 건물소유자에게 인정되는 지상권을 의미한다.

(2) 성립요건

① 토지와 그 지상의 건물이 동일인의 소유에 속할 것
- 원래 관습상 법정지상권이 성립하려면 토지와 그 지상 건물이 **애초부터 원시적으로 동일인의 소유에 속하였을 필요는 없고**, 그 소유권이 유효하게 변동될 당시에 동일인이 토지와 그 지상 건물을 소유하였던 것으로 족하다
- 강제경매의 목적이 된 토지 또는 그 지상 건물의 소유권이 강제경매로 인하여 그 절차상의 매수인에게 이전된 경우에 건물의 소유를 위한 관습상 법정지상권이 성립하는가 하는 문제에 있어서는 그 매수인이 소유권을 취득하는 **매각대금의 완납 시가 아니라 그 압류의 효력이 발생하는 때를 기준**으로 하여 토지와 그 지상 건물이 **동일인에 속하였는지가 판단**되어야 한다.
- 강제경매의 목적이 된 토지 또는 그 지상건물에 강제경매를 위한 압류나 그 압류를 선행한 가압류가 있기 이전에 저당권이 설정되어 있다가 그 후 강제경매로 인해 그 저당권이 소멸하는 경우에는 **저당권설정당시를 기준**으로 동일인에 속하였는지를 판단되어야 한다.
- 건물로서의 요건을 갖추고 있다면 **미등기건물이나 무허가건물을 위해서도** 관습법상의 법정지상권이 성립한지만, 그 건물을 원시취득한 경우에 한한다.
- 미등기건물이 대지와 **함께** 양도되었는데 **대지에 대해서만 소유권이전등기가 경료**된 후 대지가 경매되어 소유자가 달라진 경우에는 관습법상의 법정지상권이 성립되지 않는다.
- 공유자 중 1인이 지분 과반수의 **동의**에 기하여 공유지에 건물을 신축한 후 경매를 통하여 공유지가 분할됨에 따라 토지와 건물의 소유자가 달라진 경우에도 관습상의 법정지상권이 인정되지 않는다.

- 타인의 토지위에 토지소유자의 **승낙**을 얻어 신축한 건물을 매수, 취득한 경우에도 관습법상의 법정지상권이 인정되지 않는다.
- 토지공유자 중 1인이 **공유토지** 위에 건물을 소유하고 있다가 대지지분만을 양도한 경우에도 관습상의 법정지상권이 인정되지 않는다.
- **건물공유자**의 1인이 그 건물의 부지인 토지를 단독으로 소유하면서 그 토지에 관하여만 저당권을 설정하였다가 위 저당권에 의한 경매로 인하여 토지의 소유자가 달라진 경우에도, 민법 제366조에 의하여 토지 전부에 관하여 건물의 존속을 위한 법정지상권을 취득한다고 보아야 한다.
- 상호명의신탁, 즉 **구분소유적 공유에서 공유자 甲이 배타적인 점유부분에 건물을 신축**하여 소유하던 중 강제경매에 의하여 다른 공유자 乙이 대지지분을 취득하였다면 건물소유자 갑은 관습법상의 법정지상권을 취득한다.
- **구분소유적 공유관계에 있어서 乙이 매수하지 아니한 지상부분(甲 소유토지)에 있는 乙 소유의 건물**에 대해서는 관습법상의 법정지상권이 성립하지 않는다.
- 명의수탁자가 명의신탁토지 위에 건물을 신축한 경우에, 명의신탁 해지시 그 건물의 소유를 위한 관습법상의 법정지상권이 인정되지 않는다.
- 원래 **채권을 담보하기 위하여 나대지상에 가등기가 경료**되었고, 그 뒤 대지소유자가 그 지상에 건물을 신축하였는데, 그 후 그 가등기에 기한 본등기가 경료되어 대지와 건물의 소유자가 달라진 경우에 특별한 사정이 없는 한 건물을 위한 관습상 법정지상권이 성립한다고 할 수 없다.
- **환지로** 인하여 새로운 분할지적선이 그어진 결과 환지 전에는 동일인에게 속하였던 토지와 그 지상건물의 소유자가 달라졌다 하더라도 법정지상권이 성립하지 않는다.
- **환매권의 행사로** 인하여 토지와 건물의 소유자가 달라진 경우 관습법상의 법정지상권은 성립하지 않는다.
- 원래 동일인에게의 소유권 귀속이 **원인무효**로 이루어졌다가 그 뒤 원인무효임이 밝혀져 그 등기가 말소된 경우 법정지상권이 성립하지 않는다.

② 토지와 건물의 소유권이 매매, 대물변제, 증여, 공유물분할, 강제경매, 국세징수법 등에 의하여 달라지게 될 것

③ 토지와 건물의 소유권이 다른 사람에게 귀속될 때 당사자 사이에 건물을 철거한다는 특약이 없어야 한다.
- 토지와 건물의 소유자가 토지만을 타인에게 증여한 후 **구 건물을 철거하되 그 지상에 자신의 이름으로 건물을 다시 신축하기로 합의**한 경우, 그 건물 철거의 합의는 건물 소유자가 토지의 계속 사용을 그만두고자 하는 내용의 합의로 볼 수 없어 관습상의 법정지상권의 발생을 배제하는 효력이 인정되지 않는다.
- **대지에 관한 임대차계약을 체결**하였다면 관습법상의 법정지상권을 포기한 것으로 보아야 한다.

(3) **법정지상권의 효과**

① 관습법상의 법정지상권은 법률행위로 인한 물권의 취득이 아니고 관습법에 의한 부동산물권의 취득이므로 **등기를 필요로 하지 아니하고** 지상권취득의 효력이 발생하고 이 관습상의 법정지상권은 물권으로서의 효력에 의하여 이를 취득할 당시의 토지소유자나 이로부터 소유권을 전득한 제3자에 대하여도 **등기없이 위 지상권을 주장할 수 있다.**

② 법정지상권이 성립하더라도 지료는 지급하여야 한다. 지료는 당사자간의 합의에 의하고 합의가 이루어지지 않으면 법원에 청구하여 결정한다.

③ **법정지상권에 관한 지료가 결정된 바 없다면** 법정지상권자가 지료를 지급하지 아니하였다고 하더라도 지료지급을 지체한 것으로는 볼 수 없으므로 법정지상권자가 2년 이상의 지료를 지급하지 아니하였음을 이유로 하는 토지소유자의 지상권소멸청구는 그 이유가 없다.

다만, 법정지상권이 성립되고 그 지료액수가 판결에 의하여 정해진 경우에, 지상권자가 그 판결확정 후 지료의 청구를 받고도 그 책임 있는 사유로 상당한 기간 동안 지료의 지급을 지체한 때에는 그 **지체된 지료가 판결확정의 전후에 걸쳐 2년분 이상일 경우에도** 토지소유자는 민법 제287조에 의하여 지상권의 소멸을 청구할 수 있다 할 것이고, 위 **판결확정일로부터 2년 이상 지료의 지급을 지체하여야만** 지상권의 소멸을 청구할 수 있는 것은 아니라고 할 것이다.

④ 법정지상권이 붙은 건물을 **양수**한 자는 등기하여야 법정지상권을 취득한다. 따라서 법정지상권을 취득할 지위에 있는 건물양수인에게 법정지상권 등기가 없음을 이유로 한 **토지소유자의 소유권에 기한 건물철거는 신의성실의 원칙상 허용될 수 없으므로** 토지소유자는 법정지상권이 붙은 건물을 양수한 자에게 건물의 철거를 청구할 수 없다.

⑤ 법정지상권이 있는 건물의 양수인도 그 대지를 점유·사용함으로 인하여 얻은 이득을 **부당이득**으로서 대지소유자에게 **반환할 의무**가 있다.

⑥ 건물소유를 위한 법정지상권을 취득한 자로부터 **경매**를 통하여 건물의 소유권을 이전받은 경락인은 특별한 사정이 없는 한 건물의 경락취득과 함께 **당연히** 지상권도 함께 취득한다.

2. 저당권실행에 의한 법정지상권

> 제366조 【법정지상권】 저당물의 경매로 인하여 토지와 그 지상건물이 다른 소유자에 속한 경우에는 토지소유자는 건물소유자에 대하여 지상권을 설정한 것으로 본다. 그러나 지료는 당사자의 청구에 의하여 법원이 이를 정한다.

(1) 제366조는 가치권과 이용권의 조절이라는 공익상의 요청에 기한 강행규정이다.

(2) **성립요건**

① **최선순위의 저당권설정 당시의 건물의 존재**
- 건물이 없는 토지에 저당권을 **설정한 후** 설정자가 **건물을 신축**한 경우에, 그 건물을 위하여 법정지상권이 성립하지 않는다.
- 저당권설정자가 법정지상권의 성립을 인정한다는 저당권자의 **동의**를 얻어 건물을 신축한 경우에도 법정지상권은 성립하지 않는다.
- 저당권이 설정될 당시 토지 소유자에 의하여 그 지상에 건물을 건축중이었던 경우 그것이 사회관념상 독립된 건물로 볼 수 있는 정도에 이르지 않았다 하더라도 **건물의 규모·종류가 외형상 예상**할 수 있는 정도까지 건축이 진전되어 있었던 경우에 법정지상권이 성립한다. 그 후 경매절차에서 매수인이 매각대금을 다 낸 때까지 최소한의 기둥과 지붕 그리고 주벽이 이루어지는 등 독립된 부동산으로서 건물의 요건을 갖추면 법정지상권이 성립하며, 그 건물이 미등기라 하더라도 법정지상권의 성립에는 아무런 지장이 없는 것이다.

- 저당권설정 당시 건물이 존재하기만 하면 되고, 가령 그 건물이 **무허가건물**로서 보존등기가 경료되어 있지 않더라도 법정지상권이 성립한다.
- 동일인의 소유에 속하는 토지 및 그 지상 건물에 관하여 **공동저당권**이 설정된 후 그 지상 건물이 철거되고 새로 건물이 신축된 경우에는 특별한 사정이 없는 한 저당물의 경매로 인하여 토지와 그 신축건물이 다른 소유자에 속하게 되더라도 그 신축건물을 위한 법정지상권은 성립하지 않는다.
- 토지와 함께 공동근저당권이 설정된 건물이 그대로 존속함에도 불구하고 사실과 달리 등기부에 멸실의 기재가 이루어지고 이를 이유로 **등기부가 폐쇄**된 경우, 법정지상권이 성립한다.

② 저당권설정 당시 토지와 건물이 동일소유자에게 속할 것

③ 경매로 인하여 소유자가 달라질 것

(3) 법정지상권의 내용

① 민법 제366조 소정의 법정지상권이 성립하려면 저당권 설정 당시 저당권의 목적이 되는 토지 위에 건물이 존재하여야 하는데, 저당권 설정 당시의 건물을 그 후 **개축·증축한 경우**는 물론이고 그 건물이 **멸실되거나 철거된 후 재건축·신축한 경우**에도 법정지상권이 성립하며, 그 법정지상권의 내용인 존속기간·범위 등은 **구건물을 기준**으로 하여야 할 것이다.

② 저당권실행의 법정지상권이 성립하는 시기는 매각대금 완납시이다.

40 지역권

1. 지역권의 의의

> **제291조【지역권의 내용】** 지역권자는 일정한 목적을 위하여 타인의 토지를 자기토지의 편익에 이용하는 권리가 있다.

(1) '지역권'이란 어느 토지(요역지)의 편익을 위하여 타인의 토지(승역지)를 이용하는 용익물권이다.

(2) '요역지'는 **반드시 1필의 토지**이어야 하나, '승역지'는 **토지의 일부**이어도 된다.
즉 **토지**의 일부를 위하여 지역권을 설정할 수 없으나, **토지**의 일부에 지역권을 설정할 수 있다.

(3) 요역지와 승역지는 서로 **인접할 필요 없다**.

(4) 지역권은 지역권설정계약과 지역권설정등기에 의하여 성립한다. 지역권등기는 **승역지 乙구에 등기**한다.

(5) **지역권의 성질**

① 지역권은 (배타적·독점적)**점유를 요건으로 하지 않는다.** 따라서 지역권에 기한 **반환청구권은 인정되지 않는다**.

② 민법상 지역권의 존속기간에 대하여 규정이 없다. **영구무한의 지역권**도 설정할 수 있다.

③ 하나의 승역지에 여러 개의 지역권을 설정할 수 있다.

> **제301조【준용규정】** 제214조의 규정은 지역권에 준용한다.
> **제297조【용수지역권】** ② 승역지에 수개의 용수지역권이 설정된 때에는 후순위의 지역권자는 선순위의 지역권자의 용수를 방해하지 못한다.

(6) 부종성

> 제292조【부종성】① 지역권은 요역지소유권에 부종하여 이전하며 또는 요역지에 대한 소유권 이외의 권리의 목적이 된다. 그러나 다른 약정이 있는 때에는 그 약정에 의한다.
> ② **지역권은 요역지와 분리하여 양도하거나 다른 권리의 목적으로 하지 못한다.**

① 요역지의 소유권이 이전되면 **지역권의 이전등기가 없더라도** 지역권 이전의 효과가 발생한다.

② 당사자의 특약으로 지역권과 분리하여 요역지소유권만을 이전할 수 있다. 이 경우 지역권은 소멸한다.

③ 요역지의 지상권자, 전세권자도 지역권을 행사할 수 있다.

④ 또한 요역지의 지상권자, 전세권자도 지역권을 취득시효할 수 있다.

⑤ 어느 토지에 대하여 통행지역권을 주장하려면 그 토지의 통행으로 편익을 얻는 요역지가 있음을 주장·증명하여야 한다.

2. 지역권의 불가분성

> 제293조【공유관계, 일부양도와 불가분성】① **토지**공유자의 1인은 지분에 관하여 그 **토지**를 위한 지역권 또는 그 **토지**가 부담한 지역권을 소멸하게 하지 못한다.
> ② **토지**의 분할이나 토지의 일부양도의 경우에는 지역권은 요역지의 각 부분을 위하여 또는 그 승역지의 각부분에 존속한다. 그러나 지역권이 토지의 일부분에만 관한 것인 때에는 다른 부분에 대하여는 그러하지 아니하다.
> 제295조【취득과 불가분성】① **공유자의 1인이 지역권을 취득한 때에는 다른 공유자도 이를 취득한다.**
> ② 점유로 인한 지역권**취득**기간의 중단은 지역권을 행사하는 모든 공유자에 대한 사유가 아니면 그 효력이 **없다**.
> 제296조【소멸시효의 중단, 정지와 불가분성】요역지가 수인의 공유인 경우에 그 1인에 의한 지역권**소멸**시효의 중단 또는 정지는 다른 공유자를 위하여 효력이 **있다**.

3. 지역권의 취득시효

> **제294조【지역권취득기간】** 지역권은 **계속되고 표현된 것에 한하여** 제245조의 규정을 준용한다.

(1) 통행지역권을 취득하기 위해서는 요역지의 소유자가 타인의 소유인 승역지 위에 **통로를 개설하였을 것을 요건**으로 한다.

(2) **통행로를 개설한 사실이 없으면** 통행지역권을 시효취득할 수 없다.

(3) **토지의 불법점유자**는 토지소유권의 상린관계로서 위 요지 통행권의 주장이나 통행지역권의 시효취득 주장을 할 수 없다.

(4) 종전의 승역지 사용이 무상으로 이루어졌다는 등의 다른 특별한 사정이 없다면 통행지역권을 취득시효한 경우에도 주위토지통행권의 경우와 마찬가지로 요역지 소유자는 승역지에 대한 도로 설치 및 사용에 의하여 **승역지 소유자가 입은 손해를 보상**하여야 한다.

4. 그 밖의 규정

> **제297조【용수지역권】** ① 용수승역지의 수량이 **요역지 및 승역지의 수요에 부족한 때**에는 그 수요정도에 의하여 **먼저 가용에 공급하고 다른 용도에 공급**하여야 한다. 그러나 설정행위에 다른 약정이 있는 때에는 그 약정에 의한다.
>
> **제298조【승역지소유자의 의무와 승계】** 계약에 의하여 승역지소유자가 자기의 비용으로 지역권의 행사를 위하여 공작물의 설치 또는 수선의 의무를 부담한 때에는 승역지소유자의 특별승계인도 그 의무를 부담한다.
>
> **제299조【위기에 의한 부담면제】** 승역지의 소유자는 지역권에 필요한 부분의 토지소유권을 지역권자에게 **위기**하여 전조의 부담을 면할 수 있다.
>
> **제300조【공작물의 공동사용】** ① 승역지의 소유자는 지역권의 행사를 방해하지 아니하는 범위 내에서 지역권자가 지역권의 행사를 위하여 승역지에 설치한 공작물을 사용할 수 있다.
> ② 전항의 경우에 승역지의 소유자는 수익정도의 비율로 공작물의 설치, 보존의 비용을 분담하여야 한다.

41 ▼ 전세권 1

1. 전세권의 의의

> **제303조【전세권의 내용】** ① 전세권자는 **전세금을 지급하고** 타인의 부동산을 **점유**하여 그 부동산의 용도에 좇아 **사용·수익**하며, 그 **부동산 전부에 대하여 후순위권리자 기타 채권자보다 전세금의 우선변제를 받을 권리**가 있다.
> ② 농경지는 전세권의 목적으로 하지 못한다.

(1) **타물권**(他物權)
  ① **타인의 토지와 건물**에 대해서 전세권을 설정할 수 있다. 그러나 **농경지**는 전세권의 목적이 되지 못한다.
  ② **부동산(토지 또는 건물)의 일부**에도 전세권을 설정할 수 있다.
  ③ 전세권도 물권(재산권)이므로 양도할 수 있다. 다만 설정행위에서 양도를 제한할 수 있다.
  ④ 전세권도 물권이므로 전세권이 침해되면 물권적 청구권을 행사할 수 있다.

(2) **용익물권**
  ① 전세권자는 전세권 존속기간 내에서 전세목적물을 점유하여 그 용도에 좇아 사용, 수익하는 용익물권이다.
  ② 전세권에도 상린관계가 준용된다.

> **제319조【준용규정】** 제213조, 제214조, 제216조 내지 제244조의 규정은 전세권자간 또는 전세권자와 인지소유자 및 지상권자간에 이를 준용한다.

(3) **담보물권**
  ① 전세권도 기간만료 후 전세금반환채권을 피담보채권으로 하는 담보물권이다. 전세권설정자가 전세금의 반환을 지체하면 전세목적물에 대하여 경매를 청구하여 후순위권리자보다 우선변제 받을 수 있다.
  ② 전세권도 담보물권이므로 부종성, 수반성, 불가분성, 우선변제적 효력 등이 인정된다.

(4) 전세권설정등기를 마친 민법상의 전세권은 그 성질상 **용익물권적 성격과 담보물권적 성격을 겸비**한 것으로서, **전세권의 존속기간이 만료**되면 전세권의 **용익물권적 권능**은 전세권설정등기의 말소 없이도 **당연히 소멸**하고 단지 전세금반환채권을 담보하는 담보물권적 권능의 범위 내에서 전세금의 반환시까지 그 전세권설정등기의 효력이 존속하고 있다.

2. 전세권의 취득

(1) 전세권은 당사자 사이의 전세권설정계약과 전세권등기에 의하여 취득한다.

(2) 전세금의 지급은 전세권 성립의 요소가 되는 것이지만 그렇다고 하여 전세금의 지급이 반드시 현실적으로 수수되어야만 하는 것은 아니고, **기존의 채권으로 전세금의 지급에 갈음**할 수도 있다.

(3) 목적물의 인도는 전세권의 성립요건이 아닌 점 등에 비추어 볼 때, 당사자가 주로 채권담보의 목적으로 전세권을 설정하였고, 그 설정과 동시에 목적물을 인도하지 아니한 경우라 하더라도, **장차 전세권자가 목적물을 사용·수익하는 것을 완전히 배제하는 것이 아니라면**, 그 전세권의 효력을 부인할 수는 없다.

(4) 전세권자와 전세권설정자 및 제3자 사이에 합의가 있으면 그 **전세권자의 명의를 제3자로 하는 것도 가능**하다.

(5) 전세권 존속기간이 **시작되기 전에 마친 전세권설정등기**도 특별한 사정이 없는 한 유효한 것으로 추정된다.

3. 전세권의 효력이 미치는 범위

> 제304조 【건물의 전세권, 지상권, 임차권에 대한 효력】 ① 타인의 토지에 있는 건물에 전세권을 설정한 때에는 전세권의 효력은 그 건물의 소유를 목적으로 한 지상권 또는 임차권에 미친다.
> ② 전항의 경우에 전세권설정자는 전세권자의 동의없이 지상권 또는 임차권을 소멸하게 하는 행위를 하지 못한다.

지상권을 가지는 건물소유자가 그 건물에 전세권을 설정하였으나 그가 2년 이상의 지료를 지급하지 아니하였음을 이유로 지상권설정자, 즉 토지소유자의 청구로 인하여 지상권이 소멸하는 것은 전세권설정자가 전세권자의 동의 없이는 할 수 없는 위 민법 제304조 제2항상의 '지상권 또는 임차권을 소멸하게 하는 행위'에 해당하지 아니한다.

4. 건물전세권과 법정지상권

> 제305조 【건물의 전세권과 법정지상권】 ① 대지와 건물이 동일한 소유자에 속한 경우에 건물에 전세권을 설정한 때에는 그 대지소유권의 특별승계인은 **전세권설정자에 대하여 지상권을 설정한 것으로 본다.** 그러나 지료는 당사자의 청구에 의하여 법원이 이를 정한다.
> ② 전항의 경우에 대지소유자는 타인에게 그 대지를 임대하거나 이를 목적으로 한 지상권 또는 전세권을 설정하지 못한다.

5. 전세권의 존속기간

> 제312조 【전세권의 존속기간】 ① **전세권의 존속기간은 10년을 넘지 못한다.** 당사자의 약정기간이 10년을 넘는 때에는 이를 10년으로 단축한다.
> ② **건물에 대한 전세권의 존속기간**을 1년 미만으로 정한 때에는 이를 1년으로 한다.
> ③ 전세권의 설정은 이를 갱신할 수 있다. 그 기간은 갱신한 날로부터 10년을 넘지 못한다.
> ④ 건물의 전세권설정자가 전세권의 존속기간 만료전 6월부터 1월까지 사이에 전세권자에 대하여 갱신거절의 통지 또는 조건을 변경하지 아니하면 갱신하지 아니한다는 뜻의 통지를 하지 아니한 경우에는 그 기간이 만료된 때에 전전세권과 동일한 조건으로 다시 전세권을 설정한 것으로 본다. 이 경우 **전세권의 존속기간은 그 정함이 없는 것으로 본다.**
> 제313조 【전세권의 소멸통고】 전세권의 존속기간을 약정하지 아니한 때에는 각 당사자는 언제든지 상대방에 대하여 전세권의 소멸을 통고할 수 있고 상대방이 이 **통고를 받은 날로부터 6월이 경과하면 전세권은 소멸**한다.

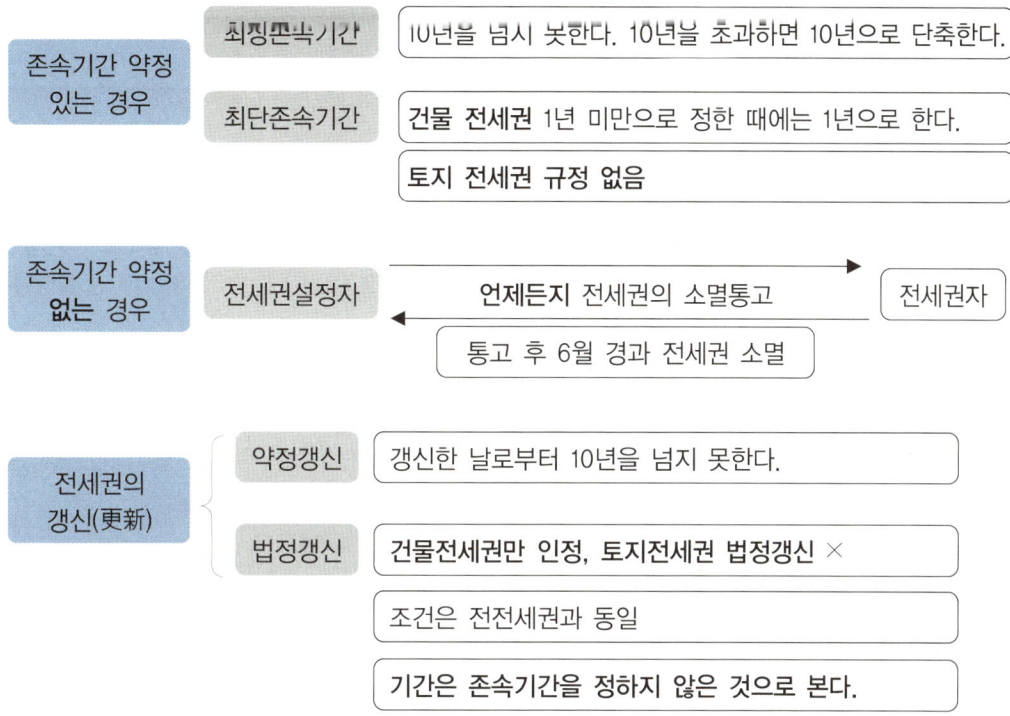

전세권의 법정갱신은 법률의 규정에 의한 부동산에 관한 물권의 변동이므로 전세권 갱신에 관한 등기를 필요로 하지 아니하고 전세권자는 그 등기 없이도 전세권설정자나 그 목적물을 취득한 제3자에 대하여 그 권리를 주장할 수 있다.

42. 전세권 2

1. 전세권의 양도

> 제306조 【전세권의 양도, 임대 등】 전세권자는 전세권을 타인에게 양도 또는 담보로 제공할 수 있고 그 존속기간 내에서 그 목적물을 타인에게 전전세 또는 임대할 수 있다. 그러나 **설정행위로 이를 금지한 때에는 그러하지 아니하다.**
>
> 제307조 【전세권양도의 효력】 전세권양수인은 전세권설정자에 대하여 전세권양도인과 동일한 권리의무가 있다.
>
> 제308조 【전전세 등의 경우의 책임】 전세권의 목적물을 전전세 또는 임대한 경우에는 전세권자는 전전세 또는 임대하지 아니하였으면 면할 수 있는 불가항력으로 인한 손해에 대하여 그 책임을 부담한다.

(1) **전세권의 양도**

① 전세권자는 전세권을 제3자에게 양도할 수 있다. 이 경우 전세권설정자의 동의나 그에 대한 통지를 요하지 아니하고 전세권양도인과 전세권양수인 사이의 합의와 등기함으로써 양도된다.

② 그러나 설정행위로 금지하는 경우에는 **전세권설정자의 의사에 반하여 양도할 수 없다.**

(2) **전세권과 전세금반환채권의 관계**

① 원 칙

전세권이 존속하는 동안은 전세권을 존속시키기로 하면서 **전세금반환채권만을 전세권과 분리하여 확정적으로 양도하는 것은 허용되지 않는다.**

② 예 외

- 장래에 그 전세권이 소멸하는 경우에 전세금 반환채권이 발생하는 것을 조건으로 **그 장래의 조건부 채권을 양도할 수 있다.**
- 전세권이 존속기간의 만료로 소멸한 경우이거나 **전세계약의 합의해지** 등에는 전세금반환채권만 양도할 수 있다.

(3) **전세목적물의 양도**

전세권이 성립한 후 목적물의 소유권이 이전되는 경우, **구 소유자**는 전세권설정자의 지위를 상실하여 **전세금반환의무를 면한다.** 전세금반환의무는 신소유자가 부담한다.

⑷ **전세권의 담보제공**

① 전세권도 저당권의 목적이 될 수 있다.

② 전세권이 **기간만료로 종료**된 경우 전세권은 **전세권설정등기의 말소등기 없이도 당연히 소멸**하고, 저당권의 목적물인 전세권이 소멸하면 저당권도 당연히 소멸하는 것이므로 전세권을 목적으로 한 저당권자는 전세권의 목적물인 부동산의 소유자에게 더 이상 **저당권을 주장할 수 없다.**

③ **전세권에 대하여 저당권이 설정**된 경우 그 **저당권의 목적물**은 물권인 **전세권 자체**이지 **전세금반환채권은 그 목적물이 아니고**, 전세권의 존속기간이 만료되면 전세권은 소멸하므로 더 이상 **전세권 자체에 대하여 저당권을 실행할 수 없게 되고**, 이러한 경우에는 민법 제342조(물상대위)에 의하여 저당권의 목적물인 전세권에 갈음하여 존속하는 것으로 볼 수 있는 **전세금반환채권에 대하여 압류 및 추심명령 또는 전부명령을 받는 방법**으로 행사할 수 있다. 즉 **기간만료로 전세권이 소멸한 경우 저당권자는 전세금반환채권을 압류함으로써 물상대위할 수 있다.**

④ 전세권저당권이 설정된 경우에도 전세권이 기간만료로 소멸되면 전세권설정자는 전세금반환채권에 대한 **제3자의 압류 등이 없는 한 전세권자에 대하여만** 전세금반환의무를 부담한다고 보아야 한다.

⑸ **전전세권**

① 전전세권설정은 전전세권설정자와 전전세권자의 전전세권설정의 합의와 등기를 요한다. 이 경우 원전세권설정자의 동의를 요하지 아니한다.

② 전전세권의 존속기간은 원전세권의 존속기간 내이어야 한다.

③ 전전세권자도 경매청구권과 우선변제권이 인정된다. 다만, 전전세권은 원전세권을 기초로 하므로 전전세권의 존속기간이 만료되더라도 원전세권의 존속기간이 만료되기 전에는 경매청구할 수 없다.

2. 전세권자의 의무 등

> 제309조 【전세권자의 유지, 수선의무】 전세권자는 목적물의 현상을 유지하고 그 통상의 관리에 속한 수선을 하여야 한다.

전세권자에게는 **필요비상환청구권이 인정되지 않는다.**

3. 전세권자의 유익비상환청구권

> 제310조 【전세권자의 상환청구권】 ① 전세권자가 목적물을 개량하기 위하여 지출한 금액 기타 유익비에 관하여는 그 **가액의 증가가 현존한 경우에 한하여 소유자의 선택에 좇아** 그 지출액이나 증가액의 상환을 청구할 수 있다.
> ② 전항의 경우에 법원은 소유자의 청구에 의하여 상당한 상환기간을 허여할 수 있다.

4. 전세금증감청구권

> 제312조의 2 【전세금 증감청구권】 전세금이 목적 부동산에 관한 조세·공과금 기타 부담의 증감이나 경제사정의 변동으로 인하여 상당하지 아니하게 된 때에는 당사자는 장래에 대하여 그 증감을 청구할 수 있다. 그러나 증액의 경우에는 대통령령이 정하는 기준에 따른 비율을 초과하지 못한다.

5. 전세권 소멸 등

(1) 전세권소멸청구권

> 제311조 【전세권의 소멸청구】 ① 전세권자가 전세권설정계약 또는 그 목적물의 성질에 의하여 **정하여진 용법으로 이를 사용, 수익하지 아니한 경우**에는 전세권설정자는 전세권의 소멸을 청구할 수 있다.
> ② 전항의 경우에는 전세권설정자는 전세권자에 대하여 원상회복 또는 손해배상을 청구할 수 있다.

(2) 목적물의 멸실 등

> 제314조 【불가항력으로 인한 멸실】 ① 전세권의 목적물의 전부 또는 일부가 **불가항력으로 인하여 멸실된** 때에는 그 멸실된 부분의 전세권은 소멸한다.
> ② 전항의 일부멸실의 경우에 전세권자가 그 잔존부분으로 전세권의 목적을 달성할 수 없는 때에는 전세권설정자에 대하여 전세권전부의 소멸을 통고하고 전세금의 반환을 청구할 수 있다.
>
> 제315조 【전세권자의 손해배상책임】 ① 전세권의 목적물의 전부 또는 일부가 **전세권자에 책임 있는 사유로 인하여 멸실**된 때에는 전세권자는 손해를 배상할 책임이 있다.
> ② 전항의 경우에 전세권설정자는 전세권이 소멸된 후 전세금으로써 손해의 배상에 충당하고 잉여가 있으면 반환하여야 하며 부족이 있으면 다시 청구할 수 있다.

(3) 원상회복의무 등

> **제316조【원상회복의무, 매수청구권】** ① 전세권이 그 존속기간의 만료로 인하여 소멸한 때에는 전세권자는 그 목적물을 원상에 회복하여야 하며 그 목적물에 부속시킨 물건은 수거할 수 있다. 그러나 **전세권설정자**가 그 **부속물건의 매수를 청구**한 때에는 전세권자는 정당한 이유없이 거절하지 못한다.
> ② 전항의 경우에 그 부속물건이 **전세권설정자의 동의를 얻어 부속시킨 것**인 때에는 **전세권자**는 전세권설정자에 대하여 그 **부속물건의 매수를 청구**할 수 있다. 그 부속물건이 **전세권설정자로부터 매수한 것**인 때에도 같다.

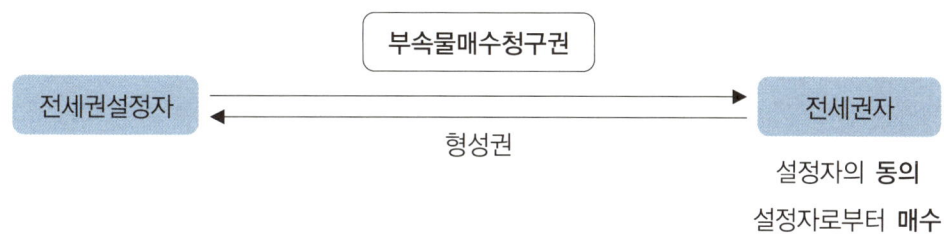

토지임차인의 건물 기타 공작물의 매수청구권에 관한 민법 제643조의 규정은 성질상 **토지의 전세권에도 유추 적용**될 수 있다고 할 것이지만, 그 매수청구권은 토지임차권 등이 건물 기타 공작물의 소유 등을 목적으로 한 것으로서 기간이 만료되어야 하고 건물 기타 지상시설이 현존하여야만 행사할 수 있는 것이다.

(4) 동시이행

> **제317조【전세권의 소멸과 동시이행】** 전세권이 소멸한 때에는 전세권설정자는 전세권자로부터 그 목적물의 인도 및 전세권설정등기의 말소등기에 필요한 서류의 교부를 받는 동시에 전세금을 반환하여야 한다.

6. 전세권자의 경매권

> 제318조 【전세권자의 경매청구권】 전세권설정자가 **전세금의 반환을 지체한 때**에는 전세권자는 민사집행법의 정한 바에 의하여 **전세권의 목적물의 경매를 청구**할 수 있다.

(1) 전세권자의 전세목적물 인도의무 및 전세권설정등기말소의무와 전세권설정자의 전세금 반환의무는 서로 동시이행의 관계에 있으므로 전세권자인 채권자가 전세목적물에 대한 경매를 청구하려면 우선 전세권설정자에 대하여 전세목적물의 인도의무 및 전세권설정등기말소의무의 이행제공을 완료하여 전세권설정자를 이행지체에 빠뜨려야 **한다.**

(2) 건물의 일부에 대하여 전세권이 설정되어 있는 경우 그 전세권자는 그 건물 전부에 대하여 후순위 권리자 기타 채권자보다 전세금의 우선변제를 받을 권리가 있다고 할 것이나, 전세권의 목적물이 아닌 나머지 건물부분에 대하여는 **우선변제권**은 별론으로 하고 **경매신청권은 없다.**

◆ 지상권과 전세권의 비교

구 분	지상권	전세권
대 상	타인의 토지	타인의 토지 또는 건물
존속기간	• 최장규정 없음(영구무한) • 최단규정 30년, 15년, 5년	• 최장 10년 • 최단 1년(건물 ○, 토지 ×)
대가성	지료 성립요소 ×	전세금의 지급 성립요소 ○
약정갱신	○	○
법정갱신	×	건물전세권에 한하여 인정
갱신청구권	○	×
비용상환청구권	규정 없음	필요비상환청구 ×, 유익비상환청구 ○
소멸청구	지상권소멸청구	전세권소멸청구
매수청구권	지상물매수청구권	부속물매수청구권

43 ▼ 담보물권의 통유성

1. 담보물권 통유성(通有性)

(1) '부종성(附從性)'이란 담보물권은 피담보채권의 존재를 전제로 해서만 존재할 수 있다는 것을 의미한다. 즉 피담보채권이 존재하지 않으면 담보물권은 존재할 수 없고, 피담보채권이 소멸하면 담보물권도 소멸한다.

(2) '수반성'이란 피담보채권의 처분은 담보물권의 처분도 수반한다는 것을 의미한다. 즉, 피담보채권이 양도되면 담보물권도 함께 이전된다.

(3) '물상대위'란 담보물이 멸실되더라도 그에 갈음하는 교환가치가 존재한다면 담보물권이 교환가치에 효력을 미치는 것을 의미한다.

(4) '불가분성'이란 피담보채권 전부를 변제받을 때까지 목적물 전부에 대하여 그 권리를 행사할 수 있다는 것을 의미한다.

2. 담보물권의 비교

구 분	성 격	부종성	수반성	불가분성	우선변제	물상대위	경매권	유치적 효력
유치권	법정담보물권	○	○	○	×	×	○	○
저당권	약정담보물권	○	○	○	○	○	○	×

3. 불가분성

> 제321조 【유치권의 불가분성】 유치권자는 채권전부의 변제를 받을 때까지 유치물전부에 대하여 그 권리를 행사할 수 있다.
> 제370조 【준용규정】 제214조, **제321조**, 제333조, 제340조, 제341조 및 제342조의 규정은 저당권에 준용한다.

4. 물상대위

> 질권의 물상대위 【제342조】 저당권은 **저당물의 멸실, 훼손 또는 공용징수로 인하여** 저당권설정자가 받을 금전 기타 물건에 대하여도 이를 행사할 수 있다. 이 경우에는 **그 지급 또는 인도전에 압류**하여야 한다.

5. 물상대위(物上代位)

(1) 유치권에는 물상대위가 인정되지 않고 질권과 저당권에만 인정된다.

(2) 물상대위는 담보물의 멸실, 훼손, 공용징수에 한하여 인정되므로, 저당물의 **매매대금**이나 차임에는 물상대위가 인정되지 않는다.

(3) 저당목적물이 소실되어 저당권설정자가 보험회사에 대하여 화재보험계약에 따른 보험금청구권을 취득한 경우 그 **보험금청구권**은 저당목적물이 가지는 가치의 변형물이라 할 것이므로 저당권자는 민법 제370조, 제342조에 의하여 저당권설정자의 보험회사에 대한 보험금청구권에 대하여 물상대위권을 행사할 수 있다.

(4) **전세권이 저당권의 목적인데 전세기간의 만료로 전세권이 소멸**한 경우에도 물상대위가 인정된다.

(5) 공용용지의 취득 및 손실보상에 관한 특례법에 따라 저당권이 설정된 토지의 취득에 관하여 토지소유자와 사업시행자 사이에 **협의가 성립**된 경우에 동 토지의 저당권자는 토지소유자가 수령할 보상금에 대하여 민법 제370조 제342조에 의한 물상대위를 할 수 없다.

(6) 저당목적물의 변형물인 금전 기타 물건에 대하여 이미 **제3자가 압류**하여 그 금전 또는 물건이 특정된 이상 **저당권자는 스스로 이를 압류하지 않고서도** 물상대위권을 행사할 수 있다.

(7) 압류 또는 배당요구가 있기 전에 금전 또는 물건이 지급되거나 배당되었다면 저당권자는 물상대위를 할 수 없지만, **저당권설정자에게** 부당이득의 반환을 구할 수 있다. 그러나 **채권양수인 또는 압류채권자**가 지급받거나 배당받은 경우 그의 권리취득은 종국적이므로 저당권자는 부당이득의 반환을 청구할 수 없다.

(8) 저당권자의 물상대위권의 행사는 배당요구 종기까지 하여야 한다.

44 유치권 1

1. 유치권의 의의

(1) 유치권이란 그 채권의 변제를 받을 때까지 그 목적물을 유치할 권리를 의미한다.

(2) 유치권은 법률상 당연히 성립하는 **법정담보물권**이므로 부동산유치권의 경우 등기를 요하지 아니한다.

(3) 유치권은 법정담보물권이기는 하나 채권자의 이익보호를 위한 채권담보의 수단에 불과하므로 이를 **포기하는 특약은 유효**하고, 유치권을 사전에 포기한 경우 다른 법정요건이 모두 충족되더라도 **유치권이 발생하지 않는 것**과 마찬가지로 유치권을 사후에 포기한 경우 곧바로 유치권은 소멸한다. 그리고 유치권 포기로 인한 유치권의 소멸은 유치권 포기의 의사표시의 상대방뿐 아니라 **그 이외의 사람도 주장**할 수 있다.

(4) 유치권도 부종성, 수반성, 불가분성, 유치적 효력은 인정되지만, **우선변제적 효력, 물상대위성 그리고 경매권이 인정**된다.

(5) 부동산유치권의 경우 대부분의 경우에서 사실상 최우선순위 담보권의 기능을 한다.

2. 경매에서 유치권의 주장

(1) 민사집행법 제91조 제5항에서 규정한 '매수인은 유치권자에게 그 유치권으로 담보하는 채권을 변제할 책임이 있다.'는 의미로 해석되는데, 변제할 책임이 있다는 것은 유치권자가 매수인에 대하여 그 피담보채권의 변제가 있을 때까지 유치목적물인 부동산의 인도를 거절할 수 있다는 의미이지, 유치권자가 매수인에게 피담보채권의 변제를 청구할 수 있다는 것을 의미하지 않는다.

(2) 채무자 소유의 건물 등 부동산에 **경매개시결정의 기입등기가 경료되어 압류의 효력이 발생한 후**에 채무자가 위 부동산에 관한 공사대금 채권자에게 그 점유를 이전함으로써 그로 하여금 유치권을 취득하게 한 경우, 점유자로서는 위 유치권을 내세워 그 **부동산에 관한 경매절차의 매수인에게 대항할 수 없다**. 그러나 이러한 법리는 **경매로 인한 압류의 효력이 발생하기 전에 유치권을 취득한 경우에는 적용되지 아니하고**, 유치권 취득시기가 근저당권설정 후라거나 유치권 취득 전에 설정된 근저당권에 기하여 경매절차가 개시되었다고 하여 달리 볼 것은 아니다.

(3) 체납처분압류가 되어 있는 부동산이라고 하더라도 그러한 사정만으로 경매절차가 개시되어 경매개시결정등기가 되기 전에 부동산에 관하여 민사유치권을 취득한 유치권자가 경매절차의 매수인에게 유치권을 주장할 수 있다.

3. 유치권의 성립요건

> 제320조 【유치권의 내용】 ① 타인의 **물건 또는 유가증권**을 점유한 자는 그 물건이나 유가증권에 관하여 생긴 **채권이 변제기에 있는 경우**에는 변제를 받을 때까지 그 물건 또는 유가증권을 유치할 권리가 있다.
> ② 전항의 규정은 그 **점유가 불법행위로 인한 경우에 적용하지 아니한다.**

1. 타인의 물건 또는 유가증권을 적법하게 점유
   - ① **자기소유의 물건**에 대해서는 유치권 성립 ×
   - ② 분할가능한 **물건의 일부**에 대해서도 유치권 성립 ○
   - ③ 직접점유뿐만 아니라 간접점유에 의해서도 유치권 성립
     단, 직접점유자가 채무자인 경우에는 유치권 성립 ×
   - ④ **불법점유**에 의해서는 유치권 성립 ×

2. 채권이 변제기가 도래할 것
   - 채권의 변제기가 도래하지 않은 경우 유치권 성립 ×

3. 채권과 물건사이의 견련관계가 있을 것

4. 유치권 성립을 배제하는 특약의 부존재
   - 제320조가 **임의규정**, 유치권 배제특약이 있으면 유치권 성립 ×

(1) 유치권이 타물권인 점에 비추어 볼 때 수급인의 재료와 노력으로 건축되었고 독립한 건물에 해당되는 기성부분은 수급인의 소유라 할 것이므로 수급인은 공사대금을 지급받을 때까지 이에 대하여 유치권을 가질 수 없다.

(2) 유치권의 성립요건이자 존속요건인 유치권자의 점유는 **직접점유이든 간접점유**이든 관계가 없으나, 그 직접점유자가 채무자인 경우에는 유치권의 요건으로서의 점유에 해당하지 않는다.

⑶ 점유가 **불법행위**로 인하여 개시되었다는 점에 대한 **증명책임**은 반환청구자에게 있다.

⑷ 주택건물의 신축공사를 한 수급인이 그 건물을 점유하고 있고 또 그 건물에 관하여 생긴 공사금채권이 있다면, 수급인은 그 채권을 변제받을 때까지 건물을 유치할 권리가 있다.

⑸ 임대인과 임차인 사이에 건물명도시 권리금을 반환하기로 하는 약정이 있었다 하더라도 그와 같은 권리금반환청구권은 건물에 관하여 생긴 채권이라 할 수 없으므로 그와 같은 채권을 가지고 건물에 대한 유치권을 행사할 수 없다.

⑹ 건물의 임대차에 있어서 임차인의 임대인에게 지급한 **임차보증금반환청구권**은 모두 민법 제320조 소정 소위 그 건물에 관하여 생긴 채권이라 할 수 없다.

⑺ 부동산 매도인이 매매대금을 다 지급받지 아니한 상태에서 매수인에게 소유권이전등기를 마쳐주어 목적물의 소유권을 매수인에게 이전한 경우에는, 매도인의 목적물인도의무에 관하여 동시이행의 항변권 외에 물권적 권리인 유치권을 인정할 것은 아니다. 따라서 매도인이 부동산을 점유하고 있고 소유권을 이전받은 매수인에게서 매매대금 일부를 지급받지 못하고 있다고 하여 **매매대금채권**을 피담보채권으로 매수인이나 그에게서 부동산소유권을 취득한 제3자를 상대로 유치권을 주장할 수 없다.

⑻ 건물의 신축공사를 도급받은 수급인이 사회통념상 독립한 건물이라고 볼 수 없는 정착물을 토지에 설치한 상태에서 공사가 중단된 경우에 위 정착물은 토지의 **부합물**에 불과하여 이러한 정착물에 대하여 유치권을 행사할 수 없는 것이고, 또한 공사중단시까지 발생한 공사금채권은 토지에 관하여 생긴 것이 아니므로 위 **공사금채권**에 기하여 토지에 대하여 유치권을 행사할 수도 없는 것이다.

⑼ 甲이 건물 신축공사 수급인인 乙 주식회사와 체결한 약정에 따라 공사현장에 시멘트와 모래 등의 건축자재를 공급한 사안에서, 甲의 **건축자재대금채권**은 매매계약에 따른 매매대금채권에 불과할 뿐 건물 자체에 관하여 생긴 채권이라고 할 수는 없다.

⑽ 명의신탁자와 명의수탁자가 이른바 계약명의신탁약정을 맺고 명의수탁자가 당사자가 되어 명의신탁약정이 있다는 사실을 알지 못하는 소유자와 부동산에 관한 매매계약을 체결한 뒤 수탁자 명의로 소유권이전등기를 마친 경우에는, 명의신탁자의 이와 같은 **부당이득반환청구권**은 민법 제320조 제1항에서 정한 유치권 성립요건으로서의 목적물과 채권 사이의 견련관계를 인정할 수 없다.

⑾ 임대인이 건물시설을 하지 않아 임차인이 건물을 임대차목적대로 사용하지 못하였음을 이유로 하는 손해배상청구권에 대해서는 유치권을 행사할 수 없다.

⑿ 민법 제320조 제1항에서 '그 물건에 관하여 생긴 채권'은 유치권 제도 본래의 취지인 공평의 원칙에 특별히 반하지 않는 한 채권이 목적물 자체로부터 발생한 경우는 물론이고 채권이 목적물의 반환청구권과 동일한 법률관계나 사실관계로부터 발생한 경우도 포함한다.

견련관계 인정되는 경우	견련관계가 부정되는 경우
• 물건으로 인한 손해배상청구권 • 물건에 관한 채권(비용상환청구권)	• 임차보증금 또는 권리금 반환채권 • 임차인이 부속물매수청구권을 행사한 경우에 부속물대금채권과 건물 또는 건물의 부지인 대지의 반환의무 상호간 • 이중매매 또는 타인의 물건의 매매로 인한 손해배상채권

⒀ 다세대주택의 창호 등의 공사를 완성한 하수급인이 공사대금채권 잔액을 변제받기 위하여 위 다세대주택 중 **한 세대를 점유**하여 유치권을 행사하는 경우, 그 유치권은 위 한 세대에 대하여 시행한 공사대금만이 아니라 다세대주택 전체에 대하여 시행한 **공사대금채권의 잔액 전부**를 피담보채권으로 하여 성립한다.

⒁ 유치권의 성립에는 채권자의 채권과 유치권의 목적인 물건 간에 일정한 관련이 있으면 충분하고, 물건 **점유 이전**에 그 물건에 관련하여 채권이 발생한 후 그 물건에 대하여 점유를 취득한 경우에도 그 채권자는 유치권에 의해 보호된다. 또한 목적물을 먼저 **점유한 후** 채권이 발생한 경우에도 유치권은 성립할 수 있다.

⒂ 임차인의 비용상환청구권에 대해서도 유치권을 행사할 수 있다.

① 그러나 유익비의 경우 상환기간을 허여한 경우에는 유치권을 행사할 수 없다.

② 임대차계약에서 원상복구약정은 비용상환청구권을 포기한 것이므로 유치권을 행사할 수 없다.

⒃ 유치권자로부터 목적물의 보관을 위탁받은 자도 소유자의 소유물반환청구권을 거절할 수 있다.

45 유치권 2

1. 유치권자의 경매권, 간이변제충당

> 제322조 【경매, 간이변제충당】 ① 유치권자는 채권의 변제를 받기 위하여 유치물을 경매할 수 있다.
> ② 정당한 이유있는 때에는 유치권자는 감정인의 평가에 의하여 유치물로 직접 변제에 충당할 것을 법원에 청구할 수 있다. 이 경우에는 유치권자는 미리 채무자에게 통지하여야 한다.

(1) 유치권자도 채권의 변제를 받기 위하여 유치물을 경매할 수 있다. 유치권자의 경매는 우선변제를 위한 경매가 아니라 환가(換價)를 위한 경매이므로, 유치권자는 일반채권자와 **평등 배당**을 받는다.

(2) **유치권에 의한 경매절차가 정지된 상태**에서 그 목적물에 대한 강제경매 또는 담보권 실행을 위한 경매절차가 진행되어 매각이 이루어졌다면, 유치권에 의한 경매절차가 소멸주의를 원칙으로 하여 진행된 경우와는 달리 그 **유치권은 소멸하지 않는다**고 봄이 상당하다.

(3) 법원이 간이변제충당을 허가하는 결정을 하면 유치권자는 유치물의 소유권을 취득한다. 법률의 규정에 의한 물권변동이므로 등기를 요하지 아니한다.

2. 유치권자의 과실수취권

> 제323조 【과실수취권】 ① **유치권자는 유치물의 과실을 수취**하여 다른 채권보다 먼저 그 채권의 변제에 충당할 수 있다. 그러나 과실이 금전이 아닌 때에는 경매하여야 한다.
> ② 과실은 먼저 채권의 이자에 충당하고 그 잉여가 있으면 원본에 충당한다.

3. 유치권자의 비용상환청구권

> 제325조 【유치권자의 상환청구권】 ① 유치권자가 유치물에 관하여 필요비를 지출한 때에는 소유자에게 그 상환을 청구할 수 있다.
> ② 유치권자가 유치물에 관하여 유익비를 지출한 때에는 그 가액의 증가가 현존한 경우에 한하여 소유자의 선택에 좇아 그 지출한 금액이나 증가액의 상환을 청구할 수 있다. 그러나 법원은 소유자의 청구에 의하여 상당한 상환기간을 허여할 수 있다.

4. 유치권자의 의무

> 제324조【유치권자의 선관의무】① 유치권자는 선량한 관리자의 주의로 유치물을 점유하여야 한다.
> ② 유치권자는 채무자의 승낙없이 유치물의 사용, 대여 또는 담보제공을 하지 못한다. 그러나 유치물의 보존에 필요한 사용은 그러하지 아니하다.
> ③ 유치권자가 전2항의 규정에 위반한 때에는 채무자는 **유치권의 소멸을 청구**할 수 있다.

(1) 공사대금채권에 기하여 유치권을 행사하는 자가 스스로 **유치물인 주택에 거주하며 사용**하는 것은 특별한 사정이 없는 한 유치물인 주택의 보존에 도움이 되는 행위로서 유치물의 **보존에 필요한 사용**에 해당한다고 할 것이다. 그리고 유치권자가 유치물의 보존에 필요한 사용을 한 경우에도 특별한 사정이 없는 한 **차임에 상당한 이득을 소유자에게 반환할 의무**가 있다.

(2) 채무자 또는 소유자 승낙 없이 유치권자가 유치물을 임대차한 경우, 임차인은 소유자나 경락인에 대하여 임대차의 효력을 주장할 수 없다.

5. 기타 규정

> 제326조 【피담보채권의 소멸시효】 유치권의 행사는 채권의 소멸시효의 진행에 영향을 미치지 아니한다.
> 제327조 【타담보제공과 유치권소멸】 채무자는 상당한 담보를 제공하고 유치권의 소멸을 청구할 수 있다.
> 제328조 【점유상실과 유치권소멸】 유치권은 점유의 상실로 인하여 소멸한다.

(1) 유치권의 점유는 유치권의 존속요건이므로, 유치권자가 점유를 상실하면 유치권에 기한 반환청구권은 인정되지 않고 **점유권에 기한 반환청구권**만 행사할 수 있다.

(2) 점유가 침탈되었더라도 점유보호청구권에 기하여 침탈된점유를 회복하면 그 점유가 소멸하지 않은 것으로 간주되므로 유치권은 소멸하지 않는다. 다만 점유회수의 소를 제기하여 승소판결을 받아 점유를 회복하여야 유치권이 되살아나고, 점유회소의 소를 제기하여 점유를 회복할 수 있다는 사정만으로는 유치권이 되살아나지 않는다.

46 저당권 일반

1. 저당권의 의의

> 제356조【저당권의 내용】저당권자는 채무자 또는 제삼자가 **점유를 이전하지 아니하고** 채무의 담보로 제공한 부동산에 대하여 다른 채권자보다 자기채권의 우선변제를 받을 권리가 있다.

(1) '저당권(抵當權)'이란 채권자가 채무담보를 위하여 채무자 또는 물상보증인이 제공한 부동산 기타 목적물의 **점유를 이전받지 아니한 채** 그 목적물을 관념상으로만 지배하다가, 채무의 변제가 없으면 그 목적물로부터 **우선변제**를 받을 수 있는 담보물권을 의미한다.

(2) 저당권은 전형적인 가치권이다.

(3) **저당권의 법적 성질**
   ① 저당권은 저당권설정계약과 저당권설정등기에 의하여 성립하는 약정담보물권이다. 다만 예외적 임대차에서 법정저당권이 인정될 수 있다.
   ② 저당권에도 부종성, 수반성, 불가분성, 우선변제적 효력, 물상대위성, 경매권은 인정되지만, 유치적 효력은 인정되지 않는다.
   ③ 저당권설정계약은 불요식계약이므로 **조건 또는 기한을 붙일 수 있다**.
   ④ **부동산(토지, 건물)과 지상권, 전세권, 공유지분에 저당권을 설정**할 수 있다. 그러나 토지의 **일부, 지역권 등에는 저당권을 설정할 수 없다.**

(4) **저당권설정계약의 당사자**
   ① **원칙**적으로 **채권과 저당권은 주체를 달리할 수 없으므로**, 제3자 명의의 저당권설정등기는 무효이다.
   ② 다만 **예외적으로** 채권자와 채무자 그리고 제3자간에 합의가 있고 채권이 제3자에게 귀속되었다고 볼 수 있는 **특별한 사정이 있는 경우에는 제3자의 명의의 저당권설정등기는 유효**하다.
   ③ **저당권설정행위는 처분행위**이므로 처분의 권리 또는 처분의 권한을 가진 자만이 저당권을 설정할 수 있다.
   ④ 근저당권이 설정된 후에 그 부동산의 소유권이 제3자에게 이전된 경우에는 근저당권설정자인 종전의 소유자도 근저당권자에게 피담보채무의 소멸을 이유로 하여 그 근저당권설정등기의 말소를 청구할 수 있다.

47. 저당권의 효력이 미치는 범위

1. 피담보채권의 범위

> 제360조【피담보채권의 범위】저당권은 **원본, 이자, 위약금, 채무불이행으로 인한 손해배상 및 저당권의 실행비용을 담보**한다. 그러나 **지연배상에 대하여는 원본의 이행기일을 경과한 후의 1년분에 한하여 저당권을 행사할 수 있다.**

(1) 원본, 이자, 위약금, 채무불이행으로 인한 손해배상은 등기하여야 한다. 저당물의 하자로 인한 손해배상금은 저당권의 피담보채권에 속하지 않는다.

(2) 저당권의 실행비용은 등기하지 않더라도 피담보채권의 범위에 포함된다.

(3) 저당권의 피담보채무의 범위에 관하여 민법 제360조가 지연배상에 대하여는 **원본의 이행기일을 경과한 후의 1년분에 한하여** 저당권을 행사할 수 있다고 규정하고 있는 것은 저당권자의 제3자에 대한 관계에서의 제한이며 채무자나 저당권설정자가 저당권자에 대하여 대항할 수 있는 것은 아니다. 즉 지연배상이 1년을 초과하더라도 채무자는 지연배상 1년 이상을 변제하지 않는 한 저당권등기의 말소를 청구할 수 없다.

2. 저당목적물의 범위

> 제358조【저당권의 효력의 범위】**저당권의 효력은 저당부동산에 부합된 물건과 종물에 미친다.** 그러나 법률에 특별한 규정 또는 설정행위에 다른 약정이 있으면 그러하지 아니하다.
>
> 제359조【과실에 대한 효력】저당권의 효력은 저당부동산에 대한 **압류가 있은 후에** 저당권설정자가 그 부동산으로부터 **수취한 과실 또는 수취할 수 있는 과실에 미친다.** 그러나 저당권자가 그 부동산에 대한 소유권, 지상권 또는 전세권을 취득한 제삼자에 대하여는 압류한 사실을 통지한 후가 아니면 이로써 대항하지 못한다.

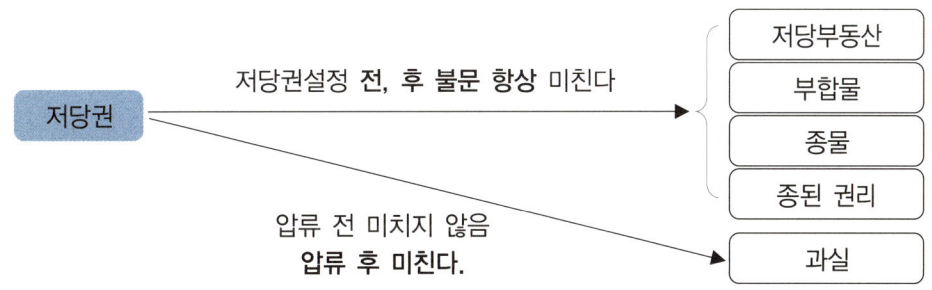

⑴ 저당권의 효력은 부합물, 종물에 미친다는 규정은 **임의규정**이다. 따라서 당사자 사이의 약정으로 미치지 않도록 특약할 수 있다. 다만, 등기하여야 제3자에게 대항할 수 있다.

⑵ 건물과 농작물은 토지의 부합물에 해당하지 않으므로, 토지저당권의 효력은 토지위의 **건물과 농작물에 미치지 않는다.**

⑶ 또한 입목등기된 수목의 집단, 명인방법을 갖춘 수목의 집단, 지상권 등의 권원에 의하여 토지사용권을 가진 자가 식재한 수목에는 토지저당권의 효력이 미치지 않는다.

⑷ **건물의 증축부분**이 기존건물에 **부합**하여 기존건물과 분리해서는 별개의 독립물로서의 효용을 갖지 못하는 이상 제358조에 의하여 부합된 증축부분에도 기존건물에 대한 근저당권의 효력이 미친다.

⑸ 구분건물에 있어 대지사용권의 분리처분이 가능하도록 규약으로 정하는 등의 특별한 사정이 없는 한, 제358조를 유추적용하여 소유자가 사후에 취득한 **대지권에도 미친다.**

⑹ 건물의 소유를 목적으로 하여 토지를 임차한 사람이 그 토지 위에 소유하는 건물에 저당권을 설정한 때에는 민법 제358조 본문에 따라서 저당권의 효력이 건물뿐만 아니라 건물의 소유를 목적으로 한 **토지의 임차권에도 미친다.**

⑺ 건물에 대한 저당권의 효력은 그 건물에 종된 권리인 건물의 소유를 목적으로 하는 **지상권에도 미치게 되므로**, 건물에 대한 저당권이 실행되어 경락인이 그 건물의 소유권을 취득하였다면 경락 후 건물을 철거한다는 등의 매각조건에서 경매되었다는 등 특별한 사정이 없는 한, 경락인은 건물 소유를 위한 지상권도 민법 제187조의 규정에 따라 **등기 없이 당연히** 취득하게 되고, 한편 이 경우에 경락인이 건물을 제3자에게 양도한 때에는, 특별한 사정이 없는 한 민법 제100조 제2항의 유추적용에 의하여 건물과 함께 종된 권리인 지상권도 양도하기로 한 것으로 봄이 상당하다.

⑻ '과실'에는 천연과실뿐만 아니라 법정과실도 포함되므로, 저당부동산에 대한 압류가 있으면 압류 이후의 저당권설정자의 저당부동산에 관한 **차임채권** 등에도 저당권의 효력이 미친다.

48 ▼ 저당권의 효력

1. 우선변제적 효력

> 제363조【저당권자의 경매청구권, 경매인】① 저당권자는 그 채권의 변제를 받기 위하여 저당물의 **경매를 청구**할 수 있다.

(1) 몇 번째 저당권이 실행되어도 저당권이 설정된 부동산이 경매되면 그 부동산 위의 모든 저당권은 소멸한다.

(2) (최선순위)저당권 설정등기 이전에 성립된 용익권은 매수인에게 인수된다.

(3) (최선순위)저당권 설정등기 이후에 성립된 용익권은 소멸한다. 즉 제1순위 저당권 설정 후 지상권이 설정되고 다시 2순위 저당권이 설정된 다음, 제2순위 저당권의 경매청구에 의하여 저당부동산이 매각되면 지상권은 소멸한다.

(4) 다만 전세권이 (최선순위)저당권 설정등기 이전에 설정된 경우에는 전세권자가 존속을 원하면 전세권은 존속하지만, 배당을 요구하면 전세권도 소멸한다.

2. 제3취득자

> 제363조【저당권자의 경매청구권, 경매인】② **저당물의 소유권을 취득한 제삼자도 경매인이 될 수 있다.**
> 제364조【제삼취득자의 변제】저당부동산에 대하여 소유권, 지상권 또는 전세권을 취득한 제삼자는 저당권자에게 **그 부동산으로 담보된 채권을 변제**하고 저당권의 소멸을 청구할 수 있다.
> 제367조【제삼취득자의 비용상환청구권】저당물의 제삼취득자가 그 부동산의 보존, 개량을 위하여 필요비 또는 유익비를 지출한 때에는 제203조 제1항, 제2항의 규정에 의하여 저당물의 경매대가에서 우선상환을 받을 수 있다.

(1) '제3취득자'란 부동산에 저당권이 설정된 후 그 부동산에 대하여 소유권, 지상권, 전세권을 취득한 자를 의미한다. 경락허가결정 전이라면 **경매신청 후에** 소유권, 지상권, 전세권을 취득하는 자도 제3취득자에 포함된다.

(2) **저당부동산의 후순위(근)저당권자**는 제3취득자에 해당하지 않는다.

(3) **제3취득자**는 채무자의 의사에 반하여 피담보채권을 변제하고 저당권의 소멸을 청구할 수 있다.

(4) 제3취득자도 경매대가에서 **필요비, 유익비를 우선 상환**받을 수 있다.

3. 저당권자의 일괄경매청구권

> **제365조 【저당지상의 건물에 대한 경매청구권】** 토지를 목적으로 저당권을 설정한 후 그 설정자가 그 토지에 건물을 축조한 때에는 저당권자는 **토지와 함께 그 건물에 대하여도 경매를 청구**할 수 있다. 그러나 그 건물의 경매대가에 대하여는 우선변제를 받을 권리가 없다.

(1) 저당권자의 일괄경매청구권은 저당권자의 권리이지, 저당권자의 의무는 아니다. 따라서 저당권자는 토지만 경매를 청구할 수 있고, 토지와 함께 건물에 대해서도 경매를 청구할 수 있다.

(2) 저당권 설정 후 저당권 실행당시에 저당권 설정자가 건물을 소유하고 있어야 한다.
  ① **저당권 설정 전**에 저당권설정자가 **건물을 소유**하고 있었던 경우에는 일괄경매청구권이 인정되지 않는다.
  ② 저당지상의 건물에 대한 일괄경매청구권은 저당권설정자가 건물을 축조한 경우뿐만 아니라 저당권설정자로부터 저당토지에 대한 용익권을 설정받은 자가 그 토지에 건물을 축조한 경우라도 그 후 저당권설정자가 그 건물의 소유권을 취득한 경우에는 저당권자는 토지와 함께 그 건물에 대하여 경매를 청구할 수 있다.
  ③ 그러나 저당권 설정 후 저당권설정자가 건물을 축조한 경우라도 경매실행되기 전에 **타인에게 건물을 양도**한 경우에는 일괄경매청구권이 인정되지 않는다.

(3) 토지저당권의 효력은 건물에는 미치지 않으므로, 토지저당권자는 토지의 매각대금에서 우선변제는 받을 수 있지만, **건물의 매각대금에서는 우선변제를 받지 못한다**.

4. 저당권 침해의 구제방법

(1) **저당권에 기한 물권적 청구권**

> **제370조 【준용규정】** 제214조 규정은 저당권에 준용한다.

저당권은 점유하지 않기에 저당권에 **반환청구권은 인정되지 않지만**, 저당권에 기한 방해배제청구권, 방해예방청구권이 인정된다.

(2) **불법행위에 의한 손해배상청구권**

저당권의 침해가 있으면 손해배상을 청구할 수 있다. 다만 저당권의 침해가 있더라도 저당목적물의 잔존가치가 피담보채권액을 초과하고 있다면 손해가 없으므로 불법행위를 이유로 손해배상을 청구할 수 없다.

(3) **담보물보충청구권**

> 제362조 【저당물의 보충】 저당권설정자의 책임있는 사유로 인하여 저당물의 가액이 현저히 감소된 때에는 저당권자는 저당권설정자에 대하여 그 원상회복 또는 상당한 담보제공을 청구할 수 있다.

(4) **기한이익의 상실**(= 즉시변제청구권)

> 제388조 【기한의 이익의 상실】 채무자는 다음 각호의 경우에는 **기한의 이익을 주장하지 못한다.**
> 1. 채무자가 담보를 손상, 감소 또는 멸실하게 한 때
> 2. 채무자가 담보제공의 의무를 이행하지 아니한 때

5. 저당권의 처분 등

> 제361조 【저당권의 처분제한】 저당권은 그 담보한 채권과 분리하여 타인에게 **양도하거나 다른 채권의 담보로 하지 못한다.**
> 제369조 【부종성】 저당권으로 담보한 채권이 시효의 완성 기타 사유로 인하여 소멸한 때에는 **저당권도 소멸한다.**
> 제371조 【지상권, 전세권을 목적으로 하는 저당권】 ① 본장의 규정은 **지상권 또는 전세권**을 저당권의 목적으로 한 경우에 준용한다.
> ② 지상권 또는 전세권을 목적으로 저당권을 설정한 자는 저당권자의 동의없이 지상권 또는 전세권을 소멸하게 하는 행위를 하지 못한다.

(1) 저당권부 채권의 양도는 저당권을 이전할 것을 목적으로 하는 물권적 합의와 등기가 있어야 저당권이 이전된다. 여기서 물권적 합의는 저당권양도·양수받는 당사자 사이에 있으면 족하고 **저당권설정자의 동의**는 요하지 않는다.

(2) 피담보채권을 저당권과 함께 양수한 자는 **저당권이전의 부기등기를 마쳤다면** 채권양도의 **대항요건을 갖추지 않았더라도 경매신청**할 수 있다.

(3) **저당권은 피담보채권과 분리하여 양도하지 못한다.** 그러나 피담보채권을 양도할 때 저당권의 처분이 따르지 않는 것으로 할 수 있다.

49 근저당권

> **제357조 【근저당】** ① 저당권은 그 담보할 **채무의 최고액만을 정하고 채무의 확정을 장래에 보류**하여 이를 설정할 수 있다. 이 경우에는 그 확정될 때까지의 채무의 소멸 또는 이전은 저당권에 영향을 미치지 아니한다.
> ② 전항의 경우에는 채무의 이자는 최고액 중에 산입한 것으로 본다.

1. 근저당권이란

그 **담보할 채무의 최고액만**을 정하고, **채무의 확정을 장래에 보류**하여 설정하는 저당권으로서, 계속적인 거래관계로부터 발생하는 다수의 불특정채권을 장래의 결산기에서 일정한 한도까지 담보하기 위한 목적으로 설정되는 담보권이므로, 근저당권설정행위와는 별도로 근저당권의 피담보채권을 성립시키는 법률행위가 있어야 한다.

2. 보통의 저당권과 근저당권의 비교

(보통)저당권에 의하여 담보되는 피담보채권의 범위	• 원본 – 등기 • 이자 – 등기 • 위약금 – 등기 • 채무불이행으로 인한 손해배상(1년분) • 저당권의 실행비용
근저당권에 의하여 담보되는 피담보채권의 범위	• 채권최고액 – 등기 – 채권최고액에는 이자는 물론 채무불이행으로 인한 손해배상은 무제한으로 담보 – **실행비용은 채권최고액에 포함 ×**

3. 근저당권의 성립요건

(1) 근저당권설정계약과 근저당권설정등기

(2) 근저당권설정등기는 **근저당이라는 취지와 채권최고액**은 반드시 등기하여야 한다. 존속기간 등은 임의적 등기사항이므로 등기하지 않아도 된다.

(3) 공동근저당권자가 스스로 근저당권을 실행하거나 타인에 의하여 개시된 경매 등의 환가절차를 통하여 공동담보의 목적 부동산 중 일부에 대한 환가대금 등으로부터 다른 권리자에 우선하여 피담보채권의 일부에 대하여 배당받은 경우에, 그와 같이 **우선변제받은 금액**

에 관하여는 공동담보의 나머지 목적 부동산에 대한 경매 등의 환가절차에서 다시 공동근저당권자로서 우선변제권을 행사할 수 없다.

4. 피담보채권의 범위

(1) '**채권최고액**'이란 근저당권자가 목적물로부터 **우선변제를 받을 수 있는 한도액**을 의미 이런 의미에서 공동근저당권자가 공동담보의 목적 부동산 중 일부에 대한 매각대금으로부터 일부 배당을 받은 경우, 나머지 목적 부동산에 대하여 공동근저당권으로서 행사할 수 있는 우선변제권의 범위는 최초의 채권최고액에서 우선변제받은 금액을 공제한 나머지 채권최고액이다.

(2) 근저당권의 효력이 미치는 피담보채권의 범위는 근저당권설정계약에 의하여 결정된다. 따라서 채권최고액에는 원본, 이자, 위약금 그리고 채무불이행으로 인한 손해배상금까지 포함된다. 여기서 채무불이행으로 인한 손해배상금 즉 **지연손해금은 1년분에 한하지 않고 전액 담보**된다.

(3) 채권최고액에 근저당권의 실행비용은 포함되지 않는다.

(4) 채권최고액의 정함이 있는 근저당권에 있어서 이러한 채권의 총액이 그 채권최고액을 초과하는 경우, 적어도 근저당권자와 **채무자 겸 근저당권설정자**와의 관계에 있어서는 위 채권 전액의 변제가 있을 때까지 근저당권의 효력은 **채권최고액과는 관계없이** 잔존채무에 여전히 미친다.

(5) **근저당권의 물상보증인**은 민법 제357조에서 말하는 **채권의 최고액만을 변제**하면 근저당권설정등기의 말소청구를 할 수 있고 채권최고액을 초과하는 부분의 채권액까지 변제할 의무가 있는 것이 아니다.

(6) 근저당부동산에 대하여 **소유권을 취득한 제3자**는 피담보채무가 확정된 이후에 그 확정된 피담보채무를 **채권최고액의 범위 내에서 변제**하고 근저당권의 소멸을 청구할 수 있다.

(7) 근저당부동산에 대하여 **후순위근저당권을 취득한 자**는 민법 제364조에서 정한 권리를 행사할 수 있는 **제3취득자에 해당하지 아니하므로** 이러한 후순위근저당권자가 선순위근저당권의 피담보채무가 확정된 이후에 그 확정된 피담보채무를 변제한 것은 민법 제469조의 규정에 의한 이해관계 있는 제3자의 변제로서 유효한 것인지 따져볼 수는 있을지언정 민법 제364조의 규정에 따라 선순위근저당권의 소멸을 청구할 수 있는 사유로는 삼을 수 없다.

5. 피담보채무의 확정

(1) 근저당권의 존속기간을 정하거나 근저당권으로 담보되는 기본적인 거래계약에서 결산기를 정한 경우에는 **원칙적으로 존속기간이나 결산기가 도래한 때에 확정**된다.

(2) **존속기간이나 결산기의 정함이 없는 때**에는 근저당권의 피담보채무의 확정방법에 관한 다른 약정이 있으면 그에 따르되 이러한 약정이 없는 경우라면 근저당권설정자가 근저당권자를 상대로 **언제든지 해지의 의사표시를 함으로써 피담보채무를 확정**시킬 수 있다.

(3) 근저당권자가 피담보채무의 불이행을 이유로 **경매신청을 한 경우**에는 **경매신청시에 근저당 채무액이 확정**되고, 위와 같이 경매신청을 하여 경매개시결정이 있은 후에 **경매신청이 취하**되었다고 하더라도 **채무확정의 효과가 번복되는 것은 아니다.**

(4) **후순위 근저당권자가 경매를 신청**한 경우 **선순위 근저당권의 피담보채권**은 그 근저당권이 소멸하는 시기, 즉 경락인이 **경락대금을 완납한 때에 확정**된다고 보아야 한다.

(5) 근저당권자의 경매신청 등의 사유로 인하여 근저당권의 피담보채권이 확정되었을 경우, **확정 이후에 새로운 거래관계에서 발생한 원본채권**은 그 근저당권에 의하여 담보되지 아니하지만, 확정 전에 발생한 원본채권에 관하여 **확정 후에 발생하는 이자나 지연손해금 채권**은 채권최고액의 범위 내에서 근저당권에 의하여 여전히 담보되는 것이다.

(6) 피담보채무가 **확정되기 이전**이라면 **채무의 범위나 또는 채무자를 변경할 수 있는 것**이고, 채무의 범위나 채무자가 변경된 경우에는 **당연히 변경 후의 범위에 속하는 채권이나 채무자에 대한 채권만**이 당해 근저당권에 의하여 **담보**되고, 변경 전의 범위에 속하는 채권이나 채무자에 대한 채권은 그 근저당권에 의하여 담보되는 채무의 범위에서 제외된다.

(7) 공동근저당권자가 목적 부동산 중 일부 부동산에 대하여 **제3자가 신청한 경매절차에 소극적으로 참가하여 우선배당을 받은 경우**, 해당 부동산에 관한 근저당권의 피담보채권은 그 근저당권이 소멸하는 시기, 즉 매수인이 매각대금을 지급한 때에 확정되지만, **나머지 목적 부동산에 관한 근저당권의 피담보채권**은 기본거래가 종료하거나 채무자나 물상보증인에 대하여 파산이 선고되는 등의 다른 확정사유가 발생하지 아니하는 한 확정되지 아니한다.

50. 공동저당

> **제368조 [공동저당과 대가의 배당, 차순위자의 대위]** ① 동일한 채권의 담보로 수 개의 부동산에 저당권을 설정한 경우에 그 부동산의 경매대가를 동시에 배당하는 때에는 각 부동산의 **경매대가에 비례**하여 그 채권의 분담을 정한다.
> ② 전항의 저당부동산중 일부의 경매대가를 먼저 배당하는 경우에는 그 대가에서 그 채권전부의 변제를 받을 수 있다. 이 경우에 그 경매한 부동산의 차순위저당권자는 선순위저당권자가 전항의 규정에 의하여 다른 부동산의 경매대가에서 변제를 받을 수 있는 금액의 한도에서 선순위자를 대위하여 저당권을 행사할 수 있다.

1. '공동저당'이란 동일한 채권을 담보하기 위하여 수개의 부동산에 위에 저당권을 설정하는 것을 의미한다.

2. 채무자 소유의 수 개의 부동산에 공동저당권이 설정된 경우

(1) **원칙 – 동시배당**

① 각 부동산의 **경매대가에 비례**하여 그 채권의 분담을 정한다.

② 계산방법은 분모에 전체 부동산의 가액의 합계, 그리고 분자에 각각의 부동산을 놓고 채권액을 곱하면 된다.

(2) **예외 – 이시배당**

① 채권자는 공동저당권이 설정된 부동산 중에서 일부에 대해서만 경매를 신청하여 채권 전부를 변제받을 수 있다.

② 이시배당하는 경우 먼저 경매된 부동산의 후순위저당권자는 배당받은 공동저당권자를 대위하여 다른 부동산의 경매대가에서 우선변제받을 수 있다.

3. 하나는 채무자 소유의 것이고, 하나는 물상보증인 소유의 것인 경우

(1) **동시배당의 경우**

공동저당권이 설정되어 있는 수개의 부동산 중 **일부는 채무자 소유이고 일부는 물상보증인의 소유**인 경우 위 각 부동산의 경매대가를 **동시에 배당**하는 때에는, 경매법원으로서는 **채무자 소유 부동산의 경매대가**에서 공동저당권자에게 **우선적으로 배당**을 하고, **부족분이 있는 경우에 한하여** 물상보증인 소유 부동산의 경매대가에서 추가로 배당을 하여야 한다.

(2) 이시배당의 경우

① **채무자 소유 부동산이 먼저 경매된 경우**, 채무자소유 부동산의 후순위저당권자는 물상보증인 소유 부동산에 대하여 우선변제받을 수 없다.

② **물상보증인 소유 부동산이 먼저 경매된 경우**, 물상보증인 소유의 후순위저당권자는 채무자 소유의 부동산에 대하여 공동저당권자를 대위하여 우선변제받을 수 있다.

4. 사례연습

사례 연습

1. 甲은 乙에 대한 3억원의 채권을 담보하기 위하여 乙 소유의 X토지와 Y건물에 각각 1번 공동저당권을 취득하고, 丙은 X토지에 피담보채권 2억 4천만원의 2번 저당권을, 丁은 Y건물에 피담보채권 1억 6천만원의 2번 저당권을 취득하였다. X건물과 Y건물이 모두 경매되어 X토지의 경매대가 4억원과 Y건물의 경매대가 2억원이 동시에 배당되는 경우, 丁이 Y건물의 경매대가에서 배당받을 수 있는 금액은? (경매비용이나 이자 등은 고려하지 않음) 제27회

① 0원　　② 4천만원　　③ 6천만원　　④ 1억원　　⑤ 1억 6천만원

▶정답 ④

2. 甲은 채무자 乙의 X토지와 제3자 丙의 Y토지에 대하여 피담보채권 5천만원의 1번 공동저당권을, 丁은 X토지에 乙에 대한 피담보채권 2천만원의 2번 저당권을, 戊는 Y토지에 대한 丙에 대한 피담보채권 3천만원의 2번 저당권을 취득하였다. Y토지가 경매되어 배당금액 5천만원 전액이 甲에게 배당된 후 X토지 매각대금 중 4천만원이 배당되는 경우, 戊가 X토지 매각대금에서 배당받을 수 있는 금액은? (다툼이 있으면 판례에 따름) 제25회

① 0원　　② 1천만원　　③ 2천만원　　④ 3천만원　　⑤ 4천만원

▶정답 ④

3. 甲이 5,000만원의 채권을 담보하기 위하여, 채무자 乙소유의 X부동산과 물상보증인 丙소유의 Y부동산에 각각 1번 저당권을 취득하였다. 그 후 丁이 4,000만원의 채권으로 X부동산에, 戊가 3,000만원의 채권으로 Y부동산에 각각 2번 저당권을 취득하였다. 甲이 X부동산과 Y부동산에 대하여 담보권실행을 위한 경매를 신청하여 X부동산은 6,000만원, Y부동산은 4,000만원에 매각되어 동시에 배당하는 경우, 이자 및 경매비용 등을 고려하지 않는다면 甲은 Y부동산의 매각대금에서 배당받을 수 있는 금액은? (다툼이 있으면 판례에 따름)

① 0원　　② 1천만원　　③ 2천만원　　④ 3천만원　　⑤ 4천만원

▶정답 ①

51. 계약의 종류

1. 전형계약 ↔ 비전형계약

(1) **전형계약**(민법에 규정된 계약)

증여계약, 매매계약, 교환계약, 소비대차계약, 임대차계약, 사용대차계약, 임치계약, 위임계약, 고용계약, 도급계약, 여행계약, 현상광고계약, 조합계약, 종신정기금계약, 화해계약

(2) **비전형계약**

민법규정에 없는 계약으로서, 다른 법에 규정된 계약을 의미. 중개계약 등

2. 쌍무계약 ↔ 편무계약

(1) 쌍무계약 – 매매계약, 교환계약, 임대차계약, 도급계약 등

(2) 편무계약 – 증여계약, 사용대차계약, **현상광고계약**

(3) **쌍무계약에서만 동시이행의 항변권, 위험부담이 인정된다.**

3. 유상계약 ↔ 무상계약

(1) 유상계약 – 매매계약, 교환계약, 임대차계약, **현상광고계약** 등

(2) 무상계약 – 증여계약, 사용대차계약 등

(3) 모든 쌍무계약은 유상계약이다. 그러나 **모든 유상계약이 쌍무계약인 것은 아니다.**

(4) 유상계약에는 매매에 관한 규정이 적용된다. 따라서 계약금의 규정 또는 담보책임등은 유상계약에 적용된다.

4. 낙성계약 ↔ 요물계약

(1) 낙성(諾成)계약 – 대부분의 계약

(2) 요물(要物)계약 – **계약금계약, 현상광고계약**, 보증금계약 등

5. 일시적 계약 ↔ 계속적 계약

(1) 일시적 계약 - 매매, 교환, 도급 등

(2) 계속적 계약 - 임대차, 고용 등

(3) 일시적 계약은 **해제**에 의하여 **소급적**으로 실효되고, 계속적 계약은 **해지**에 의하여 **장래적으로(소급×)** 실효된다.

6. 주된 계약 ↔ 종된 계약

(1) 금전소비대차계약이 주된 계약이고, 저당권설정계약이 종된 계약이다.

(2) 매매계약이 주된 계약이고, 계약금 계약이 종된 계약이다.

(3) **주된 계약이 실효되면 종된 계약도 실효**된다.

52 계약의 성립

1. 계약의 성립요건

계약이 성립하기 위해서는 청약과 승낙이라는 서로 대립하는 의사표시가 합치되어야 하고(=낙성계약), 이러한 합의가 성립하기 위해서는 객관적 합치와 주관적 합치가 있어야 한다.

2. 청약의 의미

(1) 청약은 그에 응하는 승낙만 있으면 곧 계약이 성립하는 **구체적, 확정적 의사표시**여야 하므로, 청약은 계약의 내용을 결정할 수 있을 정도의 사항을 포함시키는 것이 필요하다.

(2) 청약은 특정인뿐만 아니라 **불특정다수인**이어야 된다. **자동판매기의 설치**는 청약에 해당한다.

(3) **청약의 유인과의 구별**

① 청약의 유인은 의사표시가 아니라 준법률행위의 일종인 의사의 통지이다.

② **아파트 분양광고** 등의 각종의 광고, 계약내용이 제시되지 않은 광고, 하도급계약을 체결하려는 교섭당사자가 견적서를 제출하는 행위 등은 청약의 유인에 해당한다.

3. 승낙의 의미

(1) 승낙은 청약에 대응하여 계약을 성립시킬 목적으로 승낙자가 청약에 대하여 하는 의사표시를 의미한다.

(2) 승낙은 반드시 특정인에게 해야하므로, **불특정다수인에 대한 승낙**이란 없다.

(3) 청약자가 미리 정한 기간 내에 이의를 하지 아니하면 승낙한 것으로 간주한다는 뜻을 청약시 표시하였다고 하더라도 이는 **상대방을 구속하지 아니하고** 그 기간은 경우에 따라 단지 승낙기간을 정하는 의미를 가질 수 있을 뿐이다.

(4) **연착된 승낙 또는 변경을 가한 승낙**은 승낙으로서는 효력이 없고, 새로운 청약으로 볼 수 있으므로 **다시 청약자가 승낙하여야 계약이 성립한다.**

> 제530조【연착된 승낙의 효력】 전2조의 경우에 연착된 승낙은 청약자가 이를 새 청약으로 볼 수 있다.
> 제534조【변경을 가한 승낙】 승낙자가 청약에 대하여 조건을 붙이거나 변경을 가하여 승낙한 때에는 그 청약의 거절과 동시에 새로 청약한 것으로 본다.

4. 민법의 규정

(1) 청약의 의사표시도 상대방 있는 의사표시이므로, 상대방에게 도달한 후(= 효력을 발생하면)에는 철회하지 못한다. 다만 계약의 청약이 상대방에게 도달하기 전에는 철회할 수 있다.

> 제527조 【계약의 청약의 구속력】 계약의 청약은 이를 철회하지 못한다.

(2) **승낙기간을 정한 계약의 청약**

> 제528조 【승낙기간을 정한 계약의 청약】 ① 승낙의 기간을 정한 계약의 청약은 청약자가 그 기간 내에 승낙의 통지를 받지 못한 때에는 그 효력을 잃는다.
> ② 승낙의 통지가 전항의 기간 후에 도달한 경우에 보통 그 기간 내에 도달할 수 있는 발송인 때에는 청약자는 지체없이 상대방에게 그 연착의 통지를 하여야 한다. 그러나 그 도달 전에 지연의 통지를 발송한 때에는 그러하지 아니하다.
> ③ 청약자가 전항의 통지를 하지 아니한 때에는 승낙의 통지는 연착되지 아니한 것으로 본다.

(3) **승낙기간을 정하지 아니한 계약의 청약**

> 제529조 【승낙기간을 정하지 아니한 계약의 청약】 승낙의 기간을 정하지 아니한 계약의 청약은 청약자가 상당한 기간 내에 승낙의 통지를 받지 못한 때에는 그 효력을 잃는다.

(4) **격지자간의 계약의 성립시기**

> 제531조 【격지자간의 계약성립시기】 격지자간의 계약은 **승낙의 통지를 발송**한 때에 성립한다.

(5) **승낙의 의사표시가 없더라도 계약이 성립하는 경우**

> 제532조 【의사실현에 의한 계약성립】 청약자의 의사표시나 관습에 의하여 승낙의 통지가 필요하지 아니한 경우에는 계약은 승낙의 의사표시로 인정되는 사실이 있는 때에 성립한다.
> 제533조 【교차청약】 당사자간에 동일한 내용의 청약이 상호교차된 경우에는 양청약이 상대방에게 도달한 때에 계약이 성립한다.

5. 구체적 사례연습

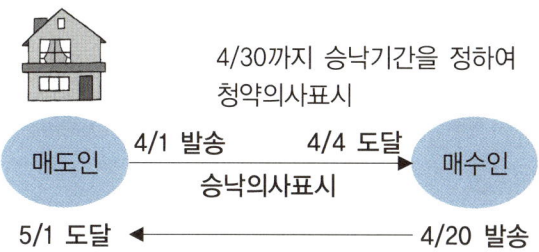

1. 청약은 4/4 도달하면 효력이 생긴다.
2. 4/20 발송인데 **연착**하여 5/1 도달한 경우, **계약은 성립하지 않는다**.
3. 다만, 이 경우 청약자는 승낙자에게 **연착의 통지**를 하여야 한다.
4. 청약자가 **연착의 통지를 하지 않으면** 승낙은 연착된 것으로 보지 않기에 **4/20 발송시**에 계약이 성립한다.
5. 연착된 승낙의 경우 새로운 청약으로 볼 수 있으므로 이 경우에는 청약자(매도인)이 다시 승낙하면 계약이 성립한다.

53 위험부담 등

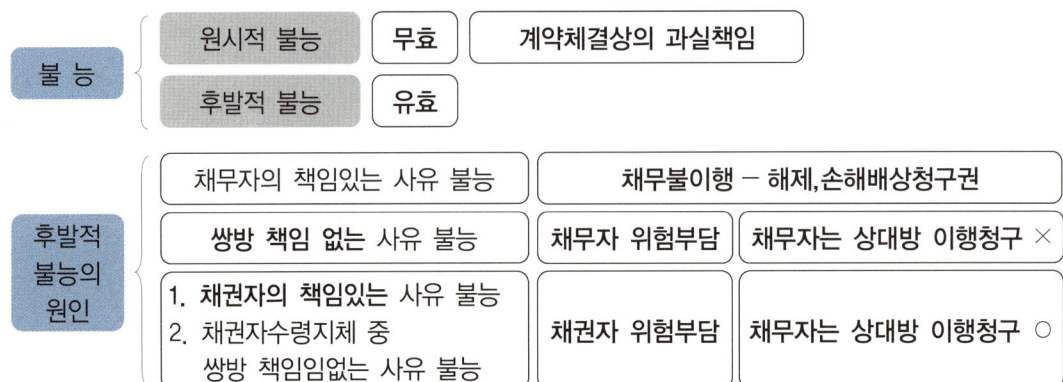

1. 계약체결상의 과실책임

> **제535조【계약체결상의 과실】** ① 목적이 **불능**한 계약을 체결할 때에 그 불능을 알았거나 알 수 있었을 자는 상대방이 그 계약의 유효를 믿었음으로 인하여 받은 손해를 배상하여야 한다. 그러나 그 배상액은 계약이 유효함으로 인하여 생길 이익액을 넘지 못한다.
> ② 전항의 규정은 상대방이 그 불능을 알았거나 알 수 있었을 경우에는 적용하지 아니한다.

(1) **계약체결상의 과실책임 성립요건**

① **원시적·객관적 불능**일 것

② 채무자는 불능을 알았거나 알 수 있었을 것(채무자의 고의 또는 과실)

③ 채권자(상대방)는 불능에 대하여 선의 그리고 무과실일 것

(2) **계약체결상의 과실책임 효과**

① 채권자(상대방)은 채무자에게 **신뢰이익**의 손해배상을 청구할 수 있다. 다만 손해배상의 범위는 이행이익을 초과하지 못한다.

② 계약이 유효함을 믿었기에 발생하는 비용(신뢰이익, 조사비용 계약체결비용 대출의 이자 등)을 청구할 수 있다.

(3) 계약교섭의 부당한 중도파기로 인하여 일방이 손해를 입은 경우에는 계약체결상의 과실책임이 발생할 수 없고, 불법행위로 인한 손해배상을 청구할 수 있다.

(4) 부동산 매매에서 실제면적이 계약면적에 미달하는 경우 계약체결사의 과실책임을 물을 수 없다.

2. 위험부담

> 제537조 【채무자위험부담주의】 **쌍무계약**의 당사자 일방의 채무가 당사자쌍방의 책임없는 사유로 이행할 수 없게 된 때에는 **채무자는 상대방의 이행을 청구하지 못한다.**
>
> 제538조 【채권자귀책사유로 인한 이행불능】 ① 쌍무계약의 당사자 일방의 채무가 **채권자의 책임있는 사유로 이행할 수 없게 된 때에는 채무자는 상대방의 이행을 청구할 수 있다. 채권자의 수령지체 중에 당사자쌍방의 책임없는 사유로 이행할 수 없게 된 때**에도 같다.
> ② 전항의 경우에 채무자는 자기의 채무를 면함으로써 이익을 얻은 때에는 이를 채권자에게 상환하여야 한다.

(1) 위험부담은 **쌍무계약의 특유**한 효력이다. 따라서 편무계약에서는 위험부담의 문제 X

(2) 위험부담에 관한 민법의 규정은 **임의규정**이다.

(3) **채무자 위험부담주의**(원칙)

① **후발적 불능이 쌍방 책임없는 사유**로 인한 것이어야 한다.

② 채무자와 채권자의 양 채무는 소멸한다. 즉 채무자는 자기의 채무를 면하고, 동시에 상대방의 채무도 소멸하므로 **채무자는 상대방에게 이행을 청구하지 못한다.**

③ 매매계약에서 쌍방 책임 없는 사유로 후발적 불능이 된 경우, 매수인(채권자)이 매도인(채무자)에게 이미 **계약금과 중도금등을 지급한 경우**에는 계약금과 중도금을 부당이득으로 반환하여야 한다. 이러한 경우 매수인이 매매목적물을 점유한 경우에 점유사용으로 인한 임료 상당의 부당이득을 반환할 의무가 있다.

(4) **채권자 위험부담주의**(예외)

① 채권자의 책임있는 사유로 인한 불능 또는 채권자의 수령지체 중에 쌍방 책임없는 사유로 불능된 경우에 적용된다.

② 채무자는 자신의 채무를 면하고 채권자(매수인)에 대하여 이행을 청구(매매대금의 지급청구)를 할 수 있다.

(5) **대상청구권(후발적 불능)**

소유권이전등기의무의 목적 부동산이 수용되어 그 소유권이전등기의무가 이행불능이 된 경우, 등기청구권자는 등기의무자에게 대상청구권의 행사로써 등기의무자가 지급받은 수용보상금의 반환을 구하거나 또는 등기의무자가 취득한 수용보상금청구권의 양도를 구할 수 있을 뿐 그 **수용보상금청구권 자체가 등기청구권자에게 귀속되는 것은 아니다.**

3. 구체적 사례연습

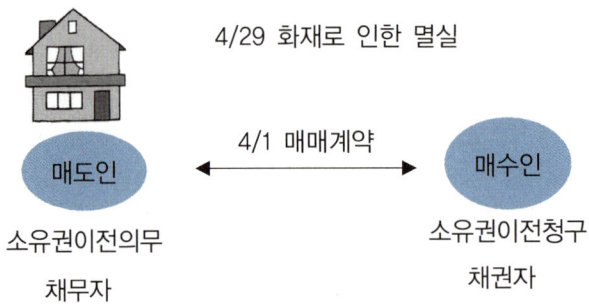

(1) 계약체결 후 소유권이전등기 전에 화재로 인하여 건물이 멸실되어 매도인의 소유권이전등기의무가 이행불능된 경우

① **매도인(채무자)의 귀책사유(고의 또는 과실)**로 인한 화재로 건물의 멸실의 경우에는 매수인(채권자)는 **채무불이행**을 이유로 매매계약을 **해제**할 수 있고 **손해배상**을 청구할 수 있다.

② **매도인과 매수인 쌍방 책임없는 사유**로(천재지변의 화재 등) 멸실된 경우에는 매도인(채무자)는 채권자(매수인)에게 **매매대금의 이행을 청구하지 못한다**.
이 경우 매수인이 지급한 계약금 등은 부당이득으로 반환되어야 한다.

③ **채권자(매수인)의 책임있는 사유에 의한 멸실 또는 채권자의 수령지체 중에 쌍방 책임없는 사유**로 인한 멸실의 경우에는 채무자(매도인)은 상대방(채권자, 매수인)에게 **매매대금의 이행을 청구**할 수 있다.

(2) 4/1 매매계약 체결 전에 3/30에 화재로 인한 멸실의 경우에는 원시적 불능으로서 계약체결상의 과실책임이 발생한다.

(3) 대상청구권

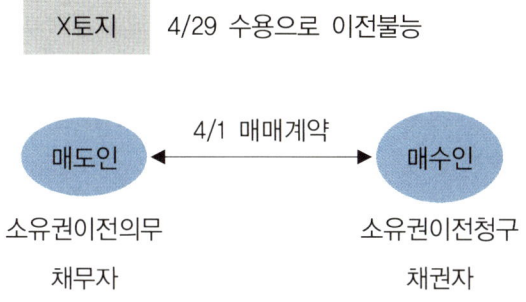

1. 후발적 불능
2. 토지가 수용되어 수용보상금이 지급되는 경우 수용보상금청구권은 채무자인 매도인이 취득한다.
3. 매수인(채권자)는 자신의 반대급부를 제공하면서 수용보상금청구권의 양도를 청구할 수 있을 뿐이다.
4. 다만 어떤 사유로 채권자가 자기명의로 보상금을 지급받더라도 채무자에 대한 관계에서 바로 부당이득은 아니다.

> **제536조 【동시이행의 항변권】** ① **쌍무계약**의 당사자 일방은 상대방이 그 채무이행을 제공할 때까지 자기의 채무이행을 거절할 수 있다. 그러나 상대방의 채무가 변제기에 있지 아니하는 때에는 그러하지 아니하다.
> ② 당사자 일방이 상대방에게 먼저 이행하여야 할 경우에 상대방의 이행이 곤란할 현저한 사유가 있는 때에는 전항 본문과 같다.

54 동시이행의 항변권

1. 동시이행의 항변권 성립요건

(1) 쌍방이 서로 대가적 의무 있는 채무가 존재할 것

① 동시이행의 관계에 있는 쌍방의 채무 중 **어느 한 채무가 이행불능**이 됨으로 인하여 발생한 **손해배상채무**도 여전히 다른 채무와 동시이행의 관계에 있다.

② 당사자 쌍방이 **각각 별개의 약정**으로 상대방에 대하여 채무를 지게 된 경우, 동시이행을 하기로 특약한 사실이 없다면 동시이행의 항변권이 발생할 수 없다.

③ 채권의 동일성이 유지된다면 채권양도·상속·전부명령·추심명령 등의 경우에도 동시이행의 항변권이 인정된다.

(2) 상대방의 채무가 변제기가 도래할 것

① 쌍무계약의 당사자 일방이 먼저 한번 현실의 제공을 하고 상대방을 수령지체에 빠지게 하였다 하더라도 그 **이행의 제공이 계속되지 않는** 경우는 과거에 이행의 제공이 있었다는 사실만으로 상대방이 가지는 동시이행의 항변권이 소멸하는 것은 아니다.

② 매수인이 선이행의무 있는 중도금을 지급하지 않았다 하더라도 계약이 해제되지 않은 상태에서 잔대금 지급일이 도래하여 그 때까지 중도금과 잔대금이 지급되지 아니하고 잔대금과 동시이행관계에 있는 매도인의 소유권이전등기 소요서류가 제공된 바 없이 그 기일이 도과하였다면, 다른 특별한 사정이 없는 한, **매수인의 중도금 및 잔대금의 지급과 매도인의 소유권이전등기 소요서류의 제공**은 동시이행관계에 있다 할 것이어서 그 때부터는 매수인은 중도금을 지급하지 아니한 데 대한 이행지체의 책임을 지지 아니한다.

③ 쌍무계약의 당사자 일방이 계약상 선이행의무를 부담하고 있는데 그와 대가관계에 있는 상대방의 채무가 아직 이행기에 이르지 아니하였지만 **이행기의 이행이 현저히 불투명하게 된 경우**에는 민법 제536조 제2항 및 신의칙에 의하여 그 당사자에게 반대급부의 이행이 확실하여 질 때까지 선이행의무의 이행을 거절할 수 있다.

2. 동시이행의 항변권의 효력

(1) 동시이행의 항변권이 존재하면 그 사실 자체로(행사여부 불문) **이행지체의 책임을 지지 않는다.**

(2) 동시이행의 항변권은 당사자가 이를 **원용(주장)하여야지**, 법원에서 직권으로 고려할 사항은 아니다.
  ① 동시이행의 항변권을 주장하면 원고**일부**승소판결(상환급부판결)
  ② 동시이행의 항변권을 주장하면 원고**전부**승소판결

(3) 동시이행의 항변권이 붙은 채권을 **자동채권**으로 상계하지 못한다.

3. 동시이행의 항변권이 인정되는 경우

(1) 전세권소멸시 전세권자의 목적물인도 및 전세권설정등기말소의무와 전세권설정자의 전세금반환의무

(2) 계약해제로 인한 쌍방의 원상회복의무

(3) 계약이 무효·취소된 경우의 부당이득반환의무

(4) 가등기담보에서 청산금지급채무와 부동산의 소유권이전등기 및 인도채무

(5) 부동산 매매에서 매도인의 소유권이전의무와 매수인의 잔금지급의무

(6) 임대차종료시 임차목적물의 반환과 연체차임 등을 공제한 보증금반환의무

(7) 임대차계약을 체결하면서 임대차보증금을 전세금으로 하는 전세권설정등기를 경료한 경우 임대차보증금반환의무와 전세권설정등기의 말소의무

(8) 토지임차인이 건물매수청구권을 행사하는 경우, 임차인의 건물명도 및 소유권이전등기의무와 토지임대인의 건물대금지급의무

(9) 구분소유적 공유관계가 해소된 경우 쌍방의 지분소유권이전등기의무

(10) 부가가치세를 매수인이 부담하기로 약정한 경우, 매수인의 부가가치세 납부의무와 매도인의 소유권이전등기의무

(11) 채무의 이행확보를 위하여 어음을 발행한 경우 그 채무의 이행과 어음의 반환

4. 동시이행의 항변권이 부정되는 경우

(1) 채무자의 피담보채권의 변제와 (근)저당권자의 (근)저당권설정등기말소의무

(2) 피담보채무의 변제와 가등기담보권자의 가등기담보의 말소의무

(3) 임차권등기명령에 의한 임차권등기의 말소의무와 보증금반환의무

(4) 임차인의 임차목적물 반환의무와 임대인의 권리금 회수 방해로 인한 손해배상의무

(5) 매도인의 토지거래허가신청절차에 협력할 의무와 매수인의 매매대금지급의무

(6) 근저당권 실행을 위한 경매가 무효인 경우, 낙찰자가 부담하는 소유권이전등기 말소의무와 근저당권자의 배당금 반환의무

55 제3자를 위한 계약

제539조【제삼자를 위한 계약】 ① 계약에 의하여 당사자 일방이 제삼자에게 이행할 것을 약정한 때에는 그 제삼자는 채무자에게 직접 그 이행을 청구할 수 있다.
② 전항의 경우에 제삼자의 권리는 그 제삼자가 채무자에 대하여 계약의 이익을 받을 의사를 표시한 때에 생긴다.

제540조【채무자의 제삼자에 대한 최고권】 전조의 경우에 채무자는 상당한 기간을 정하여 계약의 이익의 향수여부의 확답을 제삼자에게 최고할 수 있다. 채무자가 그 기간내에 확답을 받지 못한 때에는 제삼자가 계약의 이익을 받을 것을 **거절한 것으로 본다.**

제541조【제삼자의 권리의 확정】 제539조의 규정에 의하여 제삼자의 권리가 생긴 후에는 당사자는 **이를 변경 또는 소멸시키지 못한다.**

제542조【채무자의 항변권】 채무자는 **제539조의 계약에 기한 항변**으로 그 계약의 이익을 받을 제삼자에게 대항할 수 있다.

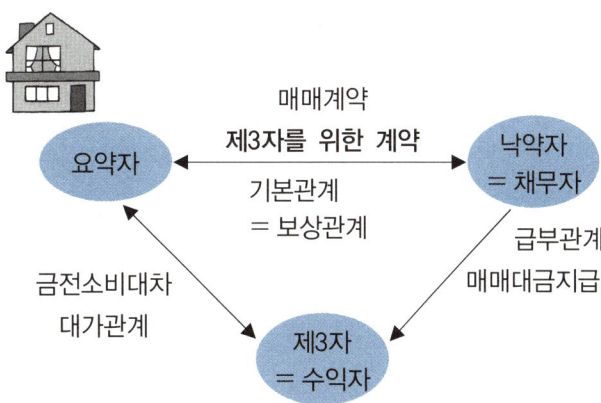

🏛 제3자의 지위

1. 제3자는 계약당시 현존하지 않아도 된다
2. 제3자의 수익의 의사표시는 제3자를 위한 계약의 성립요건 아니며, 제3자의 권리발생요건이다.
3. 제3자를 제3자를 위한 계약의 당사자가 아니므로 **계약해제권, 취소권, 원상회복 청구권, 원상회복 의무가 없다.**
4. 제3자는 낙약자의 채무불이행이 있는 경우 낙약자에 대하여 **손해배상을 청구**할 수 있다.
5. 제3자는 민법상 제3자 보호규정(선의의 제3자에게 대항하지 못한다)에서 제3자에 해당하지 않는다.

1. 제3자를 위한 계약의 예

(1) **병존적(중첩적) 채무인수**는 제3자를 위한 계약이다. 그러나 면책적 채무인수는 제3자를 위한 계약이 아니다.

(2) 낙약자가 제3자에 대하여 가지는 채권에 관하여 **채무를 면제하는 계약**은 제3자를 위한 계약이다.

2. 보상관계(기본관계, 제3자를 위한 계약)

(1) 보상관계의 흠결이나 하자는 제3자를 위한 계약에 영향을 미치므로, 낙약자는 보상관계에 기한 항변으로 제3자에게 대항할 수 있다(= 낙약자는 제3자를 위한 계약이 무효·취소되면 제3자에게 대금의 지급을 거절할 수 있다).

(2) **요약자**는 제3자를 위한 계약의 당사자이므로 낙약자의 채무불이행을 이유로 제3자의 **동의 없이 계약을 해제**할 수 있다.

3. 대가관계(요약자와 제3자와의 관계)

대가관계의 효력은 제3자를 위한 계약 자체는 물론 그에 기한 **요약자와 낙약자 사이의 법률관계의 성립이나 효력에 영향을 미치지 아니한다**. 따라서 낙약자는 **요약자와 수익자 사이의 법률관계에 기한 항변**으로 수익자에게 대항하지 못하고, 요약자도 대가관계의 부존재나 효력의 상실을 이유로 자신이 기본관계에 기하여 낙약자에게 부담하는 채무의 이행을 거부할 수 없다.

4. 제3자의 권리취득

(1) 제3자의 수익의 의사표시는 형성권으로서, **낙약자에게** 수익의 의사표시를 한 때 권리가 발생하지 **소급하지 않는다**.

(2) 제3자가 수익의 의사표시를 하여 **제3자의 권리가 확정된 후에는** 요약자와 낙약자는 (합의에 의하여) **제3자의 권리를 변경 또는 소멸시키지 못한다**.

(3) 제3자의 권리가 확정된 후에도 요약자나 낙약자는 상대방의 채무불이행을 이유로 제3자를 위한 계약을 해제할 수 있고, 계약이 해제된 경우에는 제3자의 권리는 소멸한다.

(4) **제3자를 위한 계약관계**에서 낙약자와 요약자 사이의 법률관계(기본관계)를 이루는 계약이 **무효이거나 해제**된 경우 그 계약관계의 청산은 계약의 당사자인 낙약자와 요약자 사이에 이루어져야 하므로, 특별한 사정이 없는 한 낙약자가 이미 제3자에게 급부한 것이 있더라도 낙약자는 계약해제 등에 기한 **원상회복 또는 부당이득을 원인으로 제3자를 상대로 그 반환을 구할 수 없다**.

56 계약의 해제. 해지

1. 해제. 해지의 의의

(1) 계약의 **해제(解除)**란 유효하게 성립한 (**일시적**)계약의 효력을 당사자 일방의 의사표시에 의하여 **소급적으로 소멸**케 하여, 계약이 처음부터 성립되지 않는 것과 같은 상태로 복귀시키는 것을 말한다. 이에 비하여 계약의 **해지(解止)**는 **계속적 계약관계**에서 일방적 의사표시에 의하여 계약의 효력을 **장래에 향하여(소급효X)** 소멸하게 하는 행위를 의미한다.

(2) 해제권, 해지권은 상대방 있는 단독행위이고, 형성권에 속한다.
　① 원칙적으로 해제의사표시에는 조건 또는 기한을 붙이지 못한다. 다만 정지조건부 해제 의사표시는 유효하다.
　② 소제기로 해제권을 행사한 후 그 소송을 취하해도 그 행사의 효력에는 아무런 영향이 없다.

(3) 해제의 의사표시도 상대방 있는 의사표시이므로, 해제의 의사표시가 (상대방에게 도달 한 후에는) **철회하지 못한다**. 다만 상대방에게 **도달하기 전**이나 **상대방이 동의**하면 철회할 수 있다.

(4) **해제권의 종류**

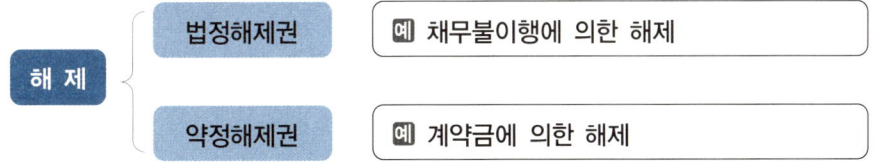

약정해제권의 유보가 있더라도 채무불이행으로 인한 법정해제권의 성립에 아무런 영향을 미치지 아니한다.

(5) 해제에 관한 규정은 **임의규정**이다. 당사자는 그와 다르게 약정할 수 있다.

2. 채무불이행에 의한 해제권

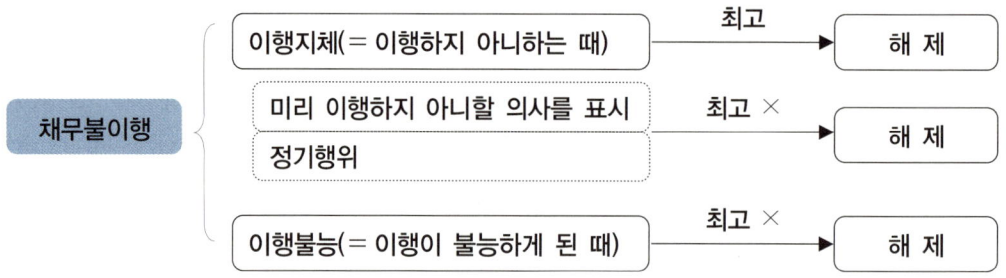

3. 민법 규정

> 제544조 【이행지체와 해제】 당사자 일방이 그 **채무를 이행하지 아니하는 때**에는 상대방은 상당한 기간을 정하여 그 이행을 최고하고 그 기간 내에 이행하지 아니한 때에는 **계약을 해제**할 수 있다. 그러나 **채무자가 미리 이행하지 아니할 의사를 표시한 경우에는 최고를 요하지 아니한다.**
>
> 제545조 【정기행위와 해제】 계약의 성질 또는 당사자의 의사표시에 의하여 일정한 시일 또는 일정한 기간 내에 이행하지 아니하면 계약의 목적을 달성할 수 없을 경우에 당사자 일방이 그 시기에 이행하지 아니한 때에는 상대방은 전조의 **최고를 하지 아니하고 계약을 해제**할 수 있다.
>
> 제546조 【이행불능과 해제】 채무자의 책임있는 사유로 이행이 불능하게 된 때에는 채권자는 계약을 해제할 수 있다.

(1) 채무자가 이행기에 이행하지 않더라도 동시이행의 항변권이 인정되면 이행지체가 되지 않으므로 채권자는 **자신의 채무의 이행을 제공하여 채무자를 이행지체에 빠뜨려야** 계약을 해제할 수 있다.

(2) 이행최고는 **반드시 미리 일정한 기간을 명시하여 최고해야 하는 것은 아니고** 최고한 때부터 상당기간이 경과하면 해제권이 발생한다.

(3) 채무자가 **이행거절의 의사를 표시한 경우** 채권자는 이행기 전이라도 **자기 채무의 이행의 제공이나 최고 없이도** 계약을 해제할 수 있다.

(4) 정기행위(= 일정한 시일 또는 일정한 기간 내에 이행하지 아니하면 계약의 목적을 달성할 수 없는 행위)에는 최고 없이도 계약을 해제할 수 있다. 다만 이 경우에도 해제의 의사표시를 하여야 해제의 효과가 발생한다.

(5) 이행불능으로 인한 계약의 해제는 채무자에게 고의 또는 과실 즉 **귀책사유가 있는 경우에만 인정**된다. 따라서 매도인(채무자)의 소유권이전등기의무의 이행불능이 매수인(채권자)의 귀책사유로 인하여 이행불능된 경우에는 매수인(채권자)는 이행불능을 이유로 해제할 수 없다.

(6) 매매계약에서 매도인의 소유권이전등기의무의 **이행불능**을 이유로 매수인이 계약을 해제함에는 상대방의 잔대금지급의무와 매도인의 소유권이전등기의무가 동시이행의 관계에 있더라도 그 **이행의 제공 없이** 해제할 수 있다.

(7) 계약의 **일부의 이행이 불능**인 경우에는 이행이 가능한 나머지 부분만의 이행으로 계약의 **목적을 달성할 수 없는 경우에만** 계약 전부 해제가 가능하다.

(8) 매매목적물에 가압류집행이 되었거나, 처분금지가처분등기가 기입되었다는 것만으로 이행불능이 되었다고 할 수 없다.

4. 그 밖의 민법 규정

> 제547조【해지, 해제권의 불가분성】① 당사자의 일방 또는 쌍방이 수인인 경우에는 계약의 해지나 해제는 그 전원으로부터 또는 전원에 대하여 하여야 한다.
> ② 전항의 경우에 해지나 해제의 권리가 당사자 1인에 대하여 소멸한 때에는 다른 당사자에 대하여도 소멸한다.
>
> 제552조【해제권행사여부의 최고권】① 해제권의 행사의 기간을 정하지 아니한 때에는 상대방은 상당한 기간을 정하여 해제권행사여부의 확답을 해제권자에게 최고할 수 있다.
> ② 전항의 기간 내에 해제의 통지를 받지 못한 때에는 해제권은 소멸한다.
>
> 제553조【훼손 등으로 인한 해제권의 소멸】해제권자의 고의나 과실로 인하여 계약의 목적물이 현저히 훼손되거나 이를 반환할 수 없게 된 때 또는 가공이나 개조로 인하여 다른 종류의 물건으로 변경된 때에는 해제권은 소멸한다.

(1) 해제권의 불가분성에 관한 민법 규정은 **임의규정**이므로, 당사자가 다르게 약정할 수 있다.

(2) 하나의 부동산을 수인이 공유하는 경우 각 공유자는 각 소유의 지분을 자유로이 처분할 수 있으므로, **일부 공유자**가 매수인의 매매대금지급의무불이행을 원인으로 그 **공유지분에 대한 매매계약**을 해제하는 것은 가능하다.

57 해제의 효과

> 제548조 【해제의 효과, 원상회복의무】 ① 당사자 일방이 계약을 해제한 때에는 각 당사자는 그 상대방에 대하여 원상회복의 의무가 있다. 그러나 제삼자의 권리를 해하지 못한다.
> ② **전항의 경우에 반환할 금전에는 그 받은 날로부터 이자를 가하여야 한다.**
> 제549조 【원상회복의무와 동시이행】 제536조의 규정은 전조의 경우에 준용한다.
> 제551조 【해지, 해제와 손해배상】 계약의 해지 또는 해제는 손해배상의 청구에 영향을 미치지 아니한다.

채무불이행에 의한 해제의 효과
- 소급적 무효: 제3자의 권리를 해하지 못한다.
- 원상회복의무: 선의·악의불문 받은 이익 전부반환 / 금전은 받은 날부터 이자 가산
- 손해배상청구

1. 계약의 소급적 무효

(1) 계약이 적법하게 해제되면 그 효력이 **소급적으로 소멸**하므로 그 계약상 의무에 기하여 실행된 급부는 원상회복을 위하여 부당이득으로 반환되어야 하고, 그 계약의 이행으로 변동이 되었던 물권은 **당연히** 그 계약이 없었던 상태로 복귀한다.

(2) 제3자 보호규정

① 계약해제의 소급효는 (**선의, 악의 불문**)제3자의 권리를 해할 수 없다. 이때 계약해제의 소급효가 제한되는 제3자는 일반적으로 그 해제된 계약으로부터 생긴 법률효과를 기초로 하여 **해제 전**에 새로운 이해관계를 가졌을 뿐만 아니라 **등기, 인도 등으로 권리를 취득**한 사람을 말한다.
  - 매수인과 매매예약을 체결한 후 그에 기한 **소유권이전청구권 보전을 위한 가등기를 마친 사람**도 위 조항 단서에서 말하는 제3자에 포함된다.
  - 해제된 계약에 의하여 채무자의 책임재산이 된 계약의 **목적물을 가압류한 가압류채권자**는 위 조항 단서에서 말하는 제3자에는 위 가압류채권자도 포함된다고 보아야 한다.

- 소유권을 취득하였다가 계약해제로 인하여 소유권을 상실하게 된 임대인으로부터 그 계약이 해제되기 전에 주택을 임차받아 **주택의 인도와 주민등록을 마침**으로써 주택임대차보호법 제3조 제1항에 의한 **대항요건을 갖춘 임차인**은 민법 제548조 제1항 단서의 규정에 따라 계약해제로 인하여 권리를 침해받지 않는 제3자에 해당한다.
- 계약상의 **채권을 양수한 자**나 그 **채권 자체를 압류 또는 전부한 채권자**는 여기서 말하는 제3자에 해당하지 아니한다.
- **토지**를 매도하였다가 대금지급을 받지 못하여 그 **매매계약을 해제**한 경우에 있어 그 토지 위에 신축된 **건물의 매수인**은 위 계약해제로 권리를 침해당하지 않을 제3자에 해당하지 아니한다.

② 계약해제로 인한 **원상회복등기 등이 이루어지기 전**에 계약당사자와 양립하지 않는 법률관계를 가지게 된 **선의의 제3자**에 대하여는 계약해제를 주장할 수 없다.
(즉 **계약해제 후 말소등기 전**에 이해관계를 맺은 자는 선의에만 보호받는다. 해제 후 말소등기 전에 악의의 제3자는 보호받지 못한다.

2. 원상회복의무

(1) 계약 해제의 효과로서 그 이익 반환의 범위는 이익의 현존 여부나 청구인의 **선의·악의를 불문**하고 특단의 사유가 없는 한 **받은 이익의 전부**이다.
(2) 원상회복의 방법은 **원물반환이 원칙**이다. 다만 원물반환이 불가능하다면 가액반환을 하여야 하고, 여기서 가액은 해제 당시의 가액이다.
(3) 원상회복의무는 **동시이행의 관계**에 있다.
(4) 원상회복으로 금전을 반환할 경우에는 **받은 날로부터 이자**를 가하여야 한다.
(5) **과실상계의 법리**는 매매계약이 **해제**되어 소급적으로 효력을 잃은 결과 매매당사자에게 당해 계약에 기한 급부가 없었던 것과 동일한 재산상태를 회복시키기 위한 원상회복의무의 이행으로서 이미 지급한 매매대금 기타의 급부의 반환을 구하는 경우에는 **적용되지 아니한다**.

3. 손해배상청구권

(1) 채무불이행에 의한 계약의 해제와 채무불이행에 의한 손해배상청구권은 선택적으로 또는 중첩적으로 행사할 수 있다.
(2) 계약해제와 아울러 손해배상을 청구하는 경우에 이행이익의 배상을 청구하는 것이 원칙이지만 그에 갈음하여 그 계약이 이행되리라고 믿고 채권자가 지출한 비용, 즉 신뢰이익 배상을 구할 수도 있다.

58 합의해제, 해지 (= 해제, 해지계약)

1. 합의해제(합의해지)의 의의

(1) **계약의 합의해제 또는 해제계약**은 해제권의 유무를 불문하고 계약당사자 쌍방이 합의에 의하여 기존 계약의 효력을 소멸시켜 당초부터 계약이 체결되지 않았던 것과 같은 상태로 복귀시킬 것을 내용으로 하는 **새로운 계약**이다.

(2) 계약이 합의해제되기 위하여는 계약의 성립과 마찬가지로 계약의 청약과 승낙이라는 **서로 대립하는 의사표시가 합치**될 것(합의)을 요건으로 하는바, 이와 같은 합의가 성립하기 위하여는 쌍방당사자의 표시행위에 나타난 의사의 내용이 객관적으로 일치하여야 한다.

(3) 그리고 계약의 합의해제는 명시적으로뿐만 아니라 당사자 쌍방의 **묵시적**인 합의에 의하여도 할 수 있으나, 묵시적인 합의해제를 한 것으로 인정되려면 계약이 체결되어 그 일부가 이행된 상태에서 당사자 쌍방이 장기간에 걸쳐 나머지 의무를 이행하지 아니함으로써 이를 방치한 것만으로는 부족하고, 당사자 쌍방에게 계약을 실현할 의사가 없거나 계약을 포기할 의사가 있다고 볼 수 있을 정도에 이르러야 한다.

(4) 매도인이 잔대금 지급기일 경과 후 계약해제를 주장하여 이미 지급받은 계약금과 중도금을 반환하는 공탁을 하였을 때, 매수인이 아무런 이의 없이 그 공탁금을 수령하였다면 위 매매계약은 특단의 사정이 없는 한 합의해제되었다.

(5) 계약의 합의해제에 있어서는 쌍방의 자기 채무의 이행제공이 없이도 합의에 의하여 해제를 할 수 있음은 계약자유의 원칙상 당연하다.

2. 합의해제(합의해지)의 효과

(1) **계약이 합의해제된 경우**에는 그 해제시에 당사자 일방이 상대방에게 손해배상을 하기로 특약하거나 손해배상청구를 유보하는 의사표시를 하는 등 다른 사정이 없는 한 **채무불이행으로 인한 손해배상을 청구할 수 없다.**

(2) 합의해제의 효력은 그 **합의의 내용에 의하여 결정**되고 여기에는 해제에 관한 **민법 제548조 제2항의 규정은 적용되지 아니하므로**, 당사자 사이에 약정이 없는 이상 **합의해제로 인하여 반환할 금전에 그 받은 날로부터의 이자를 가하여야 할 의무가 있는 것은 아니다.**

(3) 계약의 **합의해제**에 있어서도 민법 제548조의 계약해제의 경우와 같이 이로써 **제3자의 권리를 해할 수 없다.**

(4) 매매계약이 합의해제된 경우에도 매수인에게 이전되었던 소유권은 **당연히** 매도인에게 복귀하는 것이므로 **합의해제에 따른 매도인의 원상회복청구권**은 소유권에 기한 물권적 청구권이라고 할 것이고 이는 소멸시효의 대상이 되지 아니한다.

(5) 계약을 합의해제할 때에 원상회복에 관한 약정을 하는 것이 일반적이지만, 원상회복에 관하여 반드시 약정을 하여야 하는 것은 아니다.

59 계약금

> **제565조【해약금】** ① 매매의 당사자 일방이 계약당시에 금전 기타 물건을 계약금, 보증금등의 명목으로 상대방에게 교부한 때에는 당사자간에 다른 약정이 없는 한 **당사자의 일방이 이행에 착수할 때까지 교부자는 이를 포기하고 수령자는 그 배액을 상환하여 매매계약을 해제할 수 있다.**
> ② 제551조의 규정은 전항의 경우에 이를 적용하지 아니한다.

1. 계약금 계약

(1) 계약금은 매매계약의 종된 계약이다. 즉 매매계약은 계약금계약의 주된 계약이다.

(2) 매매계약인 **주된 계약이 실효**되면 **종된 계약인 계약금계약도 실효**된다.

(3) 계약금계약은 주된 계약(매매계약, 임대차계약 등)과 반드시 동시에 행하여질 필요는 없다.

(4) 매매계약은 낙성계약이지만, 계약금계약은 **요물계약**이다.

(5) 계약금계약은 금전 기타 유가물의 교부를 요건으로 하므로 **단지 계약금을 지급하기로 약정만 한 단계에서는** 아직 계약금으로서의 효력, 즉 위 민법 규정에 의해 계약해제를 할 수 있는 권리는 발생하지 않는다고 할 것이다. 따라서 당사자가 계약금의 일부만을 먼저 지급하고 잔액은 나중에 지급하기로 약정하거나 계약금 전부를 나중에 지급하기로 약정한 경우, **교부자가 계약금의 잔금이나 전부를 약정대로 지급하지 않으면** 상대방은 계약금 지급의무의 이행을 청구하거나 **채무불이행을 이유로 계약금약정을 해제**할 수 있고, 나아가 위 약정이 없었더라면 주계약을 체결하지 않았을 것이라는 사정이 인정된다면 주계약도 해제할 수도 있을 것이나, **교부자가 계약금의 잔금 또는 전부를 지급하지 아니하는 한** 계약금계약은 성립하지 아니하므로 당사자가 임의로 주계약을 해제할 수는 없다.

2. 계약금의 법적 성질

(1) 계약금은 증약금(證約金)의 성질을 가진다.

(2) 계약금은 특별한 사정이 없는 한 **해약금으로 추정**된다.

(3) 계약금은 위약금으로 한다는 약정이 있으면 위약금의 성질을 가지지만, 별도의 약정이 없으면 위약금의 성질이 없다.

> **제398조【배상액의 예정】** ④ **위약금의 약정은 손해배상액의 예정으로 추정한다.**

- **유상계약을 체결함에 있어서 계약금이 수수된 경우** 계약금은 해약금의 성질을 가지고 있어서, 이를 **위약금으로 하기로 하는 특약이 없는 이상** 계약이 당사자 일방의 귀책사유로 인하여 해제되었다 하더라도 상대방은 계약불이행으로 입은 실제 손해만을 배상받을 수 있을 뿐 **계약금이 위약금으로서 상대방에게 당연히 귀속되는 것은 아니다.**

3. 계약금은 해약금의 추정

(1) 해약금으로 인한 계약 해제의 요건

> 1. 계약금 수수

> 2. 이행의 착수 전

① 이행의 착수 후에는 계약금에 의한 해제 ×
② 매수인이 **중도금 지급 후에**는 계약금에 의한 해제 ×
③ "이행의 착수"란 중도금 지급 또는 잔금을 준비하고 등기소 동행을 촉구하는 것을 말하는 것으로, **단순히 이행의 준비만으로는 부족하나** 반드시 계약내용에 들어맞는 이행의 제공에 정도까지 이르어야 하는 것은 아니다.
④ 토지거래허가구역내의 토지에 대한 매매계약에서 **관할관청의 허가**를 받았다고 하더라도 **이행의 착수에 있다고 볼 수 없어** 매도인으로서는 계약금의 배액을 상환하고 **해제할 수 있다.**
⑤ 매도인이 매수인에게 **매매잔대금의 지급을 구하는 소송을 제기**한 것만으로 **이행의 착수로 볼 수 없어** 계약금에 의한 해제할 수 있다.
⑥ 이행기의 약정이 있더라도 **이행기 전에 이행에 착수**할 수 있고, 이 경우 계약금에 의한 해제할 수 없다.

> 3. 교부자는 계약금 포기하고 해제
>   수령자는 계약금의 배액상환하고 해제

① 토지거래허가구역 내에서 **유동적 무효상태**의 허가 전의 매매계약은 **채무불이행에 의한 해제**는 할 수 없더라도, **계약금에 의한 해제**는 할 수 있다.
② 교부자(매수인)의 계약금에 의한 해제는 계약금을 포기하고 해제의 의사표시를 하면 된다.
③ 수령자(매도인)의 계약금의 배액상환에 의한 해제는 현실적으로 배액을 상환하거나 **배액의 이행제공이 있어야만** 해제할 수 있다. 여기서 상대방이 이를 수령하지 않는다고 하더라도 **공탁할 필요는 없다.**
④ **해약금의 기준이 되는 금원**은 '실제 교부받은 계약금'이 아니라 **'약정 계약금'**이라고 봄이 타당하므로, 매도인이 계약금의 일부로서 지급받은 금원의 배액을 상환하는 것으로는 매매계약을 해제할 수 없다.

(2) **해약금에 의한 해제의 효과**

① 해약금에 의한 해제도 **소급적**으로 무효가 된다.

② 해약금에 의한 해제의 경우 **손해배상을 청구할 수 없다**.

③ 이행전의 문제이므로 **원상회복의 문제가 발생하지 않는다**.

④ 해약금에 관한 규정은 임의규정이므로 해약금에 의한 해제권을 배제하는 약정이 있으면 해약금에 의한 해제할 수 없다.

⑤ 계약금이 수수된 경우(= 약정해제권의 유보)에도 채무불이행을 이유로 해제할 수 있다.

60 매매의 일반

1. 매매의 의의

> **제563조【매매의 의의】** 매매는 당사자 일방이 재산권을 상대방에게 이전할 것을 약정하고 상대방이 그 대금을 지급할 것을 약정함으로써 그 효력이 생긴다.
> **제567조【유상계약에의 준용】** 본절의 규정은 매매 이외의 유상계약에 준용한다. 그러나 그 계약의 성질이 이를 허용하지 아니하는 때에는 그러하지 아니하다.

(1) 매매계약은 **낙성·불요식·쌍무·유상계약**이다.

(2) 매매는 재산권 이전을 목적으로 하는 계약이다. 따라서 지상권, 전세권 등도 매매의 대상이 될 수 있고, 타인의 권리 또는 물건도 목적이 될 수 있다.

(3) 매매계약에 관한 규정(**해약금, 담보책임의 규정 등**)은 다른 유상계약(임대차 등)에도 적용된다.

2. 매매의 예약

> **제564조【매매의 일방예약】** ① **매매의 일방예약은 상대방이 매매를 완결할 의사를 표시하는 때에 매매의 효력이 생긴다.**
> ② 전항의 의사표시의 기간을 정하지 아니한 때에는 예약자는 상당한 기간을 정하여 매매완결 여부의 확답을 상대방에게 최고할 수 있다.
> ③ 예약자가 전항의 기간내에 확답을 받지 못한 때에는 예약은 그 효력을 잃는다.

(1) 매매예약은 언제나 **채권계약**이다.

(2) **매매의 예약완결권**

　① 매매의 예약완결권은 형성권에 속한다.

　② 예약완결권도 재산권이므로 양도할 수 있고, 상속도 인정된다.

　③ 예약완결권을 양도한 경우, 예약완결권도 가등기할 수 있다. 예약완결권이 가등기된 후 목적물이 양도된 경우 목적물의 양수인이 아니라 목적물의 양도인(=예약상의무자)를 상대로 예약완결권을 행사하여야 한다.

④ 매매예약의 완결권은 일종의 **형성권**으로서 당사자 사이에 **행사기간을 약정한 때**에는 그 **기간 내에, 약정이 없는 때**에는 예약이 성립한 때부터 **10년 내**에 이를 행사하여야 하고, 그 기간이 지난 때에는 예약완결권은 **제척기간의 경과로 소멸**한다.

⑤ 예약완결권의 행사기간 경과여부는 당사자의 주장이 없더라도 **법원에서 직권**으로 조사한다.

3. 매매계약 비용의 부담

> 제566조 【매매계약의 비용의 부담】 매매계약에 관한 비용은 당사자 **쌍방이 균분**하여 부담한다.

(1) 매매계약에 관한 비용(매매목적물의 측량비용, 평가비용, 계약체결비용 등)은 당사자 쌍방이 균분하여 부담한다.

(2) 민법 매매계약의 비용의 부담에 관한 규정은 임의규정이므로, 당사자 일방이 매매비용 전부를 부담한다는 약정은 유효하다.

4. 과실의 귀속 등

> 제587조 【과실의 귀속, 대금의 이자】 매매계약있은 후에도 인도하지 아니한 목적물로부터 생긴 과실은 매도인에게 속한다. 매수인은 목적물의 인도를 받은 날로부터 대금의 이자를 지급하여야 한다. 그러나 대금의 지급에 대하여 기한이 있는 때에는 그러하지 아니하다.

(1) 매매매약 후 목적물 인도 전 – 매도인이 과실 수취

(2) 매매계약 후 목적물 인도 후 – 매수인이 과실 수취

(3) 다만 **목적물 인도 전이라도 매수인이 매매대금 완납 – 매수인 과실수취**

(4) 매수인이 대금을 완납하지 않는 한 매도인의 이행지체가 있거나 매수인 앞으로 이전등기가 경료되더라도 목적물 인도 전이라면 매매목적물의 과실은 매도인에게 속한다.

(5) 매수인은 목적물의 인도를 받을 날로부터 대금의 이자를 지급하여야 한다. 다만 대금의 지급기한이 있는 때에는 대금의 이자를 지급하지 않아도 된다.

(6) 매수인은 대금의 지급기한이 지났더라도 목적물의 인도를 받지 않는 한 동시이행의 항변권이 있으므로 이자를 지급할 의무가 없다.

(7) 매수인이 대금지급을 거절할 정당한 사유가 있는 경우에는 목적물을 인도받았더라도 이자를 지급할 의무가 없다.

5. 동일기한의 추정 등

제585조【동일기한의 추정】 매매의 당사자 일방에 대한 의무이행의 기한이 있는 때에는 상대방의 의무이행에 대하여도 동일한 기한이 있는 것으로 추정한다.

제586조【대금지급장소】 매매의 목적물의 인도와 동시에 대금을 지급할 경우에는 그 인도장소에서 이를 지급하여야 한다.

제588조【권리주장자가 있는 경우와 대금지급거절권】 매매의 목적물에 대하여 권리를 주장하는 자가 있는 경우에 매수인이 매수한 권리의 전부나 일부를 잃을 염려가 있는 때에는 매수인은 그 위험의 한도에서 대금의 전부나 일부의 지급을 거절할 수 있다. 그러나 매도인이 상당한 담보를 제공한 때에는 그러하지 아니하다.

제589조【대금공탁청구권】 전조의 경우에 매도인은 매수인에 대하여 대금의 공탁을 청구할 수 있다.

61 매도인의 담보책임

1. 담보책임의 의의
매매의 목적인 권리에 하자가 있거나 매매목적물에 하자가 있는 경우 매도인이 매수인에 대하여 부담하는 책임을 의미한다.

2. 담보책임의 법적 성질

(1) 매도인의 담보책임은 무과실책임이므로, 매도인의 고의 또는 과실(귀책사유)를 요하지 아니한다.

(2) 매도인의 하자담보책임은 법이 특별히 인정한 **무과실책임**으로서 여기에 민법 제396조의 과실상계 규정이 준용될 수는 없다 하더라도, 담보책임이 민법의 지도이념인 공평의 원칙에 입각한 것인 이상 하자 발생 및 그 확대에 가공한 매수인의 잘못을 참작하여 손해배상의 범위를 정함이 상당하다.

(3) 담보책임에 관한 규정은 **임의규정**이므로 당사자 사이의 담보책임면제특약은 유효하다. 그러나 매도인이 알면서 고지하지 않는 하자에 대해서는 그 책임을 면하지 못한다.

(4) 담보책임은 매매계약이 유효한 경우에만 인정된다. 계약자체가 무효인 경우에는 담보책임이 인정되지 않는다.

(5) 담보책임의 규정은 매매뿐만 아니라 임대차와 같은 유상계약에도 준용된다.

(6) 매도인의 귀책사유로 인한 이행하지 못한 경우에는 담보책임과 채무불이행책임이 경합한다. 따라서 매수인은 담보책임과 채무불이행책임을 선택적으로 행사할 수 있다.

3. 담보책임의 내용

권리 담보 책임	선의 매수인	계약해제, 손해배상청구권, 대금감액청구권
	악의 매수인	1. **전부타인 권리매매** – 계약해제권 　**저당권 행사의 경우** – 계약해제권 2. **일부 타인 권리매매** – 대금감액청구권 3. **저당권 행사의 경우** – 손해배상청구권

| 물건 하자담보책임 | **선의+무과실**
매수인 | 1. 특정물 담보책임 – 해제, 손해배상청구권
2. 종류물 담보책임 – 해제, 손해배상청구권
　　　　　　　　　　– **완전물 급부청구권** |

62 매도인의 권리담보책임

> 제568조【매매의 효력】① 매도인은 매수인에 대하여 매매의 목적이 된 권리를 이전하여야 하며 매수인은 매도인에게 그 대금을 지급하여야 한다.
> ② **전항의 쌍방의무는 특별한 약정이나 관습이 없으면 동시에 이행하여야** 한다.
> 제569조【타인의 권리의 매매】매매의 목적이 된 권리가 타인에게 속한 경우에는 매도인은 그 권리를 취득하여 매수인에게 이전하여야 한다.
> 제570조【동전-매도인의 담보책임】전조의 경우에 매도인이 그 권리를 취득하여 매수인에게 이전할 수 없는 때에는 **매수인은 계약을 해제할 수 있다**. 그러나 **매수인이 계약당시 그 권리가 매도인에게 속하지 아니함을 안 때에는 손해배상을 청구하지 못한다**.
> 제571조【동전-선의의 매도인의 담보책임】① 매도인이 계약당시에 매매의 목적이 된 권리가 **자기에게 속하지 아니함을 알지 못한** 경우에 그 권리를 취득하여 매수인에게 이전할 수 없는 때에는 **매도인은 손해를 배상하고 계약을 해제할 수 있다**.
> ② 전항의 경우에 **매수인이 계약당시 그 권리가 매도인에게 속하지 아니함을 안 때에는 매도인은 매수인에 대하여 그 권리를 이전할 수 없음을 통지하고 계약을 해제할 수 있다**.

(1) 매도인의 재산권이전의무와 매수인의 대금지급의무는 동시이행의 관계에 있다. 따라서 매매목적물이 인도되지 않고 대금도 완제되지 않은 경우, 특별한 사정이 없는 한 매수인은 매도인에게 인도의무의 지체를 이유로 손해배상을 청구할 수 없다.

(2) **타인 권리의 매매도 유효**하다.

(3) 타인의 권리를 매매한 매도인이 권리이전을 할 수 없게 된 때에는 선의의 매수인에게 **불능 당시의 시가**를 표준으로 그 계약이 완전히 이행된 것과 동일한 경제적 이익(= **이행이익**)를 배상하여야 한다.

(4) 타인의 권리를 매매의 경우, 매도인의 의무가 매도인의 귀책사유로 인하여 이행불능이 된 경우, 악의의 매수인이 담보책임에 의해서 매도인에게 손해배상을 청구할 수 없더라도, 채무불이행에 의한 계약을 해제하고 손해배상을 청구할 수 있다.

1. 전부 타인 권리에서 매도인의 담보책임

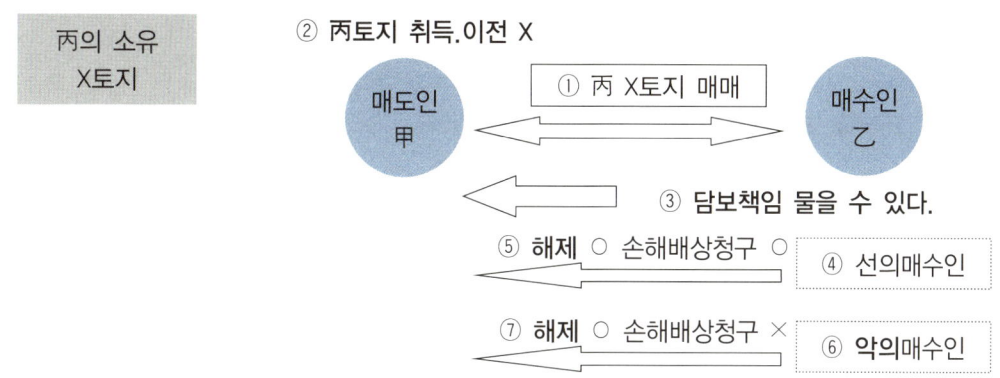

2. 일부 타인 권리에서 매도인의 담보책임

> 제572조 【권리의 일부가 타인에게 속한 경우와 매도인의 담보책임】 ① 매매의 목적이 된 **권리의 일부가 타인에게 속함**으로 인하여 매도인이 그 권리를 취득하여 매수인에게 이전할 수 없는 때에는 **매수인은 그 부분의 비율로 대금의 감액을 청구**할 수 있다.
> ② 전항의 경우에 잔존한 부분만이면 매수인이 이를 매수하지 아니하였을 때에는 **선의의 매수인은 계약전부를 해제**할 수 있다.
> ③ **선의의 매수인**은 감액청구 또는 계약해제외에 손해배상을 청구할 수 있다.
> 제573조 【전조의 권리행사의 기간】 전조의 권리는 매수인이 **선의인 경우에는 사실을 안 날로부터, 악의인 경우에는 계약한 날로부터 1년내에 행사**하여야 한다.

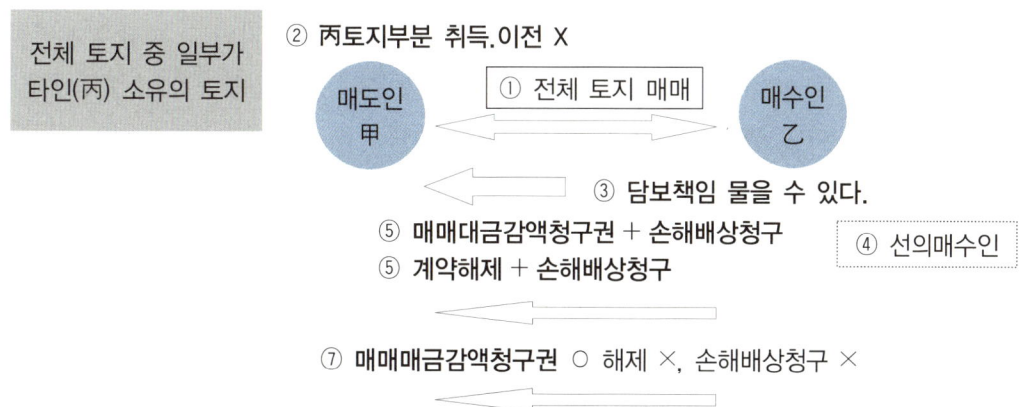

선의의 매수인이 사실을 안 날의 의미는 단순히 권리의 일부가 타인에게 속한 사실을 안 날이 아니라 **매수인에게 이전할 수 없게 되었음이 확실하게 된 날**을 의미한다.

3. 일부멸실·수량부족의 매도인의 담보책임

> **제574조【수량부족, 일부멸실의 경우와 매도인의 담보책임】** 전2조의 규정은 수량을 지정한 매매의 목적물이 부족되는 경우와 매매목적물의 일부가 계약당시에 이미 멸실된 경우에 **매수인이 그 부족 또는 멸실을 알지 못한 때에 준용**한다.

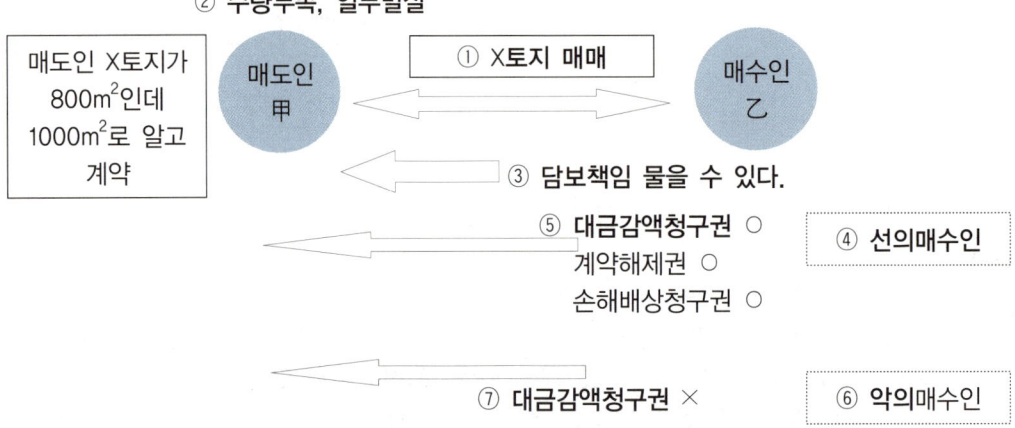

"수량지정 매매'란 당사자가 매매의 목적물이 일정한 수량을 가지고 있다는 데 주안을 두고 대금도 그 수량을 기준으로 하여 정한 경우를 의미하므로, **아파트 분양계약**은 수량을 지정한 매매라 할 수 있다.
부동산매매계약에서 실제 면적이 계약 면적에 미달하는 경우, 그 매매가 수량지정매매에 해당하여 대금감액청구권을 행사함은 별론으로 하고, 그 매매계약이 그 미달 부분만큼 일부 무효임을 들어 부당이득반환을 청구하거나 그 부분의 원시적 불능을 이유로 **계약체결상의 과실에 따른 책임의 이행을 청구할 수는 없다.**

4. 제한물권 있는 경우의 매도인의 담보책임

> **제575조【제한물권있는 경우와 매도인의 담보책임】** ① 매매의 목적물이 지상권, 지역권, 전세권, 질권 또는 유치권의 목적이 된 경우에 **매수인이 이를 알지 못한 때**에는 이로 인하여 계약의 목적을 달성할 수 없는 경우에 한하여 **매수인은 계약을 해제할 수 있다.** 기타의 경우에는 손해배상만을 청구할 수 있다.
> ② 전항의 규정은 매매의 목적이 된 부동산을 위하여 존재할 지역권이 없거나 그 부동산에 등기된 임대차계약이 있는 경우에 준용한다.
> ③ 전2항의 권리는 매수인이 그 사실을 안 날로부터 1년 내에 행사하여야 한다.

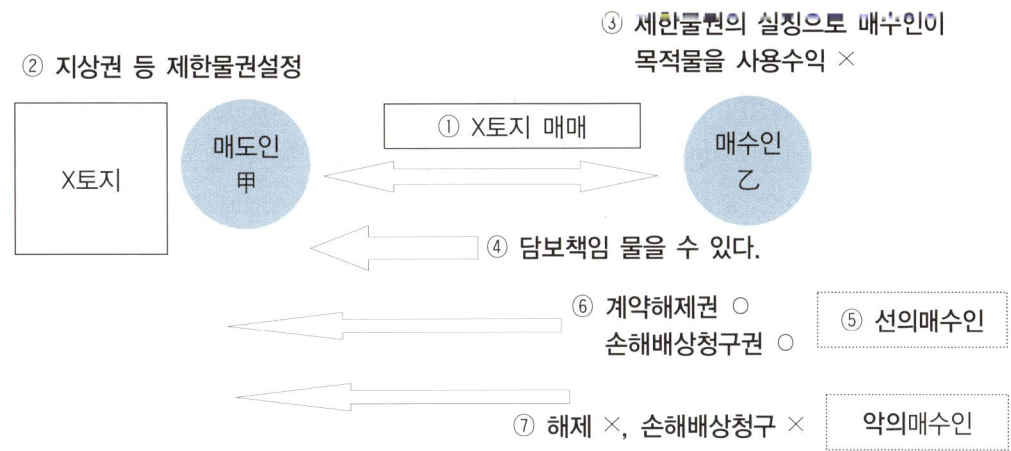

5. 저당권, 전세권 행사와 매도인의 담보책임

> 제576조【저당권, 전세권의 행사와 매도인의 담보책임】① 매매의 목적이 된 부동산에 설정된 **저당권 또는 전세권의 행사로 인하여** 매수인이 그 **소유권을 취득할 수 없거나 취득한 소유권을 잃은 때에는 매수인은 계약을 해제할 수 있다.**
> ② 전항의 경우에 매수인의 출재로 그 소유권을 보존한 때에는 매도인에 대하여 그 상환을 청구할 수 있다.
> ③ 전2항의 경우에 매수인이 손해를 받은 때에는 그 배상을 청구할 수 있다.

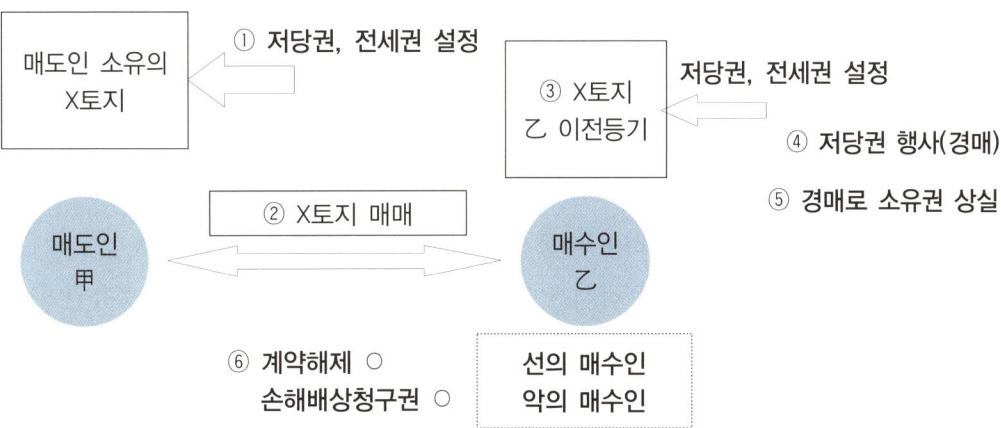

매수인이 매매목적물에 관한 **근저당권의 피담보채무를 인수**하는 것으로 매매대금의 지급에 갈음하기로 약정한 경우에는 특별한 사정이 없는 한, 매수인이 인수한 부분을 이행하지 않음으로써 근저당권이 실행되어 매수인이 취득한 소유권을 잃게 되더라도 민법 제576조 소정의 **담보책임을 부담하게 되는 것은 아니다.**

가압류 목적이 된 부동산을 매수한 사람이 그 후 가압류에 기한 강제집행으로 부동산 소유권을 상실하게 되었다면 이는 매매의 목적 부동산에 설정된 저당권 또는 전세권의 행사로 인하여 매수인이 취득한 소유권을 상실한 경우와 유사하므로, 이와 같은 경우 매도인의 담보책임에 관한 **민법 제576조의 규정이 준용된다**고 보아 매수인은 같은 조 제1항에 따라 매매계약을 해제할 수 있고, 같은 조 제3항에 따라 손해배상을 청구할 수 있다고 보아야 한다.

6. 경매에서의 담보책임

> **제578조【경매와 매도인의 담보책임】** ① 경매의 경우에는 경락인은 전8조의 규정에 의하여 채무자에게 계약의 해제 또는 대금감액의 청구를 할 수 있다.
> ② 전항의 경우에 채무자가 자력이 없는 때에는 경락인은 대금의 배당을 받은 채권자에 대하여 그 대금전부나 일부의 반환을 청구할 수 있다.
> ③ 전2항의 경우에 채무자가 물건 또는 권리의 흠결을 알고 고지하지 아니하거나 채권자가 이를 알고 경매를 청구한 때에는 경락인은 그 흠결을 안 채무자나 채권자에 대하여 손해배상을 청구할 수 있다.

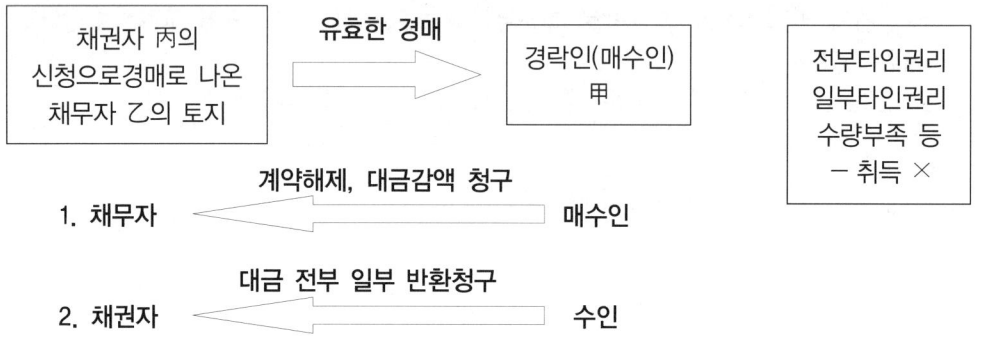

경락인이 강제경매절차를 통하여 부동산을 경락받아 대금을 완납하고 그 앞으로 소유권이전등기까지 마쳤으나, 그 후 강제경매절차의 기초가 된 채무자 명의의 소유권이전등기가 원인무효의 등기이어서 경매 부동산에 대한 소유권을 취득하지 못하게 된 경우, 이와 같은 **강제경매는 무효**라고 할 것이므로 경락인은 경매 채권자에게 경매대금 중 그가 배당받은 금액에 대하여 **일반 부당이득의 법리에 따라 반환을 청구할 수 있고**, 민법 제578조 제1항, 제2항에 따른 경매의 채무자나 채권자의 담보책임은 인정될 여지가 없다.

7. 채권매매의 매도인의 담보책임

제579조【채권매매와 매도인의 담보책임】 ① 채권의 매도인이 채무자의 자력을 담보한 때에는 매매계약당시의 자력을 담보한 것으로 추정한다.
② 변제기에 도달하지 아니한 채권의 매도인이 채무자의 자력을 담보한 때에는 변제기의 자력을 담보한 것으로 추정한다.

63 매도인의 하자담보책임

제580조【매도인의 하자담보책임】 ① 매매의 목적물에 하자가 있는 때에는 제575조 제1항의 규정을 준용한다. 그러나 매수인이 하자있는 것을 알았거나 과실로 인하여 이를 알지 못한 때에는 그러하지 아니하다.
② 전항의 규정은 경매의 경우에 적용하지 아니한다.

제581조【종류매매와 매도인의 담보책임】 ① 매매의 목적물을 종류로 지정한 경우에도 그 후 특정된 목적물에 하자가 있는 때에는 전조의 규정을 준용한다.
② 전항의 경우에 매수인은 계약의 해제 또는 손해배상의 청구를 하지 아니하고 하자없는 물건을 청구할 수 있다.

제582조【전2조의 권리행사기간】 전2조에 의한 권리는 매수인이 그 사실을 안 날로부터 6월내에 행사하여야 한다.

1. 특정물의 하자담보책임

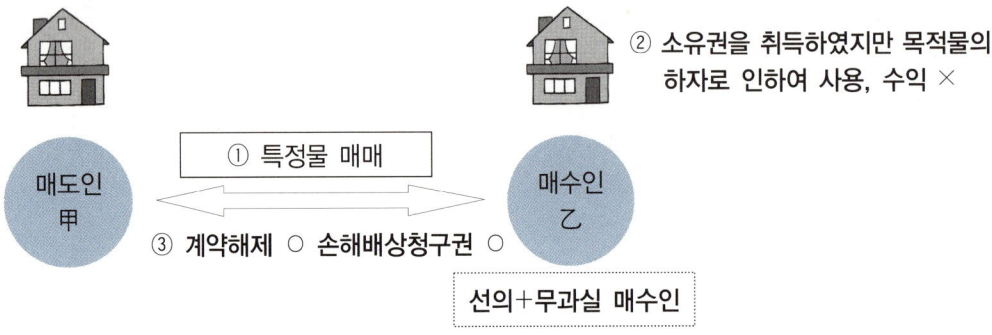

2. 종류물(불특정물)의 하자담보책임

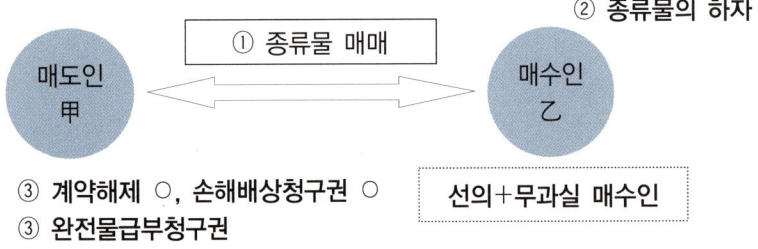

건축을 목적으로 매매된 토지에 대하여 건축허가를 받을 수 없어 건축이 불가능한 경우, 위와 같은 법률적 제한 내지 장애는 권리의 하자가 아니라 **목적물의 하자에 해당**

하자의 존부는 매매계약 성립시를 기준으로 판단

하자담보에 기한 매수인의 손해배상청구권은 10년의 소멸시효에 관한 규정이 적용

하자담보책임에 관한 기간은 재판상 또는 재판 외에서의 권리행사 기간, **출소기간** ×

> 1. **경매**의 경우 – 권리담보책임 적용, **물건의 담보책임 적용** ×
> 2. 유효한 경매에서만 담보책임이 발생. 무효인 경매의 경우에는 담보책임 적용 ×
> 3. 법률적 제한 또는 장애는 권리의 하자가 아니라 물건의 하자이다.
> 4. 권리담보책임의 내용 – 해제, 손해배상청구권, 대금감액청구권
> 5. 하자담보책임의 내용 – 해제, 손해배상청구권, 완전물급부청구권

제584조【담보책임면제의 특약】 매도인은 전15조에 의한 담보책임을 면하는 특약을 한 경우에도 매도인이 알고 고지하지 아니한 사실 및 제삼자에게 권리를 설정 또는 양도한 행위에 대하여는 책임을 면하지 못한다.

제583조【담보책임과 동시이행】 제536조의 규정은 제572조 내지 제575조, 제580조 및 제581조의 경우에 준용한다.

64 환매

제590조【환매의 의의】① 매도인이 **매매계약과 동시에** 환매할 권리를 보류한 때에는 그 영수한 대금 및 매수인이 부담한 매매비용을 반환하고 그 목적물을 환매할 수 있다.
② 전항의 환매대금에 관하여 특별한 약정이 있으면 그 약정에 의한다.
③ 전2항의 경우에 목적물의 과실과 대금의 이자는 특별한 약정이 없으면 이를 상계한 것으로 본다.

제591조【환매기간】① **환매기간은 부동산은 5년, 동산은 3년을 넘지 못한다.** 약정기간이 이를 넘는 때에는 부동산은 5년, 동산은 3년으로 단축한다.
② 환매기간을 정한 때에는 다시 이를 연장하지 못한다.
③ 환매기간을 정하지 아니한 때에는 그 기간은 부동산은 5년, 동산은 3년으로 한다.

제592조【환매등기】매매의 목적물이 부동산인 경우에 매매등기와 동시에 환매권의 보류를 등기한 때에는 제삼자에 대하여 그 효력이 있다.

제593조【환매권의 대위행사와 매수인의 권리】매도인의 채권자가 매도인을 대위하여 환매하고자 하는 때에는 매수인은 법원이 선정한 감정인의 평가액에서 매도인이 반환할 금액을 공제한 잔액으로 매도인의 채무를 변제하고 잉여액이 있으면 이를 매도인에게 지급하여 환매권을 소멸시킬 수 있다.

제594조【환매의 실행】① 매도인은 기간내에 대금과 매매비용을 매수인에게 제공하지 아니하면 환매할 권리를 잃는다.
② 매수인이나 전득자가 목적물에 대하여 비용을 지출한 때에는 매도인은 제203조의 규정에 의하여 이를 상환하여야 한다. 그러나 유익비에 대하여는 법원은 매도인의 청구에 의하여 상당한 상환기간을 허여할 수 있다.

제595조【공유지분의 환매】공유자의 1인이 환매할 권리를 보류하고 그 지분을 매도한 후 그 목적물의 분할이나 경매가 있는 때에는 매도인은 매수인이 받은 또는 받을 부분이나 대금에 대하여 환매권을 행사할 수 있다. 그러나 매도인에게 통지하지 아니한 매수인은 그 분할이나 경매로써 매도인에게 대항하지 못한다.

1. 환매(還買)의 의의

매도인이 매매계약과 동시에 특약으로 환매할 권리를 보류한 경우, 그 환매권을 일정한 기간 내에 행사하여 매매목적물을 다시 매수하는 것을 의미하고, 실무에서는 주로 채권담보의 기능을 한다.(매도담보)

2. 환매의 요건과 실행

(1) 환매특약은 **매매계약과 동시에** 하여야 한다.

(2) 환매특약은 매매계약의 종된 계약이다. 따라서 매매계약이 무효·취소되면 환매특약도 실효된다.

(3) 환매대금은 매매대금과 매수인이 부담한 매매비용이지만, 임의규정이므로 당사자의 약정으로 다르게 정할 수 있다.

(4) **환매권은 형성권**이므로, 환매권 행사기간은 제척기간의 적용을 받는다.

(5) 다만, **환매권 행사로 인한 소유권이전등기청구권**은 제척기간 내에 행사하여야 하는 것은 아니고, **환매권을 행사한 때로부터 10년의 소멸시효의 기간**이 적용된다.

(6) 매도인이 환매기간 내에 환매의 의사표시를 하였더라도 그 환매에 의한 권리취득의 등기를 하지 않으면 그 부동산의 가압류 집행한 자에 대하여 권리취득을 주장하지 못한다.

(7) 환매등기가 경료된 후에 제3자가 환매목적의 부동산에 저당권을 취득한 경우 환매권자가 환매권을 행사하여 소유권이전등기를 경료한 경우, 저당권은 소멸한다.

(8) 부동산인 환매목적물이 양도된 경우, 현재의 등기명의인(환매특약의 매수인X)에게 직접 환매권을 행사할 수 있다.

(9) 환매특약의 등기가 있는 경우, 매수인으로부터 그 부동산을 제3자가 매수한 경우, 환매권자가 환매권을 행사하지 아니한 이상 환매특약의 등기사실만으로 매수인은 전득자인 제3자의 소유권이전등기청구를 거절할 수 없다.

(10) 부동산의 환매기간은 **5년**, 동산은 **3년**을 넘지 못한다. **환매기간은 절대 연장하지 못한다**.

(11) 환매목적물의 과실과 대금의 이자는 상계한 것으로 보기 때문에 대금의 이자는 환매대금에 포함되지 않는다.

65 교환

> **제596조 【교환의 의의】** 교환은 당사자 쌍방이 금전 이외의 재산권을 상호이전할 것을 약정함으로써 그 효력이 생긴다.
> **제597조 【금전의 보충지급의 경우】** 당사자 일방이 전조의 재산권이전과 금전의 보충지급을 약정한 때에는 그 금전에 대하여는 매매대금에 관한 규정을 준용한다.

1. 교환계약의 의의

(1) 교환계약은 금전 이외의 재산권을 상호이전할 것을 약정함으로써 성립하는 계약이다.

(2) 교환계약은 **낙성·불요식·쌍무·유상계약**이다.

2. 교환의 효력

(1) 교환계약에서 보충금지급의 약정이 있어도 교환계약이지, 매매계약이 되는 것은 아니다.

(2) 교환계약은 쌍무계약이므로, **동시이행의 항변권과 위험부담의 문제가 발생**한다.

(3) 교환계약은 유상계약이므로, 매매에 관한 규정이 준용되므로, **담보책임을 부담**한다.

66 임대차 일반

1. 임대차 의의

> **제618조【임대차의 의의】** 임대차는 당사자 일방이 상대방에게 목적물을 사용, 수익하게 할 것을 약정하고 상대방이 이에 대하여 차임을 지급할 것을 약정함으로써 그 효력이 생긴다.

(1) 임대차계약은 **낙성·불요식·쌍무·유상계약**이다.
(2) 임대차계약은 채권계약(= 의무부담행위)이므로 임대인의 목적물에 대한 소유권 기타 처분이나 임대할 권한이 없더라도 임대차계약은 유효하게 성립한다.

2. 임대차의 기간

(1) **존속기간을 약정한 경우**

당사자가 임대차의 존속기간을 약정한 경우, 당사자가 약정한 기간 내에 임대차할 수 있다. 즉 최장존속기간이나 최단존속기간의 규정이 없다.

(2) **존속기간을 약정하지 않은 경우**

> **제635조【기간의 약정없는 임대차의 해지통고】** ① 임대차기간의 약정이 없는 때에는 당사자는 **언제든지 계약해지의 통고**를 할 수 있다.
> ② 상대방이 전항의 통고를 받은 날로부터 다음 각호의 기간이 경과하면 해지의 효력이 생긴다.
> 1. 토지, 건물 기타 공작물에 대하여는 임대인이 해지를 통고한 경우에는 **6월**, 임차인이 해지를 통고한 경우에는 **1월**
> 2. 동산에 대하여는 5일

(3) **임대차의 갱신**

① **약정갱신**(= 재계약)

임대차의 존속기간이 만료된 경우 당사자의 합의에 갱신할 수 있다.

② **법정갱신**(= 묵시적 갱신)

> **제639조【묵시의 갱신】** ① 임대차기간이 만료한 후 임차인이 임차물의 사용, 수익을 계속하는 경우에 임대인이 상당한 기간 내에 이의를 하지 아니한 때에는 전임대차와 동일한 조건으로 다시 임대차한 것으로 본다. 그러나 당사자는 **제635조의 규정에 의하여 해지의 통고**를 할 수 있다.
> ② 전항의 경우에 전임대차에 대하여 제삼자가 제공한 담보는 기간의 만료로 인하여 소멸한다.

- 민법상 임대차의 묵시적 갱신이 인정되는 경우, 임차인뿐만 아니라 **임대인도 언제든지 해지통고**를 할 수 있다.
- 묵시적 갱신의 경우 제3자가 제공한 담보는 소멸하지만, 임차인이 제공한 담보는 소멸하지 않는다. 그리고 당사자의 합의에 따른 임대차 기간연장의 경우에도 제3자가 제공한 담보는 소멸하지 않는다.

3. 임차권의 대항력

(1) 원칙적으로 임차권은 채권이므로, 제3자에게 대항하지 못한다.

(2) **임차권이 대항력이 생기는 경우**

> 제621조【임대차의 등기】① 부동산임차인은 **당사자간에 반대약정이 없으면** 임대인에 대하여 그 임대차등기절차에 협력할 것을 청구할 수 있다.
> ② 부동산임대차를 등기한 때에는 **그때부터** 제삼자에 대하여 효력이 생긴다.
> 제622조【건물등기있는 차지권의 대항력】① **건물의 소유를 목적으로 한 토지임대차**는 이를 등기하지 아니한 경우에도 임차인이 그 **지상건물을 등기**한 때에는 제삼자에 대하여 임대차의 효력이 생긴다.
> ② 건물이 임대차기간만료 전에 멸실 또는 후폐한 때에는 전항의 효력을 잃는다.

4. 임대차의 차임

(1) 임대차는 유상계약이므로 차임의 지급은 임대차의 성립요건이다.

(2) 수인이 공동으로 물건을 임차한 때에는 연대하여 차임을 지급할 의무를 부담한다.

(3) **차임지급시기와 해지권**

> 제633조【차임지급의 시기】차임은 동산, 건물이나 **대지**에 대하여는 **매월말**에, 기타 **토지**에 대하여는 **매년말**에 지급하여야 한다. 그러나 수확기있는 것에 대하여는 그 수확 후 지체없이 지급하여야 한다.
> 제640조【차임연체와 해지】건물 기타 공작물의 임대차에는 임차인의 **차임연체액이 2기**의 차임액에 달하는 때에는 임대인은 계약을 해지할 수 있다.
> 제641조【동 전】건물 기타 공작물의 소유 또는 식목, 채염, 목축을 목적으로 한 토지임대차의 경우에도 전조의 규정을 준용한다.

(4) **차임증감청구권**

> **제628조【차임증감청구권】** 임대물에 대한 공과부담의 증감 기타 경제사정의 변동으로 인하여 약정한 차임이 상당하지 아니하게 된 때에는 당사자는 장래에 대한 차임의 증감을 청구할 수 있다.

① 차임증감청구권은 **형성권**에 속한다.

② 임대인이 민법 제628조에 의하여 장래에 대한 차임의 증액을 청구하였을 때에 당사자 사이에 협의가 성립되지 아니하여 법원이 결정해 주는 차임은 **증액청구의 의사표시를 한 때에 소급하여 그 효력이 생기는 것**이므로, 특별한 사정이 없는 한 증액된 차임에 대하여는 법원 결정 시가 아니라 증액청구의 의사표시가 상대방에게 도달한 때를 이행기로 보아야 한다.

③ 임대차계약에 있어서 차임불증액의 특약이 있더라도 그 약정 후 그 특약을 그대로 유지시키는 것이 신의칙에 반한다고 인정될 정도의 사정변경이 있다고 보여지는 경우에는 형평의 원칙상 임대인에게 차임증액청구를 인정하여야 한다.

(5) **법정질권과 법정저당권**

> **제648조【임차지의 부속물, 과실 등에 대한 법정질권】** 토지임대인이 임대차에 관한 채권에 의하여 임차지에 부속 또는 그 사용의 편익에 공용한 임차인의 소유동산 및 그 토지의 과실을 압류한 때에는 질권과 동일한 효력이 있다.
>
> **제649조【임차지상의 건물에 대한 법정저당권】** 토지임대인이 변제기를 경과한 최후 2년의 차임채권에 의하여 그 지상에 있는 임차인소유의 건물을 압류한 때에는 저당권과 동일한 효력이 있다.
>
> **제650조【임차건물등의 부속물에 대한 법정질권】** 건물 기타 공작물의 임대인이 임대차에 관한 채권에 의하여 그 건물 기타 공작물에 부속한 임차인소유의 동산을 압류한 때에는 질권과 동일한 효력이 있다.

(6) **기타의 규정**

> 제627조【일부멸실 등과 감액청구, 해지권】① 임차물의 일부가 **임차인의 과실없이 멸실 기타 사유로 인하여 사용, 수익할 수 없는 때**에는 임차인은 그 부분의 비율에 의한 차임의 감액을 청구할 수 있다.
> ② 전항의 경우에 그 잔존부분으로 임차의 목적을 달성할 수 없는 때에는 임차인은 계약을 해지할 수 있다.
>
> 제634조【임차인의 통지의무】임차물의 수리를 요하거나 임차물에 대하여 권리를 주장하는 자가 있는 때에는 임차인은 지체없이 임대인에게 이를 통지하여야 한다. 그러나 임대인이 이미 이를 안 때에는 그러하지 아니하다.
>
> 제637조【임차인의 파산과 해지통고】① 임차인이 파산선고를 받은 경우에는 임대차기간의 약정이 있는 때에도 임대인 또는 파산관재인은 제635조의 규정에 의하여 계약해지의 통고를 할 수 있다.
> ② 전항의 경우에 각 당사자는 상대방에 대하여 계약해지로 인하여 생긴 손해의 배상을 청구하지 못한다.
>
> 제638조【해지통고의 전차인에 대한 통지】① 임대차계약이 해지의 통고로 인하여 종료된 경우에 그 임대물이 적법하게 전대되었을 때에는 임대인은 전차인에 대하여 그 사유를 통지하지 아니하면 해지로써 전차인에게 대항하지 못한다.
> ② 전차인이 전항의 통지를 받은 때에는 제635조 제2항의 규정을 준용한다.

(7) **강행규정과 일시사용을 위한 임대차의 특례**

> 제652조【강행규정】제627조(일부멸실 등과 감액청구, 해지권), 제628조(**차임증액청구권**), 제631조(**전차인의 권리의 확정**), 제635조(**기간의 약정이 없는 임대차의 해지통고**), 제638조(**해지통고의 전차인에 대한 통지**), 제640조(**차임연체와 해지**), 제641조(**차임연체와 해지**), 제643조 내지 제647조(**임차인의 갱신청구권과 매수청구권, 전차인의 임대청구권과 매수청구권, 임차인의 부속물매수청구권, 전차인의 부속물매수청구권**)의 규정에 위반하는 약정으로 **임차인이나 전차인에게 불리한 것은 그 효력이 없다.**
>
> 제653조【일시사용을 위한 임대차의 특례】제628조(**차임증액청구권**), 제638조(**해지통고의 전차인에 대한 통지**), 제640조(**차임연체와 해지**), 제646조 내지 제648조(**부속물매수청구권, 법정질권**), 제650조(**법정질권**) 및 전조의 규정(**강행규정**)은 **일시사용하기 위한 임대차 또는 전대차인 것이 명백한 경우에는 적용하지 아니한다.**

비용상환청구권(제626조), 수선의무(제623조), 임차권의 양도·전대(제629조)의 규정은 임의규정이다. 따라서 임차인에게 불리하더라도 유효하다.

67   임대인의 의무와 임차인의 비용상환청구권

1. 임대인의 의무

> 제623조 【임대인의 의무】 임대인은 목적물을 임차인에게 인도하고 계약존속중 **그 사용, 수익에 필요한 상태를 유지하게 할 의무를 부담**한다.
>
> 제624조 【임대인의 보존행위, 인용의무】 임대인이 임대물의 보존에 필요한 행위를 하는 때에는 임차인은 이를 거절하지 못한다.
>
> 제625조 【임차인의 의사에 반하는 보존행위와 해지권】 임대인이 임차인의 의사에 반하여 보존행위를 하는 경우에 임차인이 이로 인하여 임차의 목적을 달성할 수 없는 때에는 계약을 해지할 수 있다.

(1) 임대차계약에 있어서 임대인은 임대차 목적물을, 계약 존속 중 그 사용·수익에 필요한 상태를 유지하게 할 의무(임대인의 수선의무)를 부담하는 것이므로, 목적물에 파손 또는 장해가 생긴 경우 그것이 임차인이 별 비용을 들이지 아니하고도 손쉽게 고칠 수 있을 정도의 사소한 것이어서 임차인의 사용·수익을 방해할 정도의 것이 아니라면 임대인은 수선의무를 부담하지 않지만, **그것을 수선하지 아니하면 임차인이 계약에 의하여 정하여진 목적에 따라 사용·수익할 수 없는 상태로 될 정도의 것**이라면, 임대인은 그 수선의무를 부담한다.

(2) 임대인의 수선의무는 특약에 의하여 이를 면제하거나 임차인의 부담으로 돌릴 수 있으나, 그러한 특약에서 수선의무의 범위를 명시하고 있는 등의 특별한 사정이 없는 한 그러한 특약에 의하여 임대인이 수선의무를 면하거나 임차인이 그 수선의무를 부담하게 되는 것은 **통상 생길 수 있는 파손의 수선 등 소규모의 수선에 한한다** 할 것이고, **대파손의 수리, 건물의 주요 구성부분에 대한 대수선, 기본적 설비부분의 교체 등과 같은 대규모의 수선**은 이에 포함되지 아니하고 여전히 임대인이 그 수선의무를 부담한다고 해석함이 상당하다.

(3) 임차인의 임대차 목적물 반환의무가 이행불능이 된 경우 임차인이 그 이행불능으로 인한 손해배상책임을 면하려면 그 **이행불능이 임차인의 귀책사유로 말미암은 것이 아님을 입증할 책임**이 있고, 임차건물이 화재로 소훼된 경우에 있어서 그 **화재의 발생원인이 불명**인 때에도 **임차인**이 그 책임을 면하려면 그 임차건물의 보존에 관하여 선량한 관리자의 주의의무를 다하였음을 입증하여야 한다.

2. 임차인의 비용상환청구권

> **제626조 【임차인의 상환청구권】** ① 임차인이 임차물의 보존에 관한 **필요비를 지출한 때**에는 임대인에 대하여 그 상환을 청구할 수 있다.
> ② 임차인이 유익비를 지출한 경우에는 임대인은 **임대차종료시에** 그 가액의 증가가 현존한 때에 한하여 임차인의 지출한 금액이나 그 증가액을 상환하여야 한다. 이 경우에 법원은 임대인의 청구에 의하여 상당한 상환기간을 허여할 수 있다.

(1) '필요비'란 임차인이 임차물의 보존을 위하여 지출한 비용을 말한다. 임대차계약에서 임대인은 목적물을 계약존속 중 사용·수익에 필요한 상태를 유지하게 할 의무를 부담하고, 이러한 의무와 관련한 임차물의 보존을 위한 비용도 임대인이 부담해야 하므로, 임차인이 필요비를 지출하면, 임대인은 이를 상환할 의무가 있다. **임대인의 필요비상환의무**는 특별한 사정이 없는 한 **임차인의 차임지급의무와 서로 대응**하는 관계에 있으므로, 임차인은 지출한 필요비 금액의 한도에서 차임의 지급을 거절할 수 있다.

(2) 임차인의 **필요비상환청구권**은 임대차종료 전이라도 필요비를 지출한 때 **즉시** 임대인에게 상환을 청구할 수 있다.

(3) 임차인의 **유익비상환청구권**은 **임대차 종료시**에 그 가액의 증가가 현존하는 경우에 한하여 **임대인의 선택**에 따라 지출한 금액 또는 그 증가액을 청구할 수 있다. 유익비의 경우에는 상환기간을 **허여**할 수 있다.

(4) 유익비란 임차인이 임차물의 객관적 가치를 증가시키기 위하여 투입한 비용을 말하는 것이므로, 임차인이 임차건물부분에서 간이 음식점을 경영하기 위하여 부착시킨 시설물에 불과한 간판은 건물부분의 객관적 가치를 증가시키기 위한 것이라고 보기 어려울 뿐만 아니라, 그로 인한 가액의 증가가 현존하는 것도 아니어서 그 **간판설치비**를 유익비라 할 수 없다.

⑸ **비용상환청구권**은 임대인이 목적물을 반환받은 날로부터 **6월(= 제척기간) 내**에 행사하여야 한다.

⑹ 임차인의 비용상환청구권에 대하여 임차목적물을 유치권을 행사할 수 있다. 그러나 유익비의 경우 상환기간을 허여한 경우에는 유치권을 행사할 수 없다.

⑺ 비용상환청구권에 관한 규정은 일시 사용을 위한 임대차계약에도 적용된다.

⑻ 임차인의 비용상환청구권에 관한 규정은 **임의규정**이다. 따라서 건물 임차인이 자신의 비용을 들여 증축한 부분을 임대인 소유로 귀속시키기로 하는 약정은 **임차인이 원상회복의무를 면하는 대신 투입비용의 변상이나 권리주장을 포기하는 내용**이 포함된 것으로서 특별한 사정이 없는 한 유효하므로, 그 약정이 부속물매수청구권을 포기하는 약정으로서 강행규정에 반하여 무효라고 할 수 없고 또한 그 증축 부분의 원상회복이 불가능하다고 해서 **유익비의 상환을 청구할 수도 없다.**

68 ▸ 임차인의 지상물매수청구권과 부속물매수청구권

1. 임차인의 계약갱신청구권과 지상물매수청구권

> **제643조 【임차인의 갱신청구권, 매수청구권】** 건물 기타 공작물의 소유 또는 식목, 채염, 목축을 목적으로 한 토지임대차의 기간이 만료한 경우에 건물, 수목 기타 지상시설이 현존한 때에는 제283조의 규정을 준용한다.

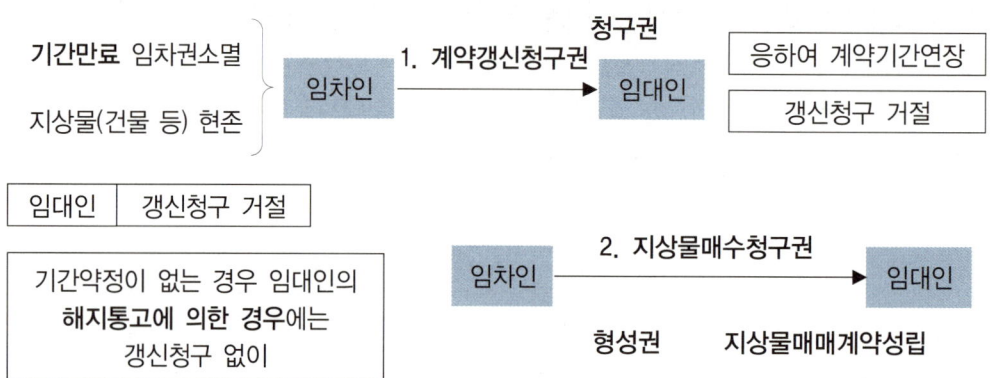

2. 지상물매수청구권 행사의 요건

(1) 임차인의 차임연체 등 **채무불이행으로 임대차 해지된 경우**에서는 임차인의 계약갱신청구권 또는 지상물매수청구권은 인정되지 않는다.

(2) 기간 약정이 없는 임대차에서 임대인의 **해지통고에 의한 경우**에는 계약갱신청구권을 행사하지 않더라도 지상물매수청구권을 행사할 수 있다.

(3) 지상물은 행정관청의 허가를 받지 않은 **무허가건물**이라도 지상물매수청구권을 행사할 수 있다.

(4) 지상건물이 객관적으로 **경제적 가치가 있는지 여부**나 **임대인에게 소용이 있는지 여부**는 그 행사요건이 아니다.

(5) 지상물은 반드시 임대차계약 당시의 기존건물이거나 **임대인의 동의**를 얻어 신축한 것에 한정된다고 할 수 없다.

(6) 지상물(건물)에 **근저당권이 설정되어 있는 경우**에도 지상물매수청구권을 행사할 수 있다. 이 경우 그 **건물의 매수가격**은 건물 자체의 가격 외에 건물의 위치, 주변 토지의 여러 사정 등을 종합적으로 고려하여 매수청구권 행사 당시 건물이 현존하는 대로의 상태에서 평가된 **시가 상당액을 의미**하고, 여기에서 **근저당권의 채권최고액이나 피담보채무액을 공제한 금액을 매수가격으로 정할 것은 아니다**. 다만, 매수청구권을 행사한 지상건물 소유자가 위와 같은 근저당권을 말소하지 않는 경우 토지소유자는 민법 제588조에 의하여 위 근저당권의 말소등기가 될 때까지 그 채권최고액에 상당한 대금의 지급을 거절할 수 있다.

(7) 건물 소유를 목적으로 하는 토지임대차에 있어서 임차인 소유 건물의 임대인이 임대한 토지 **외에 임차인 또는 제3자 소유의 토지 위에 걸쳐서 건립되어 있는 경우에는** 임차지상에 서 있는 건물부분 중 **구분소유의 객체가 될 수 있는 부분에 한하여** 임차인에게 매수청구권이 인정된다.

(8) 임대차 종료함에 따라 건물매수청구권을 행사하지 않고 있는 동안에 토지임대인의 토인도청구소송에서 임차인이 패소하더라도 확정판결에 의하여 건물철거가 집행되지 않은 이상 임차인은 건물매수청구권을 행사할 수 있다.

3. 지상물매수청구권의 효과

(1) 지상물매수청구권은 형성권에 속하므로, 임대인과 임차인 사이에 지상물에 대한 **매매가 성립**한다.

(2) 민법 제643조 소정의 지상물매수청구권이 행사되면 임대인과 임차인 사이에서는 임차지상의 건물에 대하여 매수청구권 **행사 당시의 건물시가**를 대금으로 하는 매매계약이 체결된 것과 같은 효과가 발생하는 것이지, 임대인이 기존 건물의 철거비용을 포함하여 임차인이 임차지상의 건물을 신축하기 위하여 지출한 모든 비용을 보상할 의무를 부담하게 되는 것은 아니다.

(3) 임차인이 자신의 특수한 용도나 사업을 위하여 설치한 물건이나 시설은 지상물매수청구권을 행사할 수 없다.

(4) 지상물매수청구권을 행사하여 지상물에 대한 매매가 성립하면 임차인의 건물인도 및 소유권이전등기의무와 임대인의 건물대금지급의무는 **동시이행의 관계**에 있다. 다만, 지상건물 등의 점유·사용을 통하여 그 부지를 계속하여 점유·사용하는 한 그로 인한 부당이득으로서 **부지의 임료 상당액은 이를 반환할 의무**가 있다.

4. 기 타

(1) **지상물의 소유자만**이 매수청구권을 행사할 수 있다. 따라서 건물을 신축한 토지임차인이 임대차기간이 만료하기 전에 그 건물을 타인에게 양도한 경우에는 임차인은 지상물매수청구권을 행사할 수 없다.

(2) 지상물매수청구권의 상대방은 **임차권 소멸 당시의 임대인**이다. 임차권 소멸 후 그 토지가 제3자에게 양도된 경우에도 그 **임차권이 대항력이 있는 경우**에는 제3자(신소유자)에게도 지상물매수청구권을 행사할 수 있다.

(3) 제643조의 규정은 **편면적 강행규정**이다. 임차인에게 불리한 약정은 무효이다.

(4) 지상물매수청구권은 건물임차인에게 인정되는 권리이지, 토지임차인에게는 인정되지 않는다.

5. 부속물매수청구권의 의의

> 제646조【임차인의 부속물매수청구권】① 건물 기타 공작물의 임차인이 그 사용의 편익을 위하여 **임대인의 동의를 얻어 이에 부속한 물건이 있는 때에는 임대차의 종료시에** 임대인에 대하여 그 **부속물의 매수를 청구**할 수 있다.
> ② **임대인으로부터 매수**한 부속물에 대하여도 전항과 같다.

(1) 부속물이란 건물에 부속된 물건으로서 임차인의 소유에 속하고, 건물의 구성부분으로는 되지 아니한 것으로서 건물의 사용에 객관적인 편익을 가져오게 하는 물건을 의미한다.

　① 따라서 **오로지 임차인의 특수목적에 사용되기 위하여 부속된 것**일 때에는 부속물에 해당하지 아니한다.

　② 임차인이 부속한 물건이 임차물의 구성부분이 되면 부속물매수청구권이 인정되지 않고, 비용상환청구권만 발생한다.

(2) **임대인의 동의**를 얻어 부속한 물건과 **임대인으로부터 매수**한 부속물에 대해서만 부속물매수청구권을 행사할 수 있다.

(3) **건물 또는 공작물의 임차인**에게 인정되는 권리이다. 토지임차인에게는 인정되지 않는다.

(4) **임대차 종료시**에 부속물매수청구권을 행사할 수 있다.

(5) 임차인의 차임연체 등 채**무불이행으로 임대차가 해지된 경우**에는 임차인에게 부속물매수청구권이 인정되지 않는다.

(6) 임차인의 부속물매수청구권(제646조)는 **강행규정**이며, **일시사용을 위한 임대차**에는 적용되지 않는다.

6. 부속물매수청구권 행사의 효과

(1) 부속물매수청구권은 형성권이므로, 임차인의 일방적 부속물매수청구 의사표시에 의하여 **부속물에 대한 매매계약이 성립**한다.

(2) 임차인은 그 부속물에 관한 매매대금을 지급받을 때까지 **유치권을 행사할 수 없지만, 동시이행의 항변권을 행사**하여 부속물의 인도를 거절할 수 있다.

69 임차권의 양도 및 전대

> 제629조 【임차권의 양도, 전대의 제한】 ① 임차인은 임대인의 동의없이 그 권리를 양도하거나 임차물을 전대하지 못한다.
> ② 임차인이 전항의 규정에 위반한 때에는 임대인은 계약을 해지할 수 있다.
> 제630조 【전대의 효과】 ① 임차인이 임대인의 동의를 얻어 임차물을 전대한 때에는 전차인은 직접 임대인에 대하여 의무를 부담한다. 이 경우에 전차인은 전대인에 대한 차임의 지급으로써 임대인에게 대항하지 못한다.
> ② 전항의 규정은 임대인의 임차인에 대한 권리행사에 영향을 미치지 아니한다.
> 제631조 【전차인의 권리의 확정】 임차인이 임대인의 동의를 얻어 임차물을 전대한 경우에는 **임대인과 임차인의 합의로 계약을 종료한 때에도 전차인의 권리는 소멸하지 아니한다.**
> 제632조 【임차건물의 소부분을 타인에게 사용케 하는 경우】 전3조의 규정은 건물의 임차인이 그 건물의 소부분을 타인에게 사용하게 하는 경우에 적용하지 아니한다.
> 제644조 【전차인의 임대청구권, 매수청구권】 ① 건물 기타 공작물의 소유 또는 식목, 채염, 목축을 목적으로 한 토지임차인이 적법하게 그 토지를 전대한 경우에 임대차 및 전대차의 기간이 동시에 만료되고 건물, 수목 기타 지상시설이 현존한 때에는 전차인은 임대인에 대하여 전전대차와 동일한 조건으로 임대할 것을 청구할 수 있다.
> ② 전항의 경우에 임대인이 임대할 것을 원하지 아니하는 때에는 제283조 제2항의 규정을 준용한다.
> 제647조 【전차인의 부속물매수청구권】 ① 건물 기타 공작물의 임차인이 적법하게 전대한 경우에 전차인이 그 사용의 편익을 위하여 임대인의 동의를 얻어 이에 부속한 물건이 있는 때에는 전대차의 종료시에 임대인에 대하여 그 부속물의 매수를 청구할 수 있다.
> ② 임대인으로부터 매수하였거나 그 동의를 얻어 임차인으로부터 매수한 부속물에 대하여도 전항과 같다.

1. 임차권의 양도 및 임차물의 전대

(1) 임차인이 임대인의 **동의 없이** 임차권을 양도하거나 임차물을 전대한 경우 임대인은 임대차 계약을 **해지**할 수 있다.

다만, 판례는 임차권의 양수인이 임차인과 부부로서 임차건물에 동거하면서 함께 가구점을 경영하는 등 임대인에 대한 **배신적 행위라고 인정할 수 없는 경우**에는 임대인의 동의 없이 임차권을 양도하더라도 임대차 계약을 해지할 수 없다.

(2) 그러나 건물의 임차인이 그 **건물의 소부분**을 임대인의 **동의 없이** 전대한 경우에는 임대차계약을 **해지할 수 없다.**

(3) 임차권 양도에 관한 제629조는 **강행규정이 아니므로**, 임차권의 양도 또는 전대에 임대인의 동의를 요하지 아니한다는 특약은 유효하다.

(4) **일시사용을 위한 임대차**의 경우에도 제629조가 적용된다.

2. 임대인의 동의 있는 임차권의 양도

(1) 임대인의 동의를 얻어 임차권을 양도한 경우에는, 임차권은 그 동일성을 유지하면서 양수인에게 이전된다.

(2) 그러나 임차권 양도인의 연체차임채무 또는 손해배상채무는 특약이 없는 한 당연히 임차권 양수인에게 이전하는 것은 아니다.

3. 임대인의 동의 있는 임차물의 전대

(1) 임대인의 동의를 얻어 전대한 경우, 임대인과 임차인 사이에 종전의 관계가 그대로 유지된다. 따라서 임대인은 임차인에 대하여 차임을 청구할 수 있고, 해지권을 행사할 수 있다.

(2) 임차인(전대인)과 전차인 사이에 별개의 새로운 임대차관계가 생긴다. 전차인은 전대인에 대하여 목적물을 사용·수익하게 할 것을 청구할 수 있고, 임차인은 전차인○에 대하여 차임청구권을 가진다.

(3) 임대인의 동의가 있더라도 전대차 계약에 의하여 전차인과 임대인 사이에 직접 법률관계가 생기지 않지만, 민법은 임대인의 보호를 위하여 **전차인은 임대인에 대하여 직접 의무를 부담**하고, 전차인은 전대차계약상의 **변제기 전에** 전대인에게 차임을 지급한 것을 가지고 임대인에게 대항하지 못한다고 규정하고 있다.

① 적법한 전대의 경우 임대인은 임차인과 전차인 모두에 대하여 차임의 지급을 청구할 수 있고, 비록 전차인이 전대인에게 차임 변제기 전에 미리 차임을 지급하였더라도 전차인은 임대인의 차임청구에 응해야 한다.

② 전차인이 임대인에게 차임을 지급하면 그 한도에서 전대인에 대한 의무를 면한다.

(4) 임대차가 종료하면 전대차도 당연히 종료한다. 이 경우 임대인은 직접 전차인에게 목적물의 반환을 청구할 수 있지만, 전차인은 임차인에 대한 보증금반환채권으로 대항하지 못한다. 다만 임대차기간과 전대차기간이 모두 만료하면 전차인이 임대인에게 목적물을 인도하였다면 전대인에 대한 목적물인도의무를 면한다.

(5) 임대인의 동의읷은 적법한 전대의 경우, 임대인과 임차인(전대인)의 합의로 계약을 종료하더다로 전차인의 권리를 소멸하지 않으며, 해지통고로 인한 임대차계약의 종료의 경우에도 해지통고로 임대차계약이 종료되었음을 전차인에게 통지하지 않으면 전차인에게 대항할 수 없다.

(6) 임대인의 동의읷은 적법한 전대의 경우, 전차인에게도 임대청구권, 지상물매수청구권, 부속물매수청구권이 인정된다.

4. 임대인의 동의 없는 임차권의 양도 및 임차물의 전대

(1) 임대인의 동의 없는 임차권 양도의 경우에도 양도인과 양수인 사이에 채권적 효력은 발생한다. 다만 임대인에 대한 관계에서는 양도의 효력이 발생하지 않는다.

(2) 임차권 양도인(임차인)은 임차권 양수인을 위하여 임대인의 동의를 받아줄 의무를 진다. 이 경우 임차인은 양수인에 대하여 담보책임을 진다.

(3) 임대인의 동의 없는 임차권 양도의 경우, 임대인은 임대차계약을 해지할 수 있다.

(4) 임대인의 동의 없는 임차권 양도의 경우, 양수인은 임대인의 물권적 청구권에 응하여야 한다.

(5) 임차인이 임대인의 동의를 받지 않고 제3자에게 임차권을 양도하거나 전대하는 등의 방법으로 임차물을 사용·수익하게 하더라도, 임대인이 이를 이유로 임대차계약을 해지하거나 그 밖의 다른 사유로 임대차계약이 적법하게 종료되지 않는 한 임대인은 임차인에 대하여 여전히 차임청구권을 가지므로, **임대차계약이 존속하는 한도 내에서는** 제3자에게 불법점유를 이유로 한 **차임상당 손해배상청구나 부당이득반환청구를 할 수 없다.**

(6) 임대인의 동의 없는 임차물의 전대의 경우에도 전대인과 전차인 사이의 전대차계약은 유효하게 성립한다. 무단 전대의 경우 전차인은 자신의 전대인에 대한 권리로 임대인에게 대항하지 못하고, 임대인의 물권적 청구권에 응해야 한다.

70. 보증금

1. 보증금의 의의

(1) 보증금이란 부동산임대차에 있어서 임차인의 채무를 담보하기 위하여 임차인 또는 제3자가 임대인에게 지급하는 금전 또는 유가물을 말한다.

(2) 보증금계약은 임대차계약의 종된 계약이며, 임대차계약과 동시에 체결될 필요는 없다.

(3) 임대차계약에서 보증금을 지급하였다는 입증책임은 보증금의 반환을 구하는 임차인이 부담한다.

2. 보증금의 효력 및 반환범위

(1) 임대인에게 임대차보증금이 교부되어 있더라도 임대인은 임대차관계가 계속되고 있는 동안에는 임대차보증금에서 연체차임을 충당할 것인지를 자유로이 선택할 수 있다. 따라서 **임대차계약 종료 전에는** 공제 등 **별도의 의사표시 없이** 연체차임이 임대차보증금에서 당연히 공제되는 것은 아니고, 임차인도 임대차보증금의 존재를 이유로 차임의 지급을 거절할 수 없다.

(2) 따라서 임차인은 보증금의 존재를 이유로 채무의 이행(= 차임지급)을 거절할 수 없고, 이행하지 않은 경우에는 채무불이행 책임을 진다.

(3) 임대인과 임차인이 임대차계약을 체결하면서 임대차보증금을 전세금으로 하는 전세권설정등기를 경료한 경우 임대차보증금은 전세금의 성질을 겸하게 되므로, 당사자 사이에 다른 약정이 없는 한 **임대차보증금 반환의무**는 민법 제317조에 따라 **전세권설정등기의 말소의무와도 동시이행관계**에 있다.

(4) 임대차계약의 종료에 의하여 발생된 **임차인의 목적물반환의무와 임대인의 연체차임 등을 공제한 나머지 보증금의 반환의무는 동시이행의 관계**에 있으므로, 임대인이 나머지 임대차보증금의 반환의무를 이행하거나 적법하게 이행제공하는 등의 사유로 임차인의 동시이행항변권을 상실시키지 아니한 이상, 임대차계약 종료 후에 임차인이 목적물을 계속 점유하더라도 그 점유를 불법점유라고 할 수 없고, 임차인으로서는 이에 대한 손해배상의무를 지지 아니한다.

(5) 그러나 임차인이 동시이행의 항변권을 행사하여 임차목적물을 명도하지 아니하고 **계속 사용·수익함으로 인하여 얻은 이익**은 **부당이득이므로 반환의무**가 있다.

(6) 임차인이 목적물을 점유하기는 하지만, 본래의 임대차계약에 따른 사용·수익하지 아니하여 **실질적으로 이득을 얻은 바 없다면** 임차인은 부당이득의무가 없다.

(7) 부동산임대차에 있어서 임차인이 임대인에게 지급하는 **임대차보증금**은 임대차관계가 종료되어 목적물을 반환하는 때까지 그 임대차관계에서 발생하는 **임차인의 모든 채무를 담보**하는 것으로서, 임대인의 임대차보증금 반환의무는 임대차관계가 종료되는 경우에 그 임대차보증금 중에서 목적물을 반환받을 때까지 생긴 연체차임 등 임차인의 모든 채무를 공제한 나머지 금액에 관하여서만 비로소 이행기에 도달하는 것이다.

(8) 임대차계약에서 임대차보증금은 임대차계약 종료 후 목적물을 임대인에게 명도할 때까지 발생하는, 임대차에 따른 임차인의 모든 채무를 담보한다. 따라서 이러한 채무는 임대차관계 종료 후 목적물이 반환될 때에 특별한 사정이 없는 한 **별도의 의사표시 없이** 보증금에서 당연히 공제된다. 임차건물의 양수인이 건물 소유권을 취득한 후 임대차관계가 종료되어 임차인에게 임대차보증금을 반환해야 하는 경우에 **임대인의 지위를 승계하기 전까지 발생한 연체차임이나 관리비 등이 있으면** 이는 특별한 사정이 없는 한 임대차보증금에서 당연히 공제된다.

(9) 보증금의 반환시기는 임대차종료시가 아니라 임차목적물의 반환한 때이다.

(10) 부동산의 매수인이 매매목적물에 관한 임대차보증금 반환채무 등을 인수하는 한편 그 채무액을 매매대금에서 공제하기로 약정한 경우, 그 인수는 특별한 사정이 없는 이상 매도인을 면책시키는 면책적 채무인수가 아니라 이행인수로 보아야 하고, 면책적 채무인수로 보기 위해서는 이에 대한 채권자 즉 임차인의 승낙이 있어야 한다.

71 주택임대차보호법

제1조 【목 적】 이 법은 주거용 건물의 임대차(賃貸借)에 관하여 「민법」에 대한 특례를 규정함으로써 국민 주거생활의 안정을 보장함을 목적으로 한다.

제2조 【적용 범위】 이 법은 주거용 건물(이하 "주택"이라 한다)의 전부 또는 일부의 임대차에 관하여 적용한다. 그 임차주택(賃借住宅)의 일부가 주거 외의 목적으로 사용되는 경우에도 또한 같다.

제3조 【대항력 등】 ① 임대차는 그 등기(登記)가 없는 경우에도 임차인(賃借人)이 주택의 인도(引渡)와 주민등록을 마친 때에는 그 다음 날부터 제삼자에 대하여 효력이 생긴다. 이 경우 전입신고를 한 때에 주민등록이 된 것으로 본다.
② 주택도시기금을 재원으로 하여 저소득층 무주택자에게 주거생활 안정을 목적으로 전세임대주택을 지원하는 법인이 주택을 임차한 후 지방자치단체의 장 또는 그 법인이 선정한 입주자가 그 주택을 인도받고 주민등록을 마쳤을 때에는 제1항을 준용한다. 이 경우 대항력이 인정되는 법인은 대통령령으로 정한다.
③ 「중소기업기본법」 제2조에 따른 중소기업에 해당하는 법인이 소속 직원의 주거용으로 주택을 임차한 후 그 법인이 선정한 직원이 해당 주택을 인도받고 주민등록을 마쳤을 때에는 제1항을 준용한다. 임대차가 끝나기 전에 그 직원이 변경된 경우에는 그 법인이 선정한 새로운 직원이 주택을 인도받고 주민등록을 마친 다음 날부터 제삼자에 대하여 효력이 생긴다.
④ 임차주택의 양수인(讓受人)(그밖에 임대할 권리를 승계한 자를 포함한다)은 임대인(賃貸人)의 지위를 승계한 것으로 본다.
⑤ 이 법에 따라 임대차의 목적이 된 주택이 매매나 경매의 목적물이 된 경우에는 민법 제575조 제1항·제3항 및 같은 법 제578조를 준용한다.
⑥ 제5항의 경우에는 동시이행의 항변권(抗辯權)에 관한 민법 제536조를 준용한다.

제3조의2 【보증금의 회수】 ① 임차인(제3조 제2항 및 제3항의 법인을 포함한다. 이하 같다)이 임차주택에 대하여 보증금반환청구소송의 확정판결이나 그 밖에 이에 준하는 집행권원(執行權原)에 따라서 경매를 신청하는 경우에는 집행개시(執行開始)요건에 관한 「민사집행법」 제41조에도 불구하고 반대의무(反對義務)의 이행이나 이행의 제공을 집행개시의 요건으로 하지 아니한다.
② 제3조 제1항·제2항 또는 제3항의 대항요건(對抗要件)과 임대차계약증서(제3조 제2항 및 제3항의 경우에는 법인과 임대인 사이의 임대차계약증서를 말한다)상의 확정일자(確定日字)를 갖춘 임차인은 「민사집행법」에 따른 경매 또는 「국세징수법」에 따른 공매(公賣)를 할 때에 임차주택(대지를 포함한다)의 환가대금(換價代金)에서 후순위권리자(後順位權利者)나 그 밖의 채권자보다 우선하여 보증금을 변제(辨濟)받을 권리가 있다.
③ 임차인은 임차주택을 양수인에게 인도하지 아니하면 제2항에 따른 보증금을 받을 수 없다.
⑦ 다음 각 호의 금융기관 등이 제2항, 제3조의3 제5항, 제3조의4 제1항에 따른 우선변제권을 취득한 임차인의 보증금반환채권을 계약으로 양수한 경우에는 양수한 금액의 범위에서 우선변제권을 승계한다.
1. 「은행법」에 따른 은행
2. 「중소기업은행법」에 따른 중소기업은행
3. 「한국산업은행법」에 따른 한국산업은행
4. 「농업협동조합법」에 따른 농협은행
5. 「수산업협동조합법」에 따른 수협은행
6. 「우체국예금·보험에 관한 법률」에 따른 체신관서
7. 「한국주택금융공사법」에 따른 한국주택금융공사
8. 「보험업법」 제4조 제1항 제2호 라목의 보증보험을 보험종목으로 허가받은 보험회사
9. 「주택도시기금법」에 따른 주택도시보증공사
10. 그 밖에 제1호부터 제9호까지에 준하는 것으로서 대통령령으로 정하는 기관
⑧ 제7항에 따라 우선변제권을 승계한 금융기관 등(이하 "금융기관 등"이라 한다)은 다음 각 호의 어느 하나에 해당하는 경우에는 우선변제권을 행사할 수 없다.
1. 임차인이 제3조 제1항·제2항 또는 제3항의 대항요건을 상실한 경우
2. 제3조의3 제5항에 따른 임차권등기가 말소된 경우
3. 「민법」 제621조에 따른 임대차등기가 말소된 경우
⑨ 금융기관 등은 우선변제권을 행사하기 위하여 임차인을 대리하거나 대위하여 임대차를 해지할 수 없다.

제3조의3 【임차권등기명령】 ① 임대차가 끝난 후 보증금이 반환되지 아니한 경우 임차인은 임차주택의 소재지를 관할하는 지방법원·지방법원지원 또는 시·군 법원에 임차권등기명령을 신청할 수 있다.
② 임차권등기명령의 신청서에는 다음 각 호의 사항을 적어야 하며, 신청의 이유와 임차권등기의 원인이 된 사실을 소명(疎明)하여야 한다.
1. 신청의 취지 및 이유
2. 임대차의 목적인 주택(임대차의 목적이 주택의 일부분인 경우에는 해당 부분의 도면을 첨부한다)
3. 임차권등기의 원인이 된 사실(임차인이 제3조 제1항·제2항 또는 제3항에 따른 대항력을 취득하였거나 제3조의2 제2항에 따른 우선변제권을 취득한 경우에는 그 사실)
4. 그 밖에 대법원규칙으로 정하는 사항
④ 임차권등기명령의 신청을 기각(棄却)하는 결정에 대하여 임차인은 항고(抗告)할 수 있다.
⑤ 임차인은 임차권등기명령의 집행에 따른 임차권등기를 마치면 제3조 제1항·제2항 또는 제3항에 따른 대항력과 제3조의2 제2항에 따른 우선변제권을 취득한다. 다만, 임차인이 임차권등기 이전에 이미 대항력이나 우선변제권을 취득한 경우에는 그 대항력이나 우선변제권은 그대로 유지되며, 임차권등기 이후에는 제3조 제1항·제2항 또는 제3항의 대항요건을 상실하더라도 이미 취득한 대항력이나 우선변제권을 상실하지 아니한다.
⑥ 임차권등기명령의 집행에 따른 임차권등기가 끝난 주택(임대차의 목적이 주택의 일부분인 경우에는 해당 부분으로 한정한다)을 그 이후에 임차한 임차인은 제8조에 따른 우선변제를 받을 권리가 없다.
⑦ 임차권등기의 촉탁(囑託), 등기관의 임차권등기 기입(記入) 등 임차권등기명령을 시행하는 데에 필요한 사항은 대법원규칙으로 정한다.
⑧ 임차인은 제1항에 따른 임차권등기명령의 신청과 그에 따른 임차권등기와 관련하여 든 비용을 임대인에게 청구할 수 있다.
⑨ 금융기관 등은 임차인을 대위하여 제1항의 임차권등기명령을 신청할 수 있다. 이 경우 제3항·제4항 및 제8항의 "임차인"은 "금융기관 등"으로 본다.

제3조의4 【「민법」에 따른 주택임대차등기의 효력 등】 ① 「민법」 제621조에 따른 주택임대차등기의 효력에 관하여는 제3조의3 제5항 및 제6항을 준용한다.
② 임차인이 대항력이나 우선변제권을 갖추고 「민법」 제621조 제1항에 따라 임대인의 협력을 얻어 임대차등기를 신청하는 경우에는 신청서에 「부동산등기법」 제74조 제1호부터 제6호까지의 사항 외에 다음 각 호의 사항을 적어야 하며, 이를 증명할 수 있는 서면(임대차의 목적이 주택의 일부분인 경우에는 해당 부분의 도면을 포함한다)을 첨부하여야 한다.
1. 주민등록을 마친 날
2. 임차주택을 점유(占有)한 날
3. 임대차계약증서상의 확정일자를 받은 날

제3조의5 【경매에 의한 임차권의 소멸】 임차권은 임차주택에 대하여 「민사집행법」에 따른 경매가 행하여진 경우에는 그 임차주택의 경락(競落)에 따라 소멸한다. 다만, 보증금이 모두 변제되지 아니한, 대항력이 있는 임차권은 그러하지 아니하다.

제3조의6 【확정일자 부여 및 임대차 정보제공 등】 ① 제3조의2 제2항의 확정일자는 주택 소재지의 읍·면사무소, 동 주민센터 또는 시(특별시·광역시·특별자치시는 제외하고, 특별자치도는 포함한다)·군·구(자치구를 말한다)의 출장소, 지방법원 및 그 지원과 등기소 또는 「공증인법」에 따른 공증인(이하 이 조에서 "확정일자부여기관"이라 한다)이 부여한다.
② 확정일자부여기관은 해당 주택의 소재지, 확정일자 부여일, 차임 및 보증금 등을 기재한 확정일자부를 작성하여야 한다. 이 경우 전산처리정보조직을 이용할 수 있다.
③ 주택의 임대차에 이해관계가 있는 자는 확정일자부여기관에 해당 주택의 확정일자 부여일, 차임 및 보증금 등 정보의 제공을 요청할 수 있다. 이 경우 요청을 받은 확정일자부여기관은 정당한 사유 없이 이를 거부할 수 없다.
④ 임대차계약을 체결하려는 자는 임대인의 동의를 받아 확정일자부여기관에 제3항에 따른 정보제공을 요청할 수 있다.
⑤ 제1항·제3항 또는 제4항에 따라 확정일자를 부여받거나 정보를 제공받으려는 자는 수수료를 내야 한다.

제3조의7 【임대인의 정보 제시 의무】 임대차계약을 체결할 때 임대인은 다음 각 호의 사항을 임차인에게 제시하여야 한다.
1. 제3조의6 제3항에 따른 해당 주택의 확정일자 부여일, 차임 및 보증금 등 정보. 다만, 임대인이 임대차계약을 체결하기 전에 제3조의6 제4항에 따라 동의함으로써 이를 갈음할 수 있다.
2. 「국세징수법」 제108조에 따른 납세증명서 및 「지방세징수법」 제5조 제2항에 따른 납세증명서. 다만, 임대인이 임대차계약을 체결하기 전에 「국세징수법」 제109조 제1항에 따른 미납국세와 체납액의 열람 및 「지방세징수법」 제6조 제1항에 따른 미납지방세의 열람에 각각 동의함으로써 이를 갈음할 수 있다.

제4조 【임대차기간 등】 ① 기간을 정하지 아니하거나 2년 미만으로 정한 임대차는 그 기간을 2년으로 본다. 다만, 임차인은 2년 미만으로 정한 기간이 유효함을 주장할 수 있다.
② 임대차기간이 끝난 경우에도 임차인이 보증금을 반환받을 때까지는 임대차관계가 존속되는 것으로 본다.

제6조【계약의 갱신】 ① 임대인이 임대차기간이 끝나기 6개월 전부터 2개월 전까지의 기간에 임차인에게 갱신거절(更新拒絶)의 통지를 하지 아니하거나 계약조건을 변경하지 아니하면 갱신하지 아니한다는 뜻의 통지를 하지 아니한 경우에는 그 기간이 끝난 때에 전 임대차와 동일한 조건으로 다시 임대차한 것으로 본다. 임차인이 임대차기간이 끝나기 2개월 전까지 통지하지 아니한 경우에도 또한 같다.
② 제1항의 경우 임대차의 존속기간은 2년으로 본다.
③ 2기(期)의 차임액(借賃額)에 달하도록 연체하거나 그 밖에 임차인으로서의 의무를 현저히 위반한 임차인에 대하여는 제1항을 적용하지 아니한다.

제6조의2【묵시적 갱신의 경우 계약의 해지】 ① 제6조 제1항에 따라 계약이 갱신된 경우 같은 조 제2항에도 불구하고 임차인은 언제든지 임대인에게 계약해지(契約解止)를 통지할 수 있다.
② 제1항에 따른 해지는 임대인이 그 통지를 받은 날부터 3개월이 지나면 그 효력이 발생한다.

제6조의3【계약갱신 요구 등】 ① 제6조에도 불구하고 임대인은 임차인이 제6조 제1항 전단의 기간 이내에 계약갱신을 요구할 경우 정당한 사유 없이 거절하지 못한다. 다만, 다음 각 호의 어느 하나에 해당하는 경우에는 그러하지 아니하다.
1. 임차인이 2기의 차임액에 해당하는 금액에 이르도록 차임을 연체한 사실이 있는 경우
2. 임차인이 거짓이나 그 밖의 부정한 방법으로 임차한 경우
3. 서로 합의하여 임대인이 임차인에게 상당한 보상을 제공한 경우
4. 임차인이 임대인의 동의 없이 목적 주택의 전부 또는 일부를 전대(轉貸)한 경우
5. 임차인이 임차한 주택의 전부 또는 일부를 고의나 중대한 과실로 파손한 경우
6. 임차한 주택의 전부 또는 일부가 멸실되어 임대차의 목적을 달성하지 못할 경우
7. 임대인이 다음 각 목의 어느 하나에 해당하는 사유로 목적 주택의 전부 또는 대부분을 철거하거나 재건축하기 위하여 목적 주택의 점유를 회복할 필요가 있는 경우
   가. 임대차계약 체결 당시 공사시기 및 소요기간 등을 포함한 철거 또는 재건축 계획을 임차인에게 구체적으로 고지하고 그 계획에 따르는 경우
   나. 건물이 노후·훼손 또는 일부 멸실되는 등 안전사고의 우려가 있는 경우
   다. 다른 법령에 따라 철거 또는 재건축이 이루어지는 경우
8. 임대인(임대인의 직계존속·직계비속을 포함한다)이 목적 주택에 실제 거주하려는 경우
9. 그 밖에 임차인이 임차인으로서의 의무를 현저히 위반하거나 임대차를 계속하기 어려운 중대한 사유가 있는 경우
② 임차인은 제1항에 따른 계약갱신요구권을 1회에 한하여 행사할 수 있다. 이 경우 갱신되는 임대차의 존속기간은 2년으로 본다.
③ 갱신되는 임대차는 전 임대차와 동일한 조건으로 다시 계약된 것으로 본다. 다만, 차임과 보증금은 제7조의 범위에서 증감할 수 있다.
④ 제1항에 따라 갱신되는 임대차의 해지에 관하여는 제6조의2를 준용한다.

⑤ 임대인이 제1항 제8호의 사유로 갱신을 거절하였음에도 불구하고 갱신요구가 거절되지 아니하였더라면 갱신되었을 기간이 만료되기 전에 정당한 사유 없이 제3자에게 목적 주택을 임대한 경우 임대인은 갱신거절로 인하여 임차인이 입은 손해를 배상하여야 한다.
⑥ 제5항에 따른 손해배상액은 거절 당시 당사자 간에 손해배상액의 예정에 관한 합의가 이루어지지 않는 한 다음 각 호의 금액 중 큰 금액으로 한다.
1. 갱신거절 당시 월차임(차임 외에 보증금이 있는 경우에는 그 보증금을 제7조의2 각 호 중 낮은 비율에 따라 월 단위의 차임으로 전환한 금액을 포함한다. 이하 "환산월차임"이라 한다)의 3개월분에 해당하는 금액
2. 임대인이 제3자에게 임대하여 얻은 환산월차임과 갱신거절 당시 환산월차임 간 차액의 2년분에 해당하는 금액
3. 제1항제8호의 사유로 인한 갱신거절로 인하여 임차인이 입은 손해액

제7조【차임 등의 증감청구권】 ① 당사자는 약정한 차임이나 보증금이 임차주택에 관한 조세, 공과금, 그 밖의 부담의 증감이나 경제사정의 변동으로 인하여 적절하지 아니하게 된 때에는 장래에 대하여 그 증감을 청구할 수 있다. 이 경우 증액청구는 임대차계약 또는 약정한 차임이나 보증금의 증액이 있은 후 1년 이내에는 하지 못한다.
② 제1항에 따른 증액청구는 약정한 차임이나 보증금의 20분의 1의 금액을 초과하지 못한다. 다만, 특별시·광역시·특별자치시·도 및 특별자치도는 관할 구역 내의 지역별 임대차 시장 여건 등을 고려하여 본문의 범위에서 증액청구의 상한을 조례로 달리 정할 수 있다.

제7조의2【월차임 전환시 산정률의 제한】 보증금의 전부 또는 일부를 월 단위의 차임으로 전환하는 경우에는 그 전환되는 금액에 다음 각 호 중 낮은 비율을 곱한 월차임(月借賃)의 범위를 초과할 수 없다.
1. 「은행법」에 따른 은행에서 적용하는 대출금리와 해당 지역의 경제 여건 등을 고려하여 대통령령으로 정하는 비율
2. 한국은행에서 공시한 기준금리에 대통령령으로 정하는 이율을 더한 비율

제8조【보증금 중 일정액의 보호】 ① 임차인은 보증금 중 일정액을 다른 담보물권자(擔保物權者)보다 우선하여 변제받을 권리가 있다. 이 경우 임차인은 주택에 대한 경매신청의 등기 전에 제3조 제1항의 요건을 갖추어야 한다.
② 제1항의 경우에는 제3조의2 제4항부터 제6항까지의 규정을 준용한다.
③ 제1항에 따라 우선변제를 받을 임차인 및 보증금 중 일정액의 범위와 기준은 제8조의2에 따른 주택임대차위원회의 심의를 거쳐 대통령령으로 정한다. 다만, 보증금 중 일정액의 범위와 기준은 주택가액(대지의 가액을 포함한다)의 2분의 1을 넘지 못한다.

제9조【주택 임차권의 승계】 ① 임차인이 상속인 없이 사망한 경우에는 그 주택에서 가정공동생활을 하던 사실상의 혼인 관계에 있는 자가 임차인의 권리와 의무를 승계한다.
② 임차인이 사망한 때에 사망 당시 상속인이 그 주택에서 가정공동생활을 하고 있지 아니한 경우에는 그 주택에서 가정공동생활을 하던 사실상의 혼인 관계에 있는 자와 2촌 이내의 친족이 공동으로 임차인의 권리와 의무를 승계한다.
③ 제1항과 제2항의 경우에 임차인이 사망한 후 1개월 이내에 임대인에게 제1항과 제2항에 따른 승계 대상자가 반대의사를 표시한 경우에는 그러하지 아니하다.
④ 제1항과 제2항의 경우에 임대차 관계에서 생긴 채권·채무는 임차인의 권리의무를 승계한 자에게 귀속된다.

제10조【강행규정】 이 법에 위반된 약정(約定)으로서 임차인에게 불리한 것은 그 효력이 없다.

제10조의2【초과 차임 등의 반환청구】 임차인이 제7조에 따른 증액비율을 초과하여 차임 또는 보증금을 지급하거나 제7조의2에 따른 월차임 산정률을 초과하여 차임을 지급한 경우에는 초과 지급된 차임 또는 보증금 상당금액의 반환을 청구할 수 있다.

제11조【일시사용을 위한 임대차】 이 법은 일시사용하기 위한 임대차임이 명백한 경우에는 적용하지 아니한다.

제12조【미등기 전세에의 준용】 주택의 등기를 하지 아니한 전세계약에 관하여는 이 법을 준용한다. 이 경우 "전세금"은 "임대차의 보증금"으로 본다.

> 판례

1. 주택임대차보호법이 적용되는 임대차는 반드시 임차인과 주택 소유자인 임대인 사이에 임대차계약이 체결된 경우에 한정되는 것은 아니고, 주택 소유자는 아니더라도 주택에 관하여 적법하게 임대차계약을 체결할 수 있는 권한을 가진 임대인과 임대차계약이 체결된 경우도 포함된다.

2. 주택임대차보호법 제3조 제1항의 대항요건을 갖춘 임차인의 임대차보증금반환채권에 대한 압류 및 전부명령이 확정되어 임차인의 임대차보증금반환채권이 집행채권자에게 이전된 경우 제3채무자인 임대인으로서는 임차인에 대하여 부담하고 있던 채무를 집행채권자에 대하여 부담하게 될 뿐 그가 임대차목적물인 주택의 소유자로서 이를 제3자에게 매도할 권능은 그대로 보유하는 것이며, 위와 같이 소유자인 임대인이 당해 주택을 매도한 경우 주택임대차보호법 제3조 제2항에 따라 전부채권자에 대한 보증금지급의무를 면하게 되므로, 결국 임대인은 전부금지급의무를 부담하지 않는다.

3. 주택의 임차인이 제3자에 대한 대항력을 구비한 후 임차 주택의 소유권이 양도된 경우에는, 그 양수인이 임대인의 지위를 승계하게 되고, 임차보증금 반환채무도 주택의 소유권과 결합하여 일체로서 이전하며, 이에 따라 양도인의 위 채무는 소멸한다 할 것이므로, 주택 양수인이 임차인에게 임대차보증금을 반환하였다 하더라도, 이는 자신의 채무를 변제한 것에 불과할 뿐, 양도인의 채무를 대위변제한 것이라거나, 양도인이 위 금액 상당의 반환채무를 면함으로써 법률상 원인 없이 이익을 얻고 양수인이 그로 인하여 위 금액 상당의 손해를 입었다고 할 수 없다.

4. 주택임대차보호법 제3조 제2항의 규정에 의하여 임대인의 지위를 승계한 것으로 보게 되는 임차주택의 양수인이 될 수 있는 경우는 주택을 임대할 권리나 이를 수반하는 권리를 종국적, 확정적으로 이전받게 되는 경우라야 하므로 매매, 증여, 경매, 상속, 공용징수 등에 의하여 임차주택의 소유권을 취득한 자 등은 위 조항에서 말하는 임차주택의 양수인에 해당 된다고 할 것이나, 이른바 주택의 양도담보의 경우는 채권담보를 위하여 신탁적으로 양도담보권자에게 주택의 소유권이 이전될 뿐이어서, 특별한 사정이 없는 한, 양도담보권자가 주택의 사용수익권을 갖게 되는 것이 아니고 또 주택의 소유권이 양도담보권자에게 확정적, 종국적으로 이전되는 것도 아니므로 양도담보권자는 이 법 조항에서 말하는 '양수인'에 해당되지 아니한다고 보는 것이 상당하다.

5. 임대인 지위가 양수인에게 승계된 경우 이미 발생한 연체차임채권은 따로 채권양도의 요건을 갖추지 않는 한 승계되지 않는다.

6. 임차주택의 양수인에게 대항할 수 있는 주택임차인이 당해 임차주택을 경락받아 그 대금을 납부함으로써 임차주택의 소유권을 취득한 때에는, 그 주택임차인은 임대인의 지위를 승계하는 결과, 그 임대차계약에 기한 채권이 혼동으로 인하여 소멸하게 되므로 그 임대차는 종료된 상태가 된다.

7. 임차인의 임대차보증금반환채권이 가압류된 상태에서 임대주택이 양도되면 양수인이 채권가압류의 제3채무자의 지위도 승계하고, 가압류권자 또한 임대주택의 양도인이 아니라 양수인에 대하여만 위 가압류의 효력을 주장할 수 있다고 보아야 한다.

8. 甲이 주택에 관하여 소유권이전등기를 경료하고 주민등록 전입신고까지 마친 다음 처와 함께 거주하다가 乙에게 매도함과 동시에 그로부터 이를 다시 임차하여 계속 거주하기로 약정하고 임차인을 甲의 처로 하는 임대차계약을 체결한 후에야 乙 명의의 소유권이전등기가 경료된 경우, 제3자로서는 주택에 관하여 甲으로부터 乙 앞으로 소유권이전등기가 경료되기 전에는 甲의 처의 주민등록이 소유권 아닌 임차권을 매개로 하는 점유라는 것을 인식하기 어려웠다 할 것이므로, 甲의 처의 주민등록은 주택에 관하여 乙 명의의 소유권이전등기가 경료되기 전에는 주택임대차의 대항력 인정의 요건이 되는 적법한 공시방법으로서의 효력이 없고 乙 명의의 소유권이전등기가 경료된 날에야 비로소 갑의 처와 을 사이의 임대차를 공시하는 유효한 공시방법이 된다고 할 것이며, 주택임대차보호법 제3조 제1항에 의하여 유효한 공시방법을 갖춘 다음날인 乙 명의의 소유권이전등기일 익일부터 임차인으로서 대항력을 갖는다.

9. 주택 임차인이 그 가족과 함께 그 주택에 대한 점유를 계속하고 있으면서 그 가족의 주민등록을 그대로 둔 채 임차인만 주민등록을 일시 다른 곳으로 옮긴 경우라면, 전체적으로나 종국적으로 주민등록의 이탈이라고 볼 수 없는 만큼, 임대차의 제3자에 대한 대항력을 상실하지 아니한다.

10. 주택임차인이 그 지위를 강화하고자 별도로 전세권설정등기를 마쳤더라도 주택임차인이 주택임대차보호법 제3조 제1항의 대항요건을 상실하면 이미 취득한 주택임대차보호법상의 대항력 및 우선변제권을 상실한다.

11. 주택의 임차인이 제3자에 대하여 대항력을 구비한 후에 임대주택의 소유권이 양도된 경우에는 그 양수인이 임대인의 지위를 승계하게 되므로, 임대인의 임차보증금반환채무도 양수인에게 이전되는 것이고, 이와 같이 양수인이 임차보증금반환채무를 부담하게 된 이후에 임차인이 주민등록을 다른 곳으로 옮겼다 하여 이미 발생한 임차보증금반환채무가 소멸하는 것은 아니다.

12. 주택에 관하여 최선순위로 전세권설정등기를 마치고 등기부상 새로운 이해관계인이 없는 상태에서 전세권설정계약과 계약당사자, 계약목적물 및 보증금(전세금액) 등에 있어서 동일성이 인정되는 임대차계약을 체결하여 주택임대차보호법상 대항요건을 갖추었다면, 전세권자로서의 지위와 주택임대차보호법상 대항력을 갖춘 임차인으로서의 지위를 함께 가지게 된다. 최선순위 전세권자로서 배당요구를 하여 전세권이 매각으로 소멸되었다 하더라도 변제받지 못한 나머지 보증금에 기하여 대항력을 행사할 수 있고, 그 범위 내에서 임차주택의 매수인은 임대인의 지위를 승계한 것으로 보아야 한다.

13. 주택임대차보호법상 임차인으로서의 지위와 전세권자로서의 지위를 함께 가지고 있는 자가 그 중 임차인으로서의 지위에 기하여 경매법원에 배당요구를 하였다면 배당요구를 하지 아니한 전세권에 관하여는 배당요구가 있는 것으로 볼 수 없다.

72 상가건물 임대차보호법

제1조【목 적】 이 법은 상가건물 임대차에 관하여 「민법」에 대한 특례를 규정하여 국민 경제생활의 안정을 보장함을 목적으로 한다.

제2조【적용범위】 ① 이 법은 상가건물(제3조 제1항에 따른 사업자등록의 대상이 되는 건물을 말한다)의 임대차(임대차 목적물의 주된 부분을 영업용으로 사용하는 경우를 포함한다)에 대하여 적용한다. 다만, 제14조의2에 따른 상가건물임대차위원회의 심의를 거쳐 대통령령으로 정하는 보증금액을 초과하는 임대차에 대하여는 그러하지 아니하다.
② 제1항 단서에 따른 보증금액을 정할 때에는 해당 지역의 경제 여건 및 임대차 목적물의 규모 등을 고려하여 지역별로 구분하여 규정하되, 보증금 외에 차임이 있는 경우에는 그 차임액에 「은행법」에 따른 은행의 대출금리 등을 고려하여 대통령령으로 정하는 비율을 곱하여 환산한 금액을 포함하여야 한다.
③ 제1항 단서에도 불구하고 제3조, 제10조 제1항, 제2항, 제3항 본문, 제10조의2부터 제10조의9까지의 규정, 제11조의2 및 제19조는 제1항 단서에 따른 보증금액을 초과하는 임대차에 대하여도 적용한다.

제3조【대항력 등】 ① 임대차는 그 등기가 없는 경우에도 임차인이 건물의 인도와 「부가가치세법」 제8조, 「소득세법」 제168조 또는 「법인세법」 제111조에 따른 사업자등록을 신청하면 그 다음 날부터 제3자에 대하여 효력이 생긴다.
② 임차건물의 양수인(그 밖에 임대할 권리를 승계한 자를 포함한다)은 임대인의 지위를 승계한 것으로 본다.
③ 이 법에 따라 임대차의 목적이 된 건물이 매매 또는 경매의 목적물이 된 경우에는 「민법」 제575조 제1항·제3항 및 제578조를 준용한다.
④ 제3항의 경우에는 「민법」 제536조를 준용한다.

제4조【확정일자 부여 및 임대차정보의 제공 등】 ① 제5조 제2항의 확정일자는 상가건물의 소재지 관할 세무서장이 부여한다.
② 관할 세무서장은 해당 상가건물의 소재지, 확정일자 부여일, 차임 및 보증금 등을 기재한 확정일자부를 작성하여야 한다. 이 경우 전산정보처리조직을 이용할 수 있다.
③ 상가건물의 임대차에 이해관계가 있는 자는 관할 세무서장에게 해당 상가건물의 확정일자 부여일, 차임 및 보증금 등 정보의 제공을 요청할 수 있다. 이 경우 요청을 받은 관할 세무서장은 정당한 사유 없이 이를 거부할 수 없다.
④ 임대차계약을 체결하려는 자는 임대인의 동의를 받아 관할 세무서장에게 제3항에 따른 정보제공을 요청할 수 있다.

⑤ 확정일자부에 기재하여야 할 사항, 상가건물의 임대차에 이해관계가 있는 자의 범위, 관할 세무서장에게 요청할 수 있는 정보의 범위 및 그 밖에 확정일자 부여사무와 정보제공 등에 필요한 사항은 대통령령으로 정한다.

제5조【보증금의 회수】 ① 임차인이 임차건물에 대하여 보증금반환청구소송의 확정판결, 그 밖에 이에 준하는 집행권원에 의하여 경매를 신청하는 경우에는 「민사집행법」 제41조에도 불구하고 반대의무의 이행이나 이행의 제공을 집행개시의 요건으로 하지 아니한다.
② 제3조 제1항의 대항요건을 갖추고 관할 세무서장으로부터 임대차계약서상의 확정일자를 받은 임차인은 「민사집행법」에 따른 경매 또는 「국세징수법」에 따른 공매 시 임차건물(임대인 소유의 대지를 포함한다)의 환가대금에서 후순위권리자나 그 밖의 채권자보다 우선하여 보증금을 변제받을 권리가 있다.
③ 임차인은 임차건물을 양수인에게 인도하지 아니하면 제2항에 따른 보증금을 받을 수 없다.
④ 제2항 또는 제7항에 따른 우선변제의 순위와 보증금에 대하여 이의가 있는 이해관계인은 경매법원 또는 체납처분청에 이의를 신청할 수 있다.
⑤ 제4항에 따라 경매법원에 이의를 신청하는 경우에는 「민사집행법」 제152조부터 제161조까지의 규정을 준용한다.
⑥ 제4항에 따라 이의신청을 받은 체납처분청은 이해관계인이 이의신청일부터 7일 이내에 임차인 또는 제7항에 따라 우선변제권을 승계한 금융기관 등을 상대로 소(訴)를 제기한 것을 증명한 때에는 그 소송이 종결될 때까지 이의가 신청된 범위에서 임차인 또는 제7항에 따라 우선변제권을 승계한 금융기관 등에 대한 보증금의 변제를 유보(留保)하고 남은 금액을 배분하여야 한다. 이 경우 유보된 보증금은 소송 결과에 따라 배분한다.
⑦ 다음 각 호의 금융기관 등이 제2항, 제6조 제5항 또는 제7조 제1항에 따른 우선변제권을 취득한 임차인의 보증금반환채권을 계약으로 양수한 경우에는 양수한 금액의 범위에서 우선변제권을 승계한다.
1. 「은행법」에 따른 은행
2. 「중소기업은행법」에 따른 중소기업은행
3. 「한국산업은행법」에 따른 한국산업은행
4. 「농업협동조합법」에 따른 농협은행
5. 「수산업협동조합법」에 따른 수협은행
6. 「우체국예금·보험에 관한 법률」에 따른 체신관서
7. 「보험업법」 제4조 제1항 제2호 라목의 보증보험을 보험종목으로 허가받은 보험회사
8. 그 밖에 제1호부터 제7호까지에 준하는 것으로서 대통령령으로 정하는 기관
⑧ 제7항에 따라 우선변제권을 승계한 금융기관 등(이하 "금융기관 등"이라 한다)은 다음 각 호의 어느 하나에 해당하는 경우에는 우선변제권을 행사할 수 없다.
1. 임차인이 제3조 제1항의 대항요건을 상실한 경우
2. 제6조 제5항에 따른 임차권등기가 말소된 경우
3. 「민법」 제621조에 따른 임대차등기가 말소된 경우
⑨ 금융기관 등은 우선변제권을 행사하기 위하여 임차인을 대리하거나 대위하여 임대차를 해지할 수 없다.

제6조【임차권등기명령】 ① 임대차가 종료된 후 보증금이 반환되지 아니한 경우 임차인은 임차건물의 소재지를 관할하는 지방법원, 지방법원지원 또는 시·군법원에 임차권등기명령을 신청할 수 있다.
② 임차권등기명령을 신청할 때에는 다음 각 호의 사항을 기재하여야 하며, 신청 이유 및 임차권등기의 원인이 된 사실을 소명하여야 한다.
1. 신청 취지 및 이유
2. 임대차의 목적인 건물(임대차의 목적이 건물의 일부분인 경우에는 그 부분의 도면을 첨부한다)
3. 임차권등기의 원인이 된 사실(임차인이 제3조 제1항에 따른 대항력을 취득하였거나 제5조 제2항에 따른 우선변제권을 취득한 경우에는 그 사실)
4. 그 밖에 대법원규칙으로 정하는 사항
③ 임차권등기명령의 신청에 대한 재판, 임차권등기명령의 결정에 대한 임대인의 이의신청 및 그에 대한 재판, 임차권등기명령의 취소신청 및 그에 대한 재판 또는 임차권등기명령의 집행 등에 관하여는 「민사집행법」 제280조 제1항, 제281조, 제283조, 제285조, 제286조, 제288조 제1항·제2항 본문, 제289조, 제290조 제2항 중 제288조 제1항에 대한 부분, 제291조, 제293조를 준용한다. 이 경우 "가압류"는 "임차권등기"로, "채권자"는 "임차인"으로, "채무자"는 "임대인"으로 본다.
④ 임차권등기명령신청을 기각하는 결정에 대하여 임차인은 항고할 수 있다.
⑤ 임차권등기명령의 집행에 따른 임차권등기를 마치면 임차인은 제3조 제1항에 따른 대항력과 제5조 제2항에 따른 우선변제권을 취득한다. 다만, 임차인이 임차권등기 이전에 이미 대항력 또는 우선변제권을 취득한 경우에는 그 대항력 또는 우선변제권이 그대로 유지되며, 임차권등기 이후에는 제3조 제1항의 대항요건을 상실하더라도 이미 취득한 대항력 또는 우선변제권을 상실하지 아니한다.
⑥ 임차권등기명령의 집행에 따른 임차권등기를 마친 건물(임대차의 목적이 건물의 일부분인 경우에는 그 부분으로 한정한다)을 그 이후에 임차한 임차인은 제14조에 따른 우선변제를 받을 권리가 없다.
⑦ 임차권등기의 촉탁, 등기관의 임차권등기 기입 등 임차권등기명령의 시행에 관하여 필요한 사항은 대법원규칙으로 정한다.
⑧ 임차인은 제1항에 따른 임차권등기명령의 신청 및 그에 따른 임차권등기와 관련하여 든 비용을 임대인에게 청구할 수 있다.
⑨ 금융기관 등은 임차인을 대위하여 제1항의 임차권등기명령을 신청할 수 있다. 이 경우 제3항·제4항 및 제8항의 "임차인"은 "금융기관 등"으로 본다.

제7조【「민법」에 따른 임대차등기의 효력 등】 ① 「민법」 제621조에 따른 건물임대차등기의 효력에 관하여는 제6조 제5항 및 제6항을 준용한다.
② 임차인이 대항력 또는 우선변제권을 갖추고 「민법」 제621조 제1항에 따라 임대인의 협력을 얻어 임대차등기를 신청하는 경우에는 신청서에 「부동산등기법」 제74조 제1호부터 제6호까지의 사항 외에 다음 각 호의 사항을 기재하여야 하며, 이를 증명할 수 있는 서면(임대차의 목적이 건물의 일부분인 경우에는 그 부분의 도면을 포함한다)을 첨부하여야 한다.
1. 사업자등록을 신청한 날
2. 임차건물을 점유한 날
3. 임대차계약서상의 확정일자를 받은 날

제8조 【경매에 의한 임차권의 소멸】 임차권은 임차건물에 대하여 「민사집행법」에 따른 경매가 실시된 경우에는 그 임차건물이 매각되면 소멸한다. 다만, 보증금이 전액 변제되지 아니한 대항력이 있는 임차권은 그러하지 아니하다.

제9조 【임대차기간 등】 ① 기간을 정하지 아니하거나 기간을 1년 미만으로 정한 임대차는 그 기간을 1년으로 본다. 다만, 임차인은 1년 미만으로 정한 기간이 유효함을 주장할 수 있다.
② 임대차가 종료한 경우에도 임차인이 보증금을 돌려받을 때까지는 임대차 관계는 존속하는 것으로 본다.

제10조 【계약갱신 요구 등】 ① 임대인은 임차인이 임대차기간이 만료되기 6개월 전부터 1개월 전까지 사이에 계약갱신을 요구할 경우 정당한 사유 없이 거절하지 못한다. 다만, 다음 각 호의 어느 하나의 경우에는 그러하지 아니하다.
1. 임차인이 3기의 차임액에 해당하는 금액에 이르도록 차임을 연체한 사실이 있는 경우
2. 임차인이 거짓이나 그 밖의 부정한 방법으로 임차한 경우
3. 서로 합의하여 임대인이 임차인에게 상당한 보상을 제공한 경우
4. 임차인이 임대인의 동의 없이 목적 건물의 전부 또는 일부를 전대(轉貸)한 경우
5. 임차인이 임차한 건물의 전부 또는 일부를 고의나 중대한 과실로 파손한 경우
6. 임차한 건물의 전부 또는 일부가 멸실되어 임대차의 목적을 달성하지 못할 경우
7. 임대인이 다음 각 목의 어느 하나에 해당하는 사유로 목적 건물의 전부 또는 대부분을 철거하거나 재건축하기 위하여 목적 건물의 점유를 회복할 필요가 있는 경우
   가. 임대차계약 체결 당시 공사시기 및 소요기간 등을 포함한 철거 또는 재건축 계획을 임차인에게 구체적으로 고지하고 그 계획에 따르는 경우
   나. 건물이 노후·훼손 또는 일부 멸실되는 등 안전사고의 우려가 있는 경우
   다. 다른 법령에 따라 철거 또는 재건축이 이루어지는 경우
8. 그 밖에 임차인이 임차인으로서의 의무를 현저히 위반하거나 임대차를 계속하기 어려운 중대한 사유가 있는 경우

② 임차인의 계약갱신요구권은 최초의 임대차기간을 포함한 전체 임대차기간이 10년을 초과하지 아니하는 범위에서만 행사할 수 있다.
③ 갱신되는 임대차는 전 임대차와 동일한 조건으로 다시 계약된 것으로 본다. 다만, 차임과 보증금은 제11조에 따른 범위에서 증감할 수 있다.
④ 임대인이 제1항의 기간 이내에 임차인에게 갱신 거절의 통지 또는 조건 변경의 통지를 하지 아니한 경우에는 그 기간이 만료된 때에 전 임대차와 동일한 조건으로 다시 임대차한 것으로 본다. 이 경우에 임대차의 존속기간은 1년으로 본다.
⑤ 제4항의 경우 임차인은 언제든지 임대인에게 계약해지의 통고를 할 수 있고, 임대인이 통고를 받은 날부터 3개월이 지나면 효력이 발생한다.

제10조의2 【계약갱신의 특례】 제2조 제1항 단서에 따른 보증금액을 초과하는 임대차의 계약갱신의 경우에는 당사자는 상가건물에 관한 조세, 공과금, 주변 상가건물의 차임 및 보증금, 그 밖의 부담이나 경제사정의 변동 등을 고려하여 차임과 보증금의 증감을 청구할 수 있다.

제10조의3 【권리금의 정의 등】 ① 권리금이란 임대차 목적물인 상가건물에서 영업을 하는 자 또는 영업을 하려는 자가 영업시설·비품, 거래처, 신용, 영업상의 노하우, 상가건물의 위치에 따른 영업상의 이점 등 유형·무형의 재산적 가치의 양도 또는 이용대가로서 임대인, 임차인에게 보증금과 차임 이외에 지급하는 금전 등의 대가를 말한다.
② 권리금 계약이란 신규임차인이 되려는 자가 임차인에게 권리금을 지급하기로 하는 계약을 말한다.

제10조의4 【권리금 회수기회 보호 등】 ① 임대인은 임대차기간이 끝나기 6개월 전부터 임대차 종료 시까지 다음 각 호의 어느 하나에 해당하는 행위를 함으로써 권리금 계약에 따라 임차인이 주선한 신규임차인이 되려는 자로부터 권리금을 지급받는 것을 방해하여서는 아니 된다. 다만, 제10조 제1항 각 호의 어느 하나에 해당하는 사유가 있는 경우에는 그러하지 아니하다.
1. 임차인이 주선한 신규임차인이 되려는 자에게 권리금을 요구하거나 임차인이 주선한 신규임차인이 되려는 자로부터 권리금을 수수하는 행위
2. 임차인이 주선한 신규임차인이 되려는 자로 하여금 임차인에게 권리금을 지급하지 못하게 하는 행위
3. 임차인이 주선한 신규임차인이 되려는 자에게 상가건물에 관한 조세, 공과금, 주변 상가건물의 차임 및 보증금, 그 밖의 부담에 따른 금액에 비추어 현저히 고액의 차임과 보증금을 요구하는 행위
4. 그 밖에 정당한 사유 없이 임대인이 임차인이 주선한 신규임차인이 되려는 자와 임대차계약의 체결을 거절하는 행위
② 다음 각 호의 어느 하나에 해당하는 경우에는 제1항 제4호의 정당한 사유가 있는 것으로 본다.
1. 임차인이 주선한 신규임차인이 되려는 자가 보증금 또는 차임을 지급할 자력이 없는 경우
2. 임차인이 주선한 신규임차인이 되려는 자가 임차인으로서의 의무를 위반할 우려가 있거나 그 밖에 임대차를 유지하기 어려운 상당한 사유가 있는 경우
3. 임대차 목적물인 상가건물을 1년 6개월 이상 영리목적으로 사용하지 아니한 경우
4. 임대인이 선택한 신규임차인이 임차인과 권리금 계약을 체결하고 그 권리금을 지급한 경우
③ 임대인이 제1항을 위반하여 임차인에게 손해를 발생하게 한 때에는 그 손해를 배상할 책임이 있다. 이 경우 그 손해배상액은 신규임차인이 임차인에게 지급하기로 한 권리금과 임대차 종료 당시의 권리금 중 낮은 금액을 넘지 못한다.
④ 제3항에 따라 임대인에게 손해배상을 청구할 권리는 임대차가 종료한 날부터 3년 이내에 행사하지 아니하면 시효의 완성으로 소멸한다.
⑤ 임차인은 임대인에게 임차인이 주선한 신규임차인이 되려는 자의 보증금 및 차임을 지급할 자력 또는 그 밖에 임차인으로서의 의무를 이행할 의사 및 능력에 관하여 자신이 알고 있는 정보를 제공하여야 한다.

제10조의5 【권리금 적용 제외】 제10조의4는 다음 각 호의 어느 하나에 해당하는 상가건물 임대차의 경우에는 적용하지 아니한다.
1. 임대차 목적물인 상가건물이 「유통산업발전법」 제2조에 따른 대규모점포 또는 준대규모점포의 일부인 경우(다만, 「전통시장 및 상점가 육성을 위한 특별법」 제2조 제1호에 따른 전통시장은 제외한다)
2. 임대차 목적물인 상가건물이 「국유재산법」에 따른 국유재산 또는 「공유재산 및 물품 관리법」에 따른 공유재산인 경우

제10조의6 【표준권리금계약서의 작성 등】 국토교통부장관은 법무부장관과 협의를 거쳐 임차인과 신규임차인이 되려는 자의 권리금 계약 체결을 위한 표준권리금계약서를 정하여 그 사용을 권장할 수 있다.

제10조의7 【권리금 평가기준의 고시】 국토교통부장관은 권리금에 대한 감정평가의 절차와 방법 등에 관한 기준을 고시할 수 있다.

제10조의8 【차임연체와 해지】 임차인의 차임연체액이 3기의 차임액에 달하는 때에는 임대인은 계약을 해지할 수 있다.

제10조의9 【계약 갱신요구 등에 관한 임시 특례】 임차인이 이 법(법률 제17490호 상가건물 임대차보호법 일부개정법률을 말한다) 시행일부터 6개월까지의 기간 동안 연체한 차임액은 제10조 제1항 제1호, 제10조의4 제1항 단서 및 제10조의8의 적용에 있어서는 차임연체액으로 보지 아니한다. 이 경우 연체한 차임액에 대한 임대인의 그 밖의 권리는 영향을 받지 아니한다.

제11조 【차임 등의 증감청구권】 ① 차임 또는 보증금이 임차건물에 관한 조세, 공과금, 그 밖의 부담의 증감이나 「감염병의 예방 및 관리에 관한 법률」 제2조 제2호에 따른 제1급감염병 등에 의한 경제사정의 변동으로 인하여 상당하지 아니하게 된 경우에는 당사자는 장래의 차임 또는 보증금에 대하여 증감을 청구할 수 있다. 그러나 증액의 경우에는 대통령령으로 정하는 기준에 따른 비율을 초과하지 못한다.
② 제1항에 따른 증액 청구는 임대차계약 또는 약정한 차임 등의 증액이 있은 후 1년 이내에는 하지 못한다.
③ 「감염병의 예방 및 관리에 관한 법률」 제2조 제2호에 따른 제1급감염병에 의한 경제사정의 변동으로 차임 등이 감액된 후 임대인이 제1항에 따라 증액을 청구하는 경우에는 증액된 차임 등이 감액 전 차임 등의 금액에 달할 때까지는 같은 항 단서를 적용하지 아니한다.

제11조의2 【폐업으로 인한 임차인의 해지권】 ① 임차인은 「감염병의 예방 및 관리에 관한 법률」 제49조 제1항 제2호에 따른 집합 제한 또는 금지 조치(같은 항 제2호의2에 따라 운영시간을 제한한 조치를 포함한다)를 총 3개월 이상 받음으로써 발생한 경제사정의 중대한 변동으로 폐업한 경우에는 임대차계약을 해지할 수 있다.
② 제1항에 따른 해지는 임대인이 계약해지의 통고를 받은 날부터 3개월이 지나면 효력이 발생한다.

제12조 【월 차임 전환 시 산정률의 제한】 보증금의 전부 또는 일부를 월 단위의 차임으로 전환하는 경우에는 그 전환되는 금액에 다음 각 호 중 낮은 비율을 곱한 월 차임의 범위를 초과할 수 없다.
1. 「은행법」에 따른 은행의 대출금리 및 해당 지역의 경제 여건 등을 고려하여 대통령령으로 정하는 비율
2. 한국은행에서 공시한 기준금리에 대통령령으로 정하는 배수를 곱한 비율

제13조 【전대차관계에 대한 적용 등】 ① 제10조, 제10조의2, 제10조의8, 제10조의9(제10조 및 제10조의8에 관한 부분으로 한정한다), 제11조 및 제12조는 전대인(轉貸人)과 전차인(轉借人)의 전대차관계에 적용한다.
② 임대인의 동의를 받고 전대차계약을 체결한 전차인은 임차인의 계약갱신요구권 행사기간 이내에 임차인을 대위(代位)하여 임대인에게 계약갱신요구권을 행사할 수 있다.

제14조 【보증금 중 일정액의 보호】 ① 임차인은 보증금 중 일정액을 다른 담보물권자보다 우선하여 변제받을 권리가 있다. 이 경우 임차인은 건물에 대한 경매신청의 등기 전에 제3조 제1항의 요건을 갖추어야 한다.
② 제1항의 경우에 제5조 제4항부터 제6항까지의 규정을 준용한다.
③ 제1항에 따라 우선변제를 받을 임차인 및 보증금 중 일정액의 범위와 기준은 임대건물가액(임대인 소유의 대지가액을 포함한다)의 2분의 1 범위에서 해당 지역의 경제 여건, 보증금 및 차임 등을 고려하여 제14조의2에 따른 상가건물임대차위원회의 심의를 거쳐 대통령령으로 정한다.

제15조 【강행규정】 이 법의 규정에 위반된 약정으로서 임차인에게 불리한 것은 효력이 없다.

제16조 【일시사용을 위한 임대차】 이 법은 일시사용을 위한 임대차임이 명백한 경우에는 적용하지 아니한다.

제17조 【미등기전세에의 준용】 목적건물을 등기하지 아니한 전세계약에 관하여 이 법을 준용한다. 이 경우 "전세금"은 "임대차의 보증금"으로 본다.

제18조 【「소액사건심판법」의 준용】 임차인이 임대인에게 제기하는 보증금반환청구소송에 관하여는 「소액사건심판법」 제6조·제7조·제10조 및 제11조의2를 준용한다.

제19조 【표준계약서의 작성 등】 법무부장관은 국토교통부장관과 협의를 거쳐 보증금, 차임액, 임대차기간, 수선비 분담 등의 내용이 기재된 상가건물임대차표준계약서를 정하여 그 사용을 권장할 수 있다.

73 ▼ 부동산 실권리자명의 등기에 관한 법률

제1조 【목 적】 이 법은 부동산에 관한 소유권과 그 밖의 물권을 실체적 권리관계와 일치하도록 실권리자 명의(名義)로 등기하게 함으로써 부동산등기제도를 악용한 투기·탈세·탈법행위 등 반사회적 행위를 방지하고 부동산 거래의 정상화와 부동산 가격의 안정을 도모하여 국민경제의 건전한 발전에 이바지함을 목적으로 한다.

제2조 【정 의】 이 법에서 사용하는 용어의 뜻은 다음과 같다.
1. "명의신탁약정"(名義信託約定)이란 부동산에 관한 소유권이나 그 밖의 물권(이하 "부동산에 관한 물권"이라 한다)을 보유한 자 또는 사실상 취득하거나 취득하려고 하는 자[이하 "실권리자"(實權利者)라 한다]가 타인과의 사이에서 대내적으로는 실권리자가 부동산에 관한 물권을 보유하거나 보유하기로 하고 그에 관한 등기(가등기를 포함한다. 이하 같다)는 그 타인의 명의로 하기로 하는 약정[위임·위탁매매의 형식에 의하거나 추인(追認)에 의한 경우를 포함한다]을 말한다. 다만, 다음 각 목의 경우는 제외한다.
   가. 채무의 변제를 담보하기 위하여 채권자가 부동산에 관한 물권을 이전(移轉)받거나 가등기하는 경우
   나. 부동산의 위치와 면적을 특정하여 2인 이상이 구분소유하기로 하는 약정을 하고 그 구분소유자의 공유로 등기하는 경우
   다. 「신탁법」 또는 「자본시장과 금융투자업에 관한 법률」에 따른 신탁재산인 사실을 등기한 경우

제4조 【명의신탁약정의 효력】 ① 명의신탁약정은 무효로 한다.
② 명의신탁약정에 따른 등기로 이루어진 부동산에 관한 물권변동은 무효로 한다. 다만, 부동산에 관한 물권을 취득하기 위한 계약에서 명의수탁자가 어느 한쪽 당사자가 되고 상대방 당사자는 명의신탁약정이 있다는 사실을 알지 못한 경우에는 그러하지 아니하다.
③ 제1항 및 제2항의 무효는 제3자에게 대항하지 못한다.

제8조 【종중, 배우자 및 종교단체에 대한 특례】 다음 각 호의 어느 하나에 해당하는 경우로서 조세포탈, 강제집행의 면탈(免脫) 또는 법령상 제한의 회피를 목적으로 하지 아니하는 경우에는 제4조부터 제7조까지 및 제12조 제1항부터 제3항까지를 적용하지 아니한다.
1. 종중(宗中)이 보유한 부동산에 관한 물권을 종중(종중과 그 대표자를 같이 표시하여 등 기한 경우를 포함한다) 외의 자의 명의로 등기한 경우
2. 배우자 명의로 부동산에 관한 물권을 등기한 경우
3. 종교단체의 명의로 그 산하 조직이 보유한 부동산에 관한 물권을 등기한 경우

1. 양자간 명의신탁

(1) 명의신탁자와 명의수탁자 간의 명의신탁약정은 무효이다.
① 명의수탁자 명의의 등기는 무효이고, 명의신탁자가 소유자이다.
② 신탁자는 명의신탁 해지에 의한 소유권이전등기를 청구할 수 없다.
③ 다만 신탁자는 수탁자를 상대로 소유권에 기한 방해배제청구권을 행사하여 수탁자 명의의 등기의 말소를 구할 수 있고, 진정명의회복을 원인으로 한 소유권이전등기를 구할 수 있다.

(2) 명의수탁자가 제3자에게 처분한 경우
① 제3자는 선의, 악의를 불문하고 소유권을 취득한다.
② '제3자'란 명의수탁자가 물권자임을 기초로 하여 그와의 사이에 직접 실질적으로 새로운 이해관계를 맺은 자를 말하며, '소유권'이나 '저당권' 등 물권을 취득한 자뿐만 아니라 '압류 또는 가압류채권자'도 포함된다.
③ 다만 오로지 '명의신탁자'와 부동산에 관한 물권을 취득하기 위한 계약을 맺고 단지 등기명의만을 명의수탁자로부터 경료받은 것 같은 외관을 갖춘 자는 제3자에 포함되지 않는다.
④ 제3자가 유효하게 소유권을 취득한 경우 명의수탁자는 명의신탁자에게 불법행위로 인한 손해배상책임을 진다.
⑤ 양자간 등기명의신탁에서 명의수탁자가 신탁부동산을 처분하여 제3자가 유효하게 소유권을 취득하고 이로써 명의신탁자가 신탁부동산에 대한 소유권을 상실하였다면, 명의신탁자의 소유권에 기한 물권적 청구권, 즉 말소등기청구권이나 진정명의회복을 원인으로 한 이전등기청구권도 더 이상 그 존재 자체가 인정되지 않는다. 따라서 명의수탁자가 우연히 신탁부동산의 소유권을 다시 취득하였다고 하더라도 명의신탁자가 신탁부동산의 소유권을 상실한 사실에는 변함이 없으므로, 여전히 물권적 청구권은 그 존재 자체가 인정되지 않는다.
⑥ 부동산실명법을 위반한 양자간 명의신탁의 경우 명의수탁자가 신탁받은 부동산을 임의로 처분하여도 명의신탁자에 대한 관계에서 횡령죄가 성립하지 아니한다.

2. 세3자간 명의신탁

(1) 명의신탁자 와 명의수탁자 사이의 명의신탁약정은 무효이다.

(2) 매도인에게서 명의수탁자에게로의 '소유권이전등기'는 무효이다. 따라서 여전히 매도인이 소유자이므로 명의수탁자를 상대로 소유권이전등기의 말소를 청구할 수 있다.

(3) **매도인과 명의신탁자 사이의 법률관계**

① 매도인과 명의신탁자 사이의 매매계약은 유효하다.

② 따라서 명의신탁자는 매도인에 대하여 매매계약에 기한 소유권이전등기를 청구할 수 있고, 그 소유권이전등기청구권을 보전하기 위하여 매도인을 대위하여 명의수탁자에게 무효인 그 명의 등기의 말소를 구할 수도 있다.

③ 또한 명의수탁자가 명의신탁자 앞으로 바로 경료해 준 소유권이전등기는 결국 '실체관계에 부합하는 등기'로서 유효하다.

(4) **명의수탁자가 제3자에 처분한 경우**

① 명의수탁자가 그 신탁재산을 제3자에게 처분하면 그 처분행위는 제3자의 선의, 악의를 불문하고 유효하다.

② 3자간 등기명의신탁에서 부동산실명법에서 정한 유예기간이 경과한 후 명의수탁자가 신탁부동산을 임의로 처분한 경우, 제3자는 유효하게 소유권을 취득하게 되므로, 그로 인하여 매도인의 명의신탁자에 대한 소유권이전등기의무는 이행불능으로 되고 그 결과 명의신탁자는 신탁부동산의 소유권을 이전받을 권리를 상실하는 손해를 입게 되는 반면, 명의수탁자는 신탁부동산의 처분대금을 취득하는 이익을 얻게 되므로, 명의수탁자는 명의신탁자에게 그 이익을 부당이득으로 반환할 의무가 있다.

③ 제3자간 등기명의신탁에 있어서 명의신탁자는 명의수탁자를 상대로 부당이득반환을 원인으로 한 소유권이전등기를 구할 수 없다.

④ (부동산실명법 시행 전) 부동산실명법이 시행되기 이전에 매도인이 명의신탁자의 요구에 따라 명의수탁자 앞으로 등기명의를 이전하여 주었다면, 매도인에게 매매계약의 체결이나 그 이행에 관하여 어떠한 귀책사유가 있다고 보기 어려우므로, 자신의 편의를 위하여 명의수탁자 앞으로의 등기이전을 요구한 명의신탁자가 자신의 귀책사유로 같은 법에서 정한 유예기간이 지나도록 실명등기를 하지 아니한 사정에 기인하여 매도인에 대하여 매매대금의 반환을 구하거나, 명의신탁자 앞으로 재차 소유권이전등기를 경료할 것을 요구하는 것은 신의칙상 허용되지 아니하고, 따라서 매도인으로서는

명의수탁자가 신탁부동상을 타인에게 처분하였다고 하더라도 명의수탁자로부터 그 소유명의를 회복하기 전까지는 명의신탁자에 대하여 신의칙 내지 동시이행의 관계에 있는 매매대금 반환채무의 이행을 거절할 수 있고, 또한 명의신탁자의 소유권이전등기청구권도 허용되지 아니하므로, 결국 매도인으로서는 명의수탁자의 처분행위로 인하여 손해를 입은 바가 없다.

3. 계약형 명의신탁

(1) 매도인이 '선의'인 경우

① **매도인과 명의수탁자 사이의 법률관계**

매도인과 명의수탁자 사이의 매매계약과 물권변동(등기)는 유효하다. 따라서 명의수탁자가 신탁재산에 대한 소유권을 유효하게 취득한다.

② **매도인과 명의신탁자 사이의 법률관계**

매도인과 명의신탁자 사이에는 아무런 법률관계가 존재하지 않는다.

③ **명의신탁자와 명의수탁자 사이의 법률관계**

㉠ 명의신탁자와 명의수탁자 사이의 위임계약 및 명의신탁약정은 무효이다.

㉡ 무효인 명의신탁약정에 기하여 명의신탁자는 명의수탁자에게 명의신탁해지를 원인으로 소유권이전등기청구를 할 수 없다.

㉢ 부동산실명법 시행 전에 명의신탁한 경우 명의신탁자는 명의수탁자에게 부당이득반환청구로 소유권이전등기를 청구할 수 있었지만, 부동산실명법 시행 후에 명의신탁한 경우 명의신탁자는 명의수탁자에게 부당이득반환청구로 소유권이전등기를 청구할 수 없으며, 매수대금을 부당이득으로 반환청구할 수 있다.

㉣ 명의신탁자가 명의수탁자에 대하여 가지는 소유권이전등기청구권은 일종의 '부당이득반환청구권'으로서 10년의 기간이 경과함으로써 시효로 인하여 소멸한다.

㉤ 매매대금반환의 범위는 '매수자금 상당액'이며, 이 때 명의수탁자가 소유권이전등기를 위하여 지출하여야 할 '취득세, 등록세' 등을 명의신탁자로부터 제공받았다면, 이러한 자금 역시 명의신탁자에게 부당이득으로 반환하여야 한다. 그러나 명의수탁자가 그 부동산을 '제3자에게 매도하여 받은 대금'은 명의신탁자에 대하여 부당이득이 되는 것은 아니다.

㉥ 계약명의신탁관계가 성립한 경우, 명의신탁자의 요구에 따라 부동산의 소유 명의를 이전하거나 그 처분대금을 반환하기로 약정하였다 하더라도, 이는 부동산실명법에 의하여 무효인 명의신탁약정을 전제로 명의신탁 부동산 자체 또는 그 처분대

금의 반환을 구하는 범주에 속하는 것이어서 역시 무효이므로 이 약정에 의한 청구 역시 부정된다.

ⓢ 명의신탁자와 명의수탁자가 위와 같이 무효인 명의신탁약정을 함과 아울러 그 약정을 전제로 하여 이에 기한 명의신탁자의 명의수탁자에 대한 소유권이전등기청구권을 확보하기 위하여 명의신탁 부동산에 명의신탁자 명의의 가등기를 마치고 향후 명의신탁자가 요구하는 경우 본등기를 마쳐 주기로 약정하였더라도, 그 가등기는 원인무효이다.

ⓞ 설령 명의신탁자가 명의신탁약정과는 별개의 적법한 원인에 기하여 명의수탁자에 대하여 소유권이전등기청구권을 가지게 되었다 하더라도, 이를 보전하기 위하여 자신의 명의가 아닌 '제3자 명의로 가등기'를 마친 경우 위 가등기는 명의신탁자와 그 제3자 사이의 '명의신탁약정'에 기하여 마쳐진 것으로서 그 약정의 무효로 말미암아 무효이다.

ⓩ 명의수탁자가 명의수탁자의 완전한 소유권 취득을 전제로 하여 사후적으로 명의신탁자와의 사이에 매수자금반환의무의 이행에 갈음하여 명의신탁된 부동산 자체를 양도하기로 합의하고 그에 기하여 명의신탁자 앞으로 소유권이전등기를 마쳐 준 경우에는 (원칙적으로) 그 소유권이전등기는 새로운 소유권 이전의 원인인 '대물급부의 약정'에 기한 것이므로 유효하다. 다만 (예외적으로) 약정이 무효인 명의신탁약정을 명의신탁자를 위하여 사후에 보완하는 방책에 불과한 등의 다른 특별한 사정이 있으면 무효이다.

④ **명의수탁자가 제3자에게 매수부동산을 처분한 경우**
㉠ 제3자는 선의, 악의를 불문하고 소유권을 취득한다.
㉡ 계약형 명의신탁에서 매도인이 선의인 경우, 명의신탁자의 명의수탁자에 대한 부당이득반환청구권(매수자금 상당액)은 부동산 자체로부터 발생한 채권이 아닐 뿐만 아니라 소유권 등에 기한 부동산의 반환청구권과 동일한 법률관계나 사실관계로부터 발생한 채권이라고 보기도 어려우므로 유치권을 행사할 수 없다(즉 명의신탁자의 명의수탁자에 대한 부당이득반환청구권에 기하여 제3자에게 유치권을 행사할 수 없다).
㉢ 명의신탁자가 목적부동산을 점유하면서 유익비를 지출한 경우, 유익비상환청구권에 기하여 제3자에게 유치권을 행사할 수 있다.

㉣ 계약명의신탁에서 명의신탁자와 명의수탁자 및 제3자 사이의 새로운 명의신탁약정에 의하여 명의수탁자가 다시 명의신탁자가 지정하는 제3자 앞으로 소유권이전등기를 마쳐 주었다면, 제3자 명의의 소유권이전등기는 무효이므로, 제3자는 소유권을 취득할 수 없다.

㉤ 부동산경매절차에서 甲이 매수자금을 부담하면서 乙명의로 매각허가결정을 받기로 乙과 약정하였고, 그 약정에 따라 매각이 이루어졌다면, 甲과 乙사이에는 경매목적 부동산에 대한 명의신탁관계가 성립되었다 할 것이고, 당사자들의 명의신탁약정은 '부동산 실권리자명의 등기에 관한 법률' 제4조 제1항에 의하여 무효라 할 것이며, 따라서 甲은 乙에게 경매 목적 부동산 자체나 그 처분대금의 반환을 청구할 수 없고, 다만 甲이 제공한 매수대금을 부당이득으로 청구할 수 있을 뿐이다. 한편 부동산 경매절차에서 매수대금의 실질적 부담자와 명의인 간에 명의신탁관계가 성립하는 경우, 그들 사이에 매수대금의 실질적 부담자의 지시에 따라 부동산의 소유 명의를 이전하거나 그 처분대금을 반환하기로 약정하였다 하더라도, 이는 '부동산 실권리자명의 등기에 관한 법률'에 의하여 무효인 명의신탁약정을 전제로 명의신탁 부동산 자체 또는 그 처분대금의 반환을 구하는 범주에 속하는 것이어서 역시 무효이다.

㉥ 부동산 실권리자명의 등기에 관한 법률 제4조 제2항 단서는 부동산 거래의 상대방을 보호하기 위한 것으로 상대방이 명의신탁약정이 있다는 사실을 알지 못한 채 물권을 취득하기 위한 계약을 체결한 경우 그 계약과 그에 따른 등기를 유효라고 한 것이다. 명의신탁자와 명의수탁자가 계약명의신탁약정을 맺고 명의수탁자가 당사자가 되어 매도인과 부동산에 관한 매매계약을 체결하는 경우 그 계약과 등기의 효력은 매매계약을 체결할 당시 매도인의 인식을 기준으로 판단해야 하고, 매도인이 계약 체결 이후에 명의신탁약정 사실을 알게 되었다고 하더라도 위 계약과 등기의 효력에는 영향이 없다. 매도인이 계약 체결 이후 명의신탁약정 사실을 알게 되었다는 우연한 사정으로 인해서 위와 같이 유효하게 성립한 매매계약이 소급적으로 무효로 된다고 볼 근거가 없다. 만일 매도인이 계약 체결 이후 명의신탁약정 사실을 알게 되었다는 사정을 들어 매매계약의 효력을 다툴 수 있도록 한다면 매도인의 선택에 따라서 매매계약의 효력이 좌우되는 부당한 결과를 가져올 것이다.

(2) 매도인이 악의인 경우

① 매도인과 명의수탁자 사이의 법률관계

매도인이 악의인 경우 그 물권변동(등기)는 무효이므로, 매도인은 명의수탁자에게 소유권이전등기의 말소를 청구할 수 있고, 명의수탁자는 매도인에게 매매대금의 반환을 청구할 수 있다.

② 매도인과 명의신탁자 사이의 법률관계

㉠ 원칙적으로 매도인과 명의신탁자 사이에는 아무런 법률관계가 없다.

㉡ 매매계약상의 무효사실이 밝혀진 후에 계약상대방인 매도인이 계약명의자인 명의수탁자 대신 명의신탁자가 그 계약의 매수인으로 되는 것에 대하여 동의 내지 승낙을 함으로써 부동산을 명의신탁자에게 양도할 의사를 표시하였다면, 매도인과 명의신탁자 사이에는 종전의 매매계약과 같은 내용의 양도약정이 따로 체결된 것으로 봄이 상당하고, 따라서 이 경우 명의신탁자는 당초의 매수인이 아니라고 하더라도 매도인에 대하여 별도의 양도약정을 원인으로 하는 소유권이전등기청구를 할 수 있다.

③ 명의수탁자가 제3자에게 목적부동산을 처분한 경우

㉠ 제3자는 선의, 악의를 불문하고 소유권을 취득한다.

㉡ 매도인이 명의수탁자로부터 매매대금을 수령하지 않은 경우 수탁자의 처분행위는 매도인에 대하여 불법행위가 성립하지만, 매도인이 매매대금을 수령한 경우에는 불법행위가 성립하지 않는다.

74. 가등기담보 등에 관한 법률

1. 동법의 적용

> **제1조【목 적】** 이 법은 차용물(借用物)의 반환에 관하여 차주(借主)가 차용물을 갈음하여 다른 재산권을 이전할 것을 예약할 때 그 재산의 예약 당시 가액(價額)이 차용액(借用額)과 이에 붙인 이자를 합산한 액수를 초과하는 경우에 이에 따른 담보계약(擔保契約)과 그 담보의 목적으로 마친 가등기(假登記) 또는 소유권이전등기(所有權移轉登記)의 효력을 정함을 목적으로 한다.
>
> **제2조【정 의】** 이 법에서 사용하는 용어의 뜻은 다음과 같다.
> 1. "담보계약"이란 「민법」 제608조에 따라 그 효력이 상실되는 대물반환(代物返還)의 예약[환매(還買), 양도담보(讓渡擔保) 등 명목(名目)이 어떠하든 그 모두를 포함한다]에 포함되거나 병존(竝存)하는 채권담보(債權擔保) 계약을 말한다.
> 2. "채무자등"이란 다음 각 목의 자를 말한다.
>   가. 채무자
>   나. 담보가등기목적 부동산의 물상보증인(物上保證人)
>   다. 담보가등기 후 소유권을 취득한 제삼자
> 3. "담보가등기(擔保假登記)"란 채권담보의 목적으로 마친 가등기를 말한다.
> 4. "강제경매등"이란 강제경매(强制競賣)와 담보권의 실행 등을 위한 경매를 말한다.
> 5. "후순위권리자(後順位權利者)"란 담보가등기 후에 등기된 저당권자·전세권자 및 담보가등기권리자를 말한다.
>
> **제18조【다른 권리를 목적으로 하는 계약에의 준용】** 등기 또는 등록할 수 있는 부동산소유권 외의 권리{질권(質權)·저당권 및 전세권은 제외한다}의 취득을 목적으로 하는 담보계약에 관하여는 제3조부터 제17조까지의 규정을 준용한다. 다만, 「동산·채권 등의 담보에 관한 법률」에 따라 담보등기를 마친 경우에는 그러하지 아니하다
>
> **민법 제607조【대물반환의 예약】**
> 차용물의 반환에 관하여 차주가 차용물을 갈음하여 다른 재산권을 이전할 것을 예약한 경우에는 그 재산의 예약당시의 가액이 차용액 및 이에 붙인 이자의 합산액을 넘지 못한다.
>
> **민법 제608조【차주에 불이익한 약정의 금지】**
> 전2조의 규정에 위반한 당사자의 약정으로서 차주에 불리한 것은 환매 기타 여하한 명목이라도 그 효력이 없다

(1) 동법은 등기 또는 등록에 의하여 공시되는 물건 또는 재산권을 목적으로 하는 비전형담보에 적용된다. 양도담보 등에도 적용된다.

(2) **적용 제외**

① 소비대차 이외의 사유로 생긴 채권에 대해서는 동법이 적용되지 않는다.

② 목적물이 동산인 경우에는 동법이 적용되지 않는다.

> 판례

1. 가등기담보등에관한법률은 재산권 이전의 예약에 의한 가등기담보에 있어서 그 재산의 예약 당시의 가액이 차용액 및 이에 붙인 이자의 합산액을 초과하는 경우에 한하여 그 적용이 있다 할 것이므로, 가등기담보부동산에 대한 예약 당시의 시가가 그 피담보채무액에 미치지 못하는 경우에 있어서는 같은 법 제3, 4조가 정하는 청산금평가액의 통지 및 청산금지급 등의 절차를 이행할 여지가 없다(대판 1993.10.26, 93다27611).

2. 가등기담보 등에 관한 법률은 재산권 이전의 예약에 의한 가등기담보에 있어서 재산의 예약 당시의 가액이 차용액 및 이에 붙인 이자의 합산액을 초과하는 경우에 적용되는바, 재산권 이전의 예약 당시 재산에 대하여 선순위 근저당권이 설정되어 있는 경우에는 재산의 가액에서 피담보채무액을 공제한 나머지 가액이 차용액 및 이에 붙인 이자의 합산액을 초과하는 경우에만 적용된다(대판 2006.8.24, 2005다61140).

3. 가등기담보등에관한법률은 차용물의 반환에 관하여 다른 재산권을 이전할 것을 예약한 경우에 적용되므로 금전소비대차나 준소비대차에 기한 차용금반환채무 이외의 채무를 담보하기 위하여 경료된 가등기나 양도담보에는 위 법이 적용되지 아니하나, 금전소비대차나 준소비대차에 기한 차용금반환채무와 그 외의 원인으로 발생한 채무를 동시에 담보할 목적으로 경료된 가등기나 소유권이전등기라도 그 후 후자의 채무가 변제 기타의 사유로 소멸하고 금전소비대차나 준소비대차에 기한 차용금반환채무의 전부 또는 일부만이 남게 된 경우에는 그 가등기담보나 양도담보에 가등기담보등에관한법률이 적용된다(대판 2004.4.27, 2003다29968).

4. 가등기담보등에관한법률은 차용물의 반환에 관하여 다른 재산권을 이전할 것을 예약한 경우에 적용되므로 매매대금채권을 담보하기 위하여 가등기를 한 경우에는 위 법률은 적용되지 아니한다(대판 2002.12.24, 2002다50484). 또한 가등기의 주된 목적이 매매대금채권의 확보에 있고, 대여금채권의 확보는 부수적 목적인 경우에도 가등기담보 등에 관한 법률이 적용되지 않는다.

5. 가등기담보등에관한법률은 차용물의 반환에 관하여 다른 재산권을 이전할 것을 예약한 경우에 적용되는 것이므로 물품대금선급금의 반환채무를 담보할 목적으로 이루어진 가등기에 관하여는 위 법률이 적용되지 않는다(대판 1992.10.27, 92다22879).

6. 가등기담보 등에 관한 법률(이하 '가등기담보법'이라 한다) 제18조는 가등기담보법상 청산절차에 관한 규정은 등기 또는 등록할 수 있는 부동산소유권 외의 권리(질권·저당권 및 전세권을 제외한다)의 취득을 목적으로 하는 담보계약에 관하여 준용한다고 규정하고 있는데, 여기에서 등기 또는 등록할 수 있는 권리는 재산권의 설정과 이전에 관하여 등기 또는 등록이 성립요건 또는 대항요건이 되어 있는 재산권을 말하고, 단순히 행정상의 편의를 위하여 등록 등을 요구하는 경우에는 이에 해당하지 않는다(대판 2015.1.29, 2012두27404).

7. 당사자 사이에 매매대금 채무를 담보하기 위하여 부동산에 관하여 가등기를 마치고 채무를 변제하지 아니하면 가등기에 기한 본등기를 마치기로 약정한 경우에, 변제기에 채무를 변제하지 아니하면 채권채무관계가 소멸하고 부동산의 소유권이 확정적으로 채권자에게 귀속된다는 명시의 특약이 없는 이상 대물변제의 약정이 있었다고 인정할 수 없고, 단지 채무에 대한 담보권 실행을 위한 방편으로 소유권이전등기를 하는 약정, 이른바 정산절차를 예정하고 있는 '약한 의미의 양도담보' 계약이라고 봄이 타당하다.

그리고 '약한 의미의 양도담보'가 이루어진 경우에, 채권자는 채무의 변제기가 지나면 부동산의 가액에서 채권원리금 등을 공제한 나머지 금액을 채무자에게 반환하고 부동산의 소유권을 취득하거나(귀속정산), 부동산을 처분하여 매각대금에서 채권원리금 등의 변제에 충당하고 나머지 금액을 채무자에게 반환할 수도 있다(처분정산). 그렇지만 채무자가 채권자에게 적극적으로 위와 같은 정산을 요구할 청구권을 가지지는 아니하며, 다만 채무자는 채무의 변제기가 지난 후에도 채권자가 담보권을 실행하여 정산절차를 마치기 전에는 언제든지 채무를 변제하고 채권자에게 가등기 및 가등기에 기한 본등기의 말소를 청구할 수 있다(대판 2016.10.27, 2015다63138).

2. 담보권 실행방법

(1) 권리취득을 위한 실행

제3조【담보권 실행의 통지와 청산기간】 ① 채권자가 담보계약에 따른 담보권을 실행하여 그 담보목적부동산의 소유권을 취득하기 위하여는 그 채권(債權)의 변제기(辨濟期) 후에 제4조의 청산금(淸算金)의 평가액을 채무자등에게 통지하고, 그 통지가 채무자등에게 도달한 날부터 2개월(이하 "청산기간"이라 한다)이 지나야 한다. 이 경우 청산금이 없다고 인정되는 경우에는 그 뜻을 통지하여야 한다.
② 제1항에 따른 통지에는 통지 당시의 담보목적부동산의 평가액과 「민법」 제360조에 규정된 채권액을 밝혀야 한다. 이 경우 부동산이 둘 이상인 경우에는 각 부동산의 소유권이전에 의하여 소멸시키려는 채권과 그 비용을 밝혀야 한다.

제4조【청산금의 지급과 소유권의 취득】 ① 채권자는 제3조 제1항에 따른 통지 당시의 담보목적부동산의 가액에서 그 채권액을 뺀 금액(이하 "청산금"이라 한다)을 채무자등에게 지급하여야 한다. 이 경우 담보목적부동산에 선순위담보권(先順位擔保權) 등의 권리가 있을 때에는 그 채권액을 계산할 때에 선순위담보 등에 의하여 담보된 채권액을 포함한다.
② 채권자는 담보목적부동산에 관하여 이미 소유권이전등기를 마친 경우에는 청산기간이 지난 후 청산금을 채무자등에게 지급한 때에 담보목적부동산의 소유권을 취득하며, 담보가등기를 마친 경우에는 청산기간이 지나야 그 가등기에 따른 본등기(本登記)를 청구할 수 있다.

③ 청산금의 지급채무와 부동산의 소유권이전등기 및 인도채무(引渡債務)의 이행에 관하여는 동시이행의 항변권(抗辯權)에 관한 「민법」제536조를 준용한다.
④ 제1항부터 제3항까지의 규정에 어긋나는 특약(特約)으로서 채무자등에게 불리한 것은 그 효력이 없다. 다만, 청산기간이 지난 후에 행하여진 특약으로서 제삼자의 권리를 침해하지 아니하는 것은 그러하지 아니하다.

제8조【청산금의 공탁】 ① 청산금채권이 압류되거나 가압류된 경우에 채권자는 청산기간이 지난 후 이에 해당하는 청산금을 채무이행지(債務履行地)를 관할하는 지방법원이나 지원(支院)에 공탁(供託)하여 그 범위에서 채무를 면(免)할 수 있다.
② 제1항에 따라 공탁이 있는 경우에는 채무자등의 공탁금출급청구권(供託金出給請求權)이 압류되거나 가압류된 것으로 본다.
③ 채권자는 제14조에 따른 경우 외에는 공탁금의 회수(回收)를 청구할 수 없다.
④ 채권자는 제1항에 따라 공탁을 한 경우에는 채무자등과 압류채권자 또는 가압류채권자에게 지체 없이 공탁의 통지를 하여야 한다.

제9조【통지의 구속력】 채권자는 제3조 제1항에 따라 그가 통지한 청산금의 금액에 관하여 다툴 수 없다.

제10조【법정지상권】 토지와 그 위의 건물이 동일한 소유자에게 속하는 경우 그 토지나 건물에 대하여 제4조 제2항에 따른 소유권을 취득하거나 담보가등기에 따른 본등기가 행하여진 경우에는 그 건물의 소유를 목적으로 그 토지 위에 지상권(地上權)이 설정된 것으로 본다. 이 경우 그 존속기간과 지료(地料)는 당사자의 청구에 의하여 법원이 정한다.

① 비전형담보의 사적실행에 따른 청산방식으로는 '귀속청산'과 '처분청산'의 두 방식이 있는데, 동법은 '귀속청산'의 방식만을 인정한다.

② 가등기담보권의 사적 실행에 있어서 채권자가 청산금의 지급 이전에 본등기와 담보목적물의 인도를 받을 수 있다거나 청산기간이나 동시이행관계를 인정하지 아니하는 '처분정산'형의 담보권실행은 가등기담보등에관한법률상 허용되지 아니한다(대판 2002. 12.10, 2002다42001).

③ 가등기담보등에관한법률에 의하면, 가등기담보권자가 담보권실행을 위하여 담보 목적 부동산의 소유권을 취득하기 위하여는 그 채권의 변제기 후에 소정의 청산금 평가액 또는 청산금이 없다고 하는 뜻을 채무자 등에게 통지하여야 하고(제3조 제1항), 이 때의 채무자 등에는 채무자와 물상보증인뿐만 아니라 담보가등기 후 소유권을 취득한 제3취득자가 포함되는 것이므로(제2조 제2호), 위 통지는 이들 모두에게 하여야 하는 것으로서 채무자 등의 전부 또는 일부에 대하여 위 통지를 하지 않으면 청산기간이 진행할 수 없게 되고, 따라서 가등기담보권자는 그 후 적절한 청산금을 지급하거나 실제 지급할 청산금이 없다고 하더라도 가등기에 기한 본등기를 청구할 수 없으며, 설령 편

법으로 본등기를 마쳤다고 하더라도 그 소유권을 취득할 수 없다(대판 2002.4.23, 2001다81856).

④ 채권자가 가등기담보 등에 관한 법률(이하 '가등기담보법'이라 한다)에 의한 가등기담보권을 실행하여 그 담보목적 부동산의 소유권을 취득하기 위하여 채무자 등에게 하는 담보권 실행의 통지에는 채권자가 주관적으로 평가한 통지 당시의 목적 부동산의 가액과 피담보채권액을 명시함으로써 청산금의 평가액을 채무자 등에게 통지하면 족하며, 채권자가 이와 같이 주관적으로 평가한 청산금의 액수가 정당하게 평가된 청산금의 액수에 미치지 못한다고 하더라도 담보권 실행의 통지로서의 효력이나 청산기간의 진행에는 아무런 영향이 없고 청산기간이 경과한 후에는 그 가등기에 기한 본등기를 청구할 수 있다.

이 경우에, 채무자 등은 채권자가 통지한 청산금액을 다투고 정당하게 평가된 청산금을 지급받을 때까지 목적부동산의 소유권이전등기 및 인도채무의 이행을 거절하거나 피담보채무 전액을 채권자에게 지급하고 채권담보의 목적으로 마쳐진 가등기의 말소를 구할 수 있을 뿐 아니라 채권자에게 정당하게 평가된 청산금을 청구할 수도 있다. 한편, 채무자는 채권자가 통지한 청산금액에 동의함으로써 청산금을 확정시킬 수 있으며, 그 경우 동의는 명시적 뿐만 아니라 묵시적으로도 가능하다고 할 것이다(대판 2008.4.11, 2005다36618).

⑤ 가등기담보 등에 관한 법률 제3조, 제4조의 각 규정에 비추어 볼 때 위 각 규정을 위반하여 담보가등기에 기한 본등기가 이루어진 경우에는 그 본등기는 무효라고 할 것이고, 설령 그와 같은 본등기가 가등기권리자와 채무자 사이에 이루어진 특약에 의하여 이루어졌다고 할지라도 만일 그 특약이 채무자에게 불리한 것으로서 무효라고 한다면 그 본등기는 여전히 무효일 뿐, 이른바 약한 의미의 양도담보로서 담보의 목적 내에서는 유효하다고 할 것이 아니고, 다만 가등기권리자가 가등기담보 등에 관한 법률 제3조, 제4조에 정한 절차에 따라 청산금의 평가액을 채무자 등에게 통지한 후 채무자에게 정당한 청산금을 지급하거나 지급할 청산금이 없는 경우에는 채무자가 그 통지를 받은 날로부터 2월의 청산기간이 경과하면 위 무효인 본등기는 실체적 법률관계에 부합하는 유효한 등기가 될 수 있을 뿐이다(대판 2002.6.11, 99다41657).

⑥ 채권자가 가등기담보권을 실행하여 그 담보목적부동산의 소유권을 취득하기 위하여 가등기담보 등에 관한 법률에 따라 채무자에게 담보권 실행을 통지한 경우 청산금을 지급할 여지가 없는 때에는 2월의 청산기간이 경과함으로써 청산절차는 종료되고, 이에 따라 채권자는 더 이상의 반대급부의 제공 없이 채무자에 대하여 소유권이전등기청구권 및 목적물 인도청구권을 가진다 할 것임에도 채무자가 소유권이전등기의무 및 목적물 인도의무의 이행을 지연하면서 자신이 담보목적물을 사용·수익할 수 있다고 하는 것은 심히 공평에 반하여 허용될 수 없으므로 이러한 경우 담보목적물에 대한 과실수취권 등을 포함한 사용·수익권은 청산절차의 종료와 함께 채권자에게 귀속된다고 보아야 한다(대판 2001.2.27, 2000다20465).

(2) 경매에 의한 실행

> **제12조【경매의 청구】** ① 담보가등기권리자는 그 선택에 따라 제3조에 따른 담보권을 실행하거나 담보목적부동산의 경매를 청구할 수 있다. 이 경우 경매에 관하여는 담보가등기권리를 저당권으로 본다.
> ② 후순위권리자는 청산기간에 한정하여 그 피담보채권의 변제기 도래 전이라도 담보목적부동산의 경매를 청구할 수 있다.
> **제13조【우선변제청구권】** 담보가등기를 마친 부동산에 대하여 강제경매등이 개시된 경우에 담보가등기권리자는 다른 채권자보다 자기채권을 우선변제 받을 권리가 있다. 이 경우 그 순위에 관하여는 그 담보가등기권리를 저당권으로 보고, 그 담보가등기를 마친 때에 그 저당권의 설정등기(設定登記)가 행하여진 것으로 본다.
> **제14조【강제경매 등의 경우의 담보가등기】** 담보가등기를 마친 부동산에 대하여 강제경매등의 개시 결정이 있는 경우에 그 경매의 신청이 청산금을 지급하기 전에 행하여진 경우(청산금이 없는 경우에는 청산기간이 지나기 전)에는 담보가등기권리자는 그 가등기에 따른 본등기를 청구할 수 없다.
> **제15조【담보가등기권리의 소멸】** 담보가등기를 마친 부동산에 대하여 강제경매 등이 행하여진 경우에는 담보가등기권리는 그 부동산의 매각에 의하여 소멸한다.

> **제16조【강제경매 등에 관한 특칙】** ① 법원은 소유권의 이전에 관한 가등기가 되어 있는 부동산에 대한 강제경매 등의 개시결정(開始決定)이 있는 경우에는 가등기권리자에게 다음 각 호의 구분에 따른 사항을 법원에 신고하도록 적당한 기간을 정하여 최고(催告)하여야 한다.
> 1. 해당 가등기가 담보가등기인 경우 : 그 내용과 채권[이자나 그 밖의 부수채권(附隨債權)을 포함한다]의 존부(存否)·원인 및 금액
> 2. 해당 가등기가 담보가등기가 아닌 경우 : 해당 내용
> ② 압류등기 전에 이루어진 담보가등기권리가 매각에 의하여 소멸되면 제1항의 채권신고를 한 경우에만 그 채권자는 매각대금을 배당받거나 변제금을 받을 수 있다. 이 경우 그 담보가등기의 말소에 관하여는 매수인이 인수하지 아니한 부동산의 부담에 관한 기입을 말소하는 등기의 촉탁에 관한 「민사집행법」 제144조 제1항 제2호를 준용한다.
> ③ 소유권의 이전에 관한 가등기권리자는 강제경매등 절차의 이해관계인으로 본다.
>
> **제17조【파산 등 경우의 담보가등기】** ① 파산재단(破産財團)에 속하는 부동산에 설정한 담보가등기권리에 대하여는 「채무자 회생 및 파산에 관한 법률」 중 저당권에 관한 규정을 적용한다.
> ② 파산재단에 속하지 아니하는 파산자의 부동산에 대하여 설정되어 있는 담보가등기권리자에 관하여는 준별제권자(準別除權者)에 관한 「채무자 회생 및 파산에 관한 법률」 제414조를 준용한다.
> ③ 담보가등기권리는 「국세기본법」, 「국세징수법」, 「지방세기본법」, 「지방세징수법」, 「채무자 회생 및 파산에 관한 법률」을 적용할 때에는 저당권으로 본다.

① 부동산의 강제경매절차에서 경매목적부동산이 낙찰된 때에도 소유권이전등기청구권의 순위보전을 위한 가등기는 그보다 선순위의 담보권이나 가압류가 없는 이상 담보 목적의 가등기와는 달리 말소되지 아니한 채 낙찰인에게 인수되는 것인바, 권리신고가 되지 않아 담보가등기인지 순위보전의 가등기인지 알 수 없는 경우에도 그 가등기가 등기부상 최선순위이면 집행법원으로서는 일단 이를 순위보전을 위한 가등기로 보아 낙찰인에게 그 부담이 인수될 수 있다는 취지를 입찰물건명세서에 기재한 후 그에 기하여 경매절차를 진행하면 족한 것이지, 반드시 그 가등기가 담보가등기인지 순위보전의 가등기인지 밝혀질 때까지 **경매**절차를 중지하여야 하는 것은 아니다(대결 2003.10.6, 2003마1438).

② 가등기담보권자는 그 담보가등기가 경료된 부동산에 대하여 경매 등이 개시된 경우에 다른 채권자보다 자기 채권에 대하여 우선변제를 받을 권리가 있다고 할 것이고 이 경우 그 순위에 관하여는 그 담보가등기권리를 저당권으로 보고 그 담보가등기가 경료된 때에 저당권설정등기가 행해진 것으로 보게 되므로, 가등기담보권에 대하여 선순위 및 후순위 가압류채권이 있는 경우 부동산의 경매에 의한 매득금 중 경매비용을 제외한 나머지 금원을 배당함에 있어 가등기담보권자는 선순위 가압류채권에 대하여는 우선변제권을 주장할 수 없어 그 피담보채권과 선순위 및 후순위 가압류채권에 대하여 1차로 채권액에 따른 안분비례에 의하여 평등배당을 하되, 담보가등기권자는 위 후순위 가압류채권에 대하여는 우선변제권이 인정되어 그 채권으로부터 받을 배당액으로부터 자기의 채권액을 만족시킬 때까지 이를 흡수하여 변제받을 수 있으며 선순위와 후순위 가압류채권이 동일인의 권리라 하여 그 귀결이 달라지는 것이 아니다(대판 1992.3.27, 91다44407).

③ 가등기담보 등에 관한 법률 제16조는 소유권의 이전에 관한 가등기가 되어 있는 부동산에 대한 경매 등의 개시결정이 있는 경우 법원은 가등기권리자에 대하여 그 가등기가 담보가등기인 때에는 그 내용 및 채권의 존부·원인 및 수액을, 담보가등기가 아닌 경우에는 그 내용을 법원에 신고할 것을 상당한 기간을 정하여 최고하여야 하고(제1항), 압류등기 전에 경료된 담보가등기권리가 매각에 의하여 소멸하는 때에는 제1항의 채권신고를 한 경우에 한하여 그 채권자는 매각대금의 배당 또는 변제금의 교부를 받을 수 있다고 규정하고 있으므로(제2항), 위 제2항에 해당하는 담보가등기권리자가 집행법원이 정한 기간 안에 채권신고를 하지 아니하면 매각대금의 배당을 받을 권리를 상실한다(대판 2008.9.11, 2007다25278).

3. 후순위권리자의 지위

제5조【후순위권리자의 권리행사】 ① 후순위권리자는 그 순위에 따라 채무자 등이 지급받을 청산금에 대하여 제3조 제1항에 따라 통지된 평가액의 범위에서 청산금이 지급될 때까지 그 권리를 행사할 수 있고, 채권자는 후순위권리자의 요구가 있는 경우에는 청산금을 지급하여야 한다.
② 후순위권리자는 제1항의 권리를 행사할 때에는 그 피담보채권(被擔保債權)의 범위에서 그 채권의 명세와 증서를 채권자에게 교부하여야 한다.
③ 채권자가 제2항의 명세와 증서를 받고 후순위권리자에게 청산금을 지급한 때에는 그 범위에서 청산금채무는 소멸한다.
④ 제1항의 권리행사를 막으려는 자는 청산금을 압류(押留)하거나 가압류(假押留)하여야 한다.
⑤ 담보가등기 후에 대항력(對抗力) 있는 임차권(賃借權)을 취득한 자에게는 청산금의 범위에서 동시이행의 항변권에 관한 「민법」 제536조를 준용한다.

제6조【채무자 등 외의 권리자에 대한 통지】 ① 채권자는 제3조 제1항에 따른 통지가 채무자 등에게 도달하면 지체 없이 후순위권리자에게 그 통지의 사실과 내용 및 도달일을 통지하여야 한다.
② 제3조 제1항에 따른 통지가 채무자 등에게 도달한 때에는 담보가등기 후에 등기한 제삼자(제1항에 따라 통지를 받을 자를 제외하고, 대항력 있는 임차권자를 포함한다)가 있으면 채권자는 지체 없이 그 제삼자에게 제3조 제1항에 따른 통지를 한 사실과 그 채권액을 통지하여야 한다.
③ 제1항과 제2항에 따른 통지는 통지를 받을 자의 등기부상의 주소로 발송함으로써 그 효력이 있다. 그러나 대항력 있는 임차권자에게는 그 담보목적부동산의 소재지로 발송하여야 한다.

제7조【청산금에 대한 처분 제한】 ① 채무자가 청산기간이 지나기 전에 한 청산금에 관한 권리의 양도나 그 밖의 처분은 이로써 후순위권리자에게 대항하지 못한다.
② 채권자가 청산기간이 지나기 전에 청산금을 지급한 경우 또는 제6조 제1항에 따른 통지를 하지 아니하고 청산금을 지급한 경우에도 제1항과 같다.

4. 채무자 등의 지위

제11조【채무자 등의 말소청구권】 채무자 등은 청산금채권을 변제받을 때까지 그 채무액(반환할 때까지의 이자와 손해금을 포함한다)을 채권자에게 지급하고 그 채권담보의 목적으로 마친 소유권이전등기의 말소를 청구할 수 있다. 다만, 그 채무의 변제기가 지난 때부터 10년이 지나거나 선의의 제삼자가 소유권을 취득한 경우에는 그러하지 아니하다.

75 집합건물의 소유 및 관리에 관한 법률

제1조 【건물의 구분소유】 1동의 건물 중 구조상 구분된 여러 개의 부분이 독립한 건물로서 사용될 수 있을 때에는 그 각 부분은 이 법에서 정하는 바에 따라 각각 소유권의 목적으로 할 수 있다.

제1조의2 【상가건물의 구분소유】 ① 1동의 건물이 다음 각 호에 해당하는 방식으로 여러 개의 건물부분으로 이용상 구분된 경우에 그 건물부분(이하 "구분점포"라 한다)은 이 법에서 정하는 바에 따라 각각 소유권의 목적으로 할 수 있다.
1. 구분점포의 용도가 「건축법」 제2조 제2항 제7호의 판매시설 및 같은 항 제8호의 운수시설일 것
3. 경계를 명확하게 알아볼 수 있는 표지를 바닥에 견고하게 설치할 것
4. 구분점포별로 부여된 건물번호표지를 견고하게 붙일 것
② 제1항에 따른 경계표지 및 건물번호표지에 관하여 필요한 사항은 대통령령으로 정한다.

제2조 【정 의】 이 법에서 사용하는 용어의 뜻은 다음과 같다.
1. "**구분소유권**"이란 제1조 또는 제1조의2에 규정된 건물부분[제3조 제2항 및 제3항에 따라 공용부분(共用部分)으로 된 것은 제외한다]을 목적으로 하는 소유권을 말한다.
2. "구분소유자"란 구분소유권을 가지는 자를 말한다.
3. "**전유부분**"(專有部分)이란 구분소유권의 목적인 건물부분을 말한다.
4. "**공용부분**"이란 전유부분 외의 건물부분, 전유부분에 속하지 아니하는 건물의 부속물 및 제3조 제2항 및 제3항에 따라 공용부분으로 된 부속의 건물을 말한다.
5. "**건물의 대지**"란 전유부분이 속하는 1동의 건물이 있는 토지 및 제4조에 따라 건물의 대지로 된 토지를 말한다.
6. "**대지사용권**"이란 구분소유자가 전유부분을 소유하기 위하여 건물의 대지에 대하여 가지는 권리를 말한다.

제2조의2 【다른 법률과의 관계】 집합주택의 관리 방법과 기준, 하자담보책임에 관한 「주택법」 및 「공동주택관리법」의 특별한 규정은 이 법에 저촉되어 구분소유자의 기본적인 권리를 해치지 아니하는 범위에서 효력이 있다.

제3조 【공용부분】 ① 여러 개의 전유부분으로 통하는 복도, 계단, 그 밖에 구조상 구분소유자 전원 또는 일부의 공용(共用)에 제공되는 건물부분은 **구분소유권의 목적으로 할 수 없다**.
② 제1조 또는 제1조의2에 규정된 **건물부분과 부속의 건물은 규약으로써 공용부분**으로 정할 수 있다.
③ 제1조 또는 제1조의2에 규정된 건물부분의 전부 또는 부속건물을 소유하는 자는 공정증서(公正證書)로써 제2항의 규약에 상응하는 것을 정할 수 있다.
④ 제2항과 제3항의 경우에는 **공용부분이라는 취지를 등기**하여야 한다.

제5조【구분소유자의 권리·의무 등】 ① 구분소유자는 건물의 보존에 해로운 행위나 그 밖에 건물의 관리 및 사용에 관하여 구분소유자 공동의 이익에 어긋나는 행위를 하여서는 아니 된다.
② 전유부분이 주거의 용도로 분양된 것인 경우에는 구분소유자는 정당한 사유 없이 그 부분을 주거 외의 용도로 사용하거나 그 내부 벽을 철거하거나 파손하여 증축·개축하는 행위를 하여서는 아니 된다.
③ 구분소유자는 그 전유부분이나 공용부분을 보존하거나 개량하기 위하여 필요한 범위에서 다른 구분소유자의 전유부분 또는 자기의 공유(共有)에 속하지 아니하는 공용부분의 사용을 청구할 수 있다. 이 경우 다른 구분소유자가 손해를 입었을 때에는 보상하여야 한다.

제6조【건물의 설치·보존상의 흠 추정】 전유부분이 속하는 1동의 건물의 설치 또는 보존의 흠으로 인하여 다른 자에게 손해를 입힌 경우에는 그 흠은 공용부분에 존재하는 것으로 추정한다.

제7조【구분소유권 매도청구권】 대지사용권을 가지지 아니한 구분소유자가 있을 때에는 그 전유부분의 철거를 청구할 권리를 가진 자는 그 구분소유자에 대하여 구분소유권을 시가(時價)로 매도할 것을 청구할 수 있다.

제8조【대지공유자의 분할청구 금지】 대지 위에 구분소유권의 목적인 건물이 속하는 1동의 건물이 있을 때에는 그 대지의 공유자는 그 건물 사용에 필요한 범위의 대지에 대하여는 분할을 청구하지 못한다.

제9조【담보책임】 ① 제1조 또는 제1조의2의 건물을 건축하여 분양한 자(이하 "**분양자**"라 한다)와 분양자와의 계약에 따라 건물을 건축한 자로서 대통령령으로 정하는 자(이하 "**시공자**"라 한다)는 구분소유자에 대하여 담보책임을 진다. 이 경우 그 담보책임에 관하여는 「민법」 제667조 및 제668조를 준용한다.
② 제1항에도 불구하고 시공자가 분양자에게 부담하는 담보책임에 관하여 다른 법률에 특별한 규정이 있으면 시공자는 그 법률에서 정하는 담보책임의 범위에서 구분소유자에게 제1항의 담보책임을 진다.
③ 제1항 및 제2항에 따른 시공자의 담보책임 중 「민법」 제667조 제2항에 따른 손해배상책임은 분양자에게 회생절차개시 신청, 파산 신청, 해산, 무자력(無資力) 또는 그 밖에 이에 준하는 사유가 있는 경우에만 지며, 시공자가 이미 분양자에게 손해배상을 한 경우에는 그 범위에서 구분소유자에 대한 책임을 면(免)한다.
④ 분양자와 시공자의 담보책임에 관하여 이 법과 「민법」에 규정된 것보다 매수인에게 불리한 특약은 효력이 없다.

제9조의2 【담보책임의 존속기간】 ① 제9조에 따른 담보책임에 관한 구분소유자의 권리는 다음 각 호의 기간 내에 행사하여야 한다.
1. 「건축법」 제2조 제1항 제7호에 따른 건물의 **주요구조부 및 지반공사의 하자 : 10년**
2. 제1호에 규정된 하자 외의 하자 : 하자의 중대성, 내구연한, 교체가능성 등을 고려하여 5년의 범위에서 대통령령으로 정하는 기간

② 제1항의 기간은 다음 각 호의 날부터 기산한다.
1. **전유부분** : 구분소유자에게 **인도한 날**
2. **공용부분** : 「주택법」 제49조에 따른 **사용검사일**(집합건물 전부에 대하여 임시 사용승인을 받은 경우에는 그 임시 사용승인일을 말하고, 「주택법」 제49조 제1항 단서에 따라 분할 사용검사나 동별 사용검사를 받은 경우에는 분할 사용검사일 또는 동별 사용검사일을 말한다) 또는 「건축법」 제22조에 따른 사용승인일

③ 제1항 및 제2항에도 불구하고 제1항 각 호의 하자로 인하여 건물이 멸실되거나 훼손된 경우에는 그 멸실되거나 훼손된 날부터 **1년 이내**에 권리를 행사하여야 한다.

제10조 【공용부분의 귀속 등】 ① 공용부분은 구분소유자 전원의 공유에 속한다. 다만, 일부의 구분소유자만이 공용하도록 제공되는 것임이 명백한 공용부분(이하 "일부공용부분"이라 한다)은 그들 구분소유자의 공유에 속한다.

제11조 【공유자의 사용권】 각 공유자는 **공용부분을 그 용도에 따라** 사용할 수 있다.

제12조 【공유자의 지분권】 ① 각 공유자의 지분은 그가 가지는 **전유부분의 면적 비율**에 따른다.
② 제1항의 경우 일부공용부분으로서 면적이 있는 것은 그 공용부분을 공용하는 구분소유자의 전유부분의 면적 비율에 따라 배분하여 그 면적을 각 구분소유자의 전유부분 면적에 포함한다.

제13조 【전유부분과 공용부분에 대한 지분의 일체성】 ① **공용부분에 대한 공유자의 지분**은 그가 가지는 **전유부분의 처분**에 따른다.
② 공유자는 그가 가지는 전유부분과 분리하여 공용부분에 대한 지분을 처분할 수 없다.
③ **공용부분에 관한 물권의 득실변경(得失變更)**은 등기가 필요하지 아니하다.

제15조 【공용부분의 변경】 ① 공용부분의 **변경에 관한 사항**은 관리단집회에서 구분소유자의 **3분의 2 이상 및 의결권의 3분의 2 이상의 결의**로써 결정한다. 다만, 다음 각 호의 어느 하나에 해당하는 경우에는 제38조 제1항에 따른 통상의 집회결의로써 결정할 수 있다.
1. 공용부분의 개량을 위한 것으로서 지나치게 많은 비용이 드는 것이 아닐 경우
2. 「관광진흥법」 제3조 제1항 제2호 나목에 따른 휴양 콘도미니엄업의 운영을 위한 휴양 콘도미니엄의 공용부분 변경에 관한 사항인 경우

제15조의2 【권리변동 있는 공용부분의 변경】 ① 제15조에도 불구하고 **건물의 노후화 억제 또는 기능 향상** 등을 위한 것으로 구분소유권 및 대지사용권의 범위나 내용에 변동을 일으키는 공용부분의 변경에 관한 사항은 관리단집회에서 구분소유자의 **5분의 4 이상** 및 의결권의 **5분의 4 이상**의 결의로써 결정한다. 다만, 「관광진흥법」 제3조 제1항 제2호 나목에 따른 휴양 콘도미니엄업의 운영을 위한 휴양 콘도미니엄의 권리변동 있는 공용부분 변경에 관한 사항은 구분소유자의 3분의 2 이상 및 의결권의 3분의 2 이상의 결의로써 결정한다.

제16조 【공용부분의 관리】 ① 공용부분의 **관리에 관한 사항**은 제15조 제1항 본문 및 제15조의2의 경우를 제외하고는 제38조 제1항에 따른 **통상의 집회결의**로써 결정한다. 다만, **보존행위**는 **각 공유자**가 할 수 있다.
② 구분소유자의 승낙을 받아 전유부분을 **점유하는 자**는 제1항 본문에 따른 집회에 참석하여 그 구분소유자의 의결권을 행사할 수 있다. 다만, 구분소유자와 점유자가 달리 정하여 관리단에 통지한 경우에는 그러하지 아니하며, 구분소유자의 권리·의무에 특별한 영향을 미치는 사항을 결정하기 위한 집회인 경우에는 점유자는 사전에 구분소유자에게 의결권 행사에 대한 동의를 받아야 한다.

제17조 【공용부분의 부담·수익】 각 공유자는 규약에 달리 정한 바가 없으면 그 지분의 비율에 따라 공용부분의 관리비용과 그 밖의 의무를 부담하며 공용부분에서 생기는 이익을 취득한다.

제18조 【공용부분에 관하여 발생한 채권의 효력】 공유자가 공용부분에 관하여 다른 공유자에 대하여 가지는 채권은 그 **특별승계인**에 대하여도 행사할 수 있다.

제20조 【전유부분과 대지사용권의 일체성】 ① **구분소유자의 대지사용권**은 그가 가지는 **전유부분의 처분**에 따른다.
② 구분소유자는 그가 가지는 전유부분과 분리하여 대지사용권을 처분할 수 없다. 다만, **규약으로써 달리 정한 경우에는** 그러하지 아니하다.
③ 제2항 본문의 분리처분금지는 그 취지를 등기하지 아니하면 선의(善意)로 물권을 취득한 제3자에게 대항하지 못한다.

제21조 【전유부분의 처분에 따르는 대지사용권의 비율】 ① 구분소유자가 둘 이상의 전유부분을 소유한 경우에는 각 전유부분의 처분에 따르는 대지사용권은 제12조에 규정된 비율에 따른다. 다만, 규약으로써 달리 정할 수 있다.

제23조【관리단의 당연 설립 등】 ① 건물에 대하여 구분소유 관계가 성립되면 **구분소유자 전원**을 구성원으로 하여 건물과 그 대지 및 부속시설의 관리에 관한 사업의 시행을 목적으로 하는 관리단이 **설립된다**.

제23조의2 【관리단의 의무】 관리단은 건물의 관리 및 사용에 관한 공동이익을 위하여 필요한 구분소유자의 권리와 의무를 선량한 관리자의 주의로 행사하거나 이행하여야 한다.

제24조【관리인의 선임 등】 ① 구분소유자가 **10인 이상**일 때에는 관리단을 대표하고 관리단의 사무를 집행할 **관리인을 선임**하여야 한다.
② 관리인은 **구분소유자일 필요가 없으며**, 그 임기는 **2년의 범위**에서 규약으로 정한다.
③ 관리인은 관리단집회의 결의로 선임되거나 해임된다. 다만, 규약으로 제26조의3에 따른 관리위원회의 결의로 선임되거나 해임되도록 정한 경우에는 그에 따른다.
④ 구분소유자의 승낙을 받아 전유부분을 **점유하는 자**는 제3항 본문에 따른 관리단집회에 참석하여 그 구분소유자의 **의결권을 행사**할 수 있다. 다만, 구분소유자와 점유자가 달리 정하여 관리단에 통지하거나 구분소유자가 집회 이전에 직접 의결권을 행사할 것을 관리단에 통지한 경우에는 그러하지 아니하다.
⑤ 관리인에게 부정한 행위나 그 밖에 그 직무를 수행하기에 적합하지 아니한 사정이 있을 때에는 **각 구분소유자**는 관리인의 해임을 법원에 청구할 수 있다.
⑥ 전유부분이 **50개 이상**인 건물(「공동주택관리법」에 따른 의무관리대상 공동주택 및 임대주택과 「유통산업발전법」에 따라 신고한 대규모점포 등 관리자가 있는 대규모점포 및 준대규모점포는 제외한다)의 관리인으로 선임된 자는 대통령령으로 정하는 바에 따라 선임된 사실을 특별자치시장, 특별자치도지사, 시장, 군수 또는 자치구의 구청장(이하 "소관청"이라 한다)에게 **신고**하여야 한다.

제24조의2【임시관리인의 선임 등】 ① 구분소유자, 그의 승낙을 받아 전유부분을 점유하는 자, 분양자 등 이해관계인은 제24조 제3항에 따라 선임된 관리인이 없는 경우에는 법원에 임시관리인의 선임을 청구할 수 있다.
② 임시관리인은 선임된 날부터 **6개월 이내**에 제24조 제3항에 따른 관리인 선임을 위하여 관리단집회 또는 관리위원회를 소집하여야 한다.
③ 임시관리인의 임기는 선임된 날부터 제24조 제3항에 따라 관리인이 선임될 때까지로 하되, 같은 조 제2항에 따라 규약으로 정한 임기를 초과할 수 없다.

제25조 【관리인의 권한과 의무】 ① 관리인은 다음 각 호의 행위를 할 권한과 의무를 가진다.
1. 공용부분의 보존행위
1의2. 공용부분의 관리 및 변경에 관한 관리단집회 결의를 집행하는 행위
2. 공용부분의 관리비용 등 관리단의 사무 집행을 위한 비용과 분담금을 각 구분소유자에게 청구·수령하는 행위 및 그 금원을 관리하는 행위
3. 관리단의 사업 시행과 관련하여 관리단을 대표하여 하는 재판상 또는 재판 외의 행위
3의2. 소음·진동·악취 등을 유발하여 공동생활의 평온을 해치는 행위의 중지 요청 또는 분쟁조정절차 권고 등 필요한 조치를 하는 행위
4. 그 밖에 규약에 정하여진 행위
② 관리인의 대표권은 제한할 수 있다. 다만, 이로써 선의의 제3자에게 대항할 수 없다.

제26조 【관리인의 보고의무 등】 ① 관리인은 대통령령으로 정하는 바에 따라 **매년 1회 이상** 구분소유자 및 그의 승낙을 받아 전유부분을 점유하는 자에게 그 사무에 관한 보고를 하여야 한다.
② 전유부분이 50개 이상인 건물의 관리인은 관리단의 사무 집행을 위한 비용과 분담금 등 금원의 징수·보관·사용·관리 등 모든 거래행위에 관하여 장부를 월별로 작성하여 그 증빙서류와 함께 해당 회계연도 종료일부터 **5년간 보관**하여야 한다.

제26조의2 【회계감사】 ① 전유부분이 **150개 이상**으로서 대통령령으로 정하는 건물의 관리인은 「주식회사 등의 외부감사에 관한 법률」 제2조 제7호에 따른 감사인(이하 이 조에서 "감사인"이라 한다)의 회계감사를 **매년 1회 이상** 받아야 한다. 다만, 관리단집회에서 구분소유자의 3분의 2 이상 및 의결권의 3분의 2 이상이 회계감사를 받지 아니하기로 결의한 연도에는 그러하지 아니하다.
② 구분소유자의 승낙을 받아 전유부분을 점유하는 자는 제1항 단서에 따른 관리단집회에 참석하여 그 구분소유자의 의결권을 행사할 수 있다. 다만, 구분소유자와 점유자가 달리 정하여 관리단에 통지하거나 구분소유자가 집회 이전에 직접 의결권을 행사할 것을 관리단에 통지한 경우에는 그러하지 아니하다.
③ 전유부분이 50개 이상 150개 미만으로서 대통령령으로 정하는 건물의 관리인은 구분소유자의 5분의 1 이상이 연서(連署)하여 요구하는 경우에는 감사인의 회계감사를 받아야 한다. 이 경우 구분소유자의 승낙을 받아 전유부분을 점유하는 자가 구분소유자를 대신하여 연서할 수 있다.

제26조의3 【관리위원회의 설치 및 기능】 ① 관리단에는 규약으로 정하는 바에 따라 관리위원회를 둘 수 있다.
② 관리위원회는 이 법 또는 규약으로 정한 관리인의 사무 집행을 감독한다.
③ 제1항에 따라 관리위원회를 둔 경우 관리인은 제25조 제1항 각 호의 행위를 하려면 관리위원회의 결의를 거쳐야 한다. 다만, 규약으로 달리 정한 사항은 그러하지 아니하다.

제26조의4 【관리위원회의 구성 및 운영】 ① 관리위원회의 위원은 **구분소유자 중에서** 관리단집회의 결의에 의하여 선출한다. 다만, 규약으로 관리단집회의 결의에 관하여 달리 정한 경우에는 그에 따른다.
② **관리인은** 규약에 달리 정한 바가 없으면 **관리위원회의 위원이 될 수 없다.**
③ 관리위원회 위원의 임기는 2년의 범위에서 규약으로 정한다.

제27조【관리단의 채무에 대한 구분소유자의 책임】 ① 관리단이 그의 재산으로 채무를 전부 변제할 수 없는 경우에는 구분소유자는 제12조의 지분비율에 따라 관리단의 채무를 변제할 책임을 진다. 다만, 규약으로써 그 부담비율을 달리 정할 수 있다.
② 구분소유자의 특별승계인은 승계 전에 발생한 관리단의 채무에 관하여도 책임을 진다.

제28조【규 약】 ① 건물과 대지 또는 부속시설의 관리 또는 사용에 관한 구분소유자들 사이의 사항 중 이 법에서 규정하지 아니한 사항은 규약으로써 정할 수 있다.

제29조【규약의 설정·변경·폐지】 ① **규약의 설정·변경 및 폐지**는 관리단집회에서 구분소유자의 **4분의 3 이상** 및 의결권의 **4분의 3 이상**의 찬성을 얻어서 한다. 이 경우 규약의 설정·변경 및 폐지가 일부 구분소유자의 권리에 특별한 영향을 미칠 때에는 그 구분소유자의 승낙을 받아야 한다.
② 제28조 제2항에 규정한 사항에 관한 구분소유자 전원의 규약의 설정·변경 또는 폐지는 그 일부공용부분을 공용하는 구분소유자의 4분의 1을 초과하는 자 또는 의결권의 4분의 1을 초과하는 의결권을 가진 자가 반대할 때에는 할 수 없다.

제31조【집회의 권한】 관리단의 사무는 이 법 또는 규약으로 관리인에게 위임한 사항 외에는 관리단집회의 결의에 따라 수행한다.

제32조【정기 관리단집회】 관리인은 매년 회계연도 종료 후 **3개월 이내**에 정기 관리단집회를 소집하여야 한다.

제33조【임시 관리단집회】 ① 관리인은 필요하다고 인정할 때에는 관리단집회를 소집할 수 있다.
② 구분소유자의 **5분의 1 이상**이 회의의 목적 사항을 구체적으로 밝혀 관리단집회의 소집을 청구하면 관리인은 관리단집회를 소집하여야 한다. 이 정수(定數)는 규약으로 감경할 수 있다.
③ 제2항의 청구가 있은 후 1주일 내에 관리인이 청구일부터 2주일 이내의 날을 관리단집회일로 하는 소집통지 절차를 밟지 아니하면 소집을 청구한 구분소유자는 법원의 허가를 받아 관리단집회를 소집할 수 있다.
④ 관리인이 없는 경우에는 구분소유자의 5분의 1 이상은 관리단집회를 소집할 수 있다. 이 정수는 규약으로 감경할 수 있다.

제34조【집회소집통지】 ① 관리단집회를 소집하려면 관리단집회일 1주일 전에 회의의 목적사항을 구체적으로 밝혀 각 구분소유자에게 통지하여야 한다. 다만, 이 기간은 규약으로 달리 정할 수 있다.
② 전유부분을 여럿이 공유하는 경우에 제1항의 통지는 제37조 제2항에 따라 정하여진 의결권을 행사할 자(그가 없을 때에는 공유자 중 1인)에게 통지하여야 한다.
③ 제1항의 통지는 구분소유자가 관리인에게 따로 통지장소를 제출하였으면 그 장소로 발송하고, 제출하지 아니하였으면 구분소유자가 소유하는 전유부분이 있는 장소로 발송한다. 이 경우 제1항의 통지는 통상적으로 도달할 시기에 도달한 것으로 본다.
④ 건물 내에 주소를 가지는 구분소유자 또는 제3항의 통지장소를 제출하지 아니한 구분소유자에 대한 제1항의 통지는 건물 내의 적당한 장소에 게시함으로써 소집통지를 갈음할 수 있음을 규약으로 정할 수 있다. 이 경우 제1항의 통지는 게시한 때에 도달한 것으로 본다.
⑤ 회의의 목적사항이 제15조 제1항, 제29조 제1항, 제47조 제1항 및 제50조 제4항인 경우에는 그 통지에 그 의안 및 계획의 내용을 적어야 한다.

제35조【소집절차의 생략】 관리단집회는 구분소유자 전원이 동의하면 소집절차를 거치지 아니하고 소집할 수 있다.

제36조【결의사항】 ① 관리단집회는 제34조에 따라 통지한 사항에 관하여만 결의할 수 있다.
② 제1항의 규정은 이 법에 관리단집회의 결의에 관하여 특별한 정수가 규정된 사항을 제외하고는 규약으로 달리 정할 수 있다.

제37조【의결권】 ① 각 구분소유자의 의결권은 규약에 특별한 규정이 없으면 제12조에 규정된 **지분비율에 따른다.**
② 전유부분을 여럿이 공유하는 경우에는 공유자는 관리단집회에서 의결권을 행사할 1인을 정한다.

제38조【의결 방법】 ① 관리단집회의 의사는 이 법 또는 규약에 특별한 규정이 없으면 **구분소유자의 과반수 및 의결권의 과반수로써 의결**한다.
② 의결권은 서면이나 전자적 방법(전자정보처리조직을 사용하거나 그 밖에 정보통신기술을 이용하는 방법으로서 대통령령으로 정하는 방법을 말한다. 이하 같다)으로 또는 대리인을 통하여 행사할 수 있다.

제39조【집회의 의장과 의사록】 ① 관리단집회의 의장은 관리인 또는 집회를 소집한 구분소유자 중 **연장자**가 된다. 다만, 규약에 특별한 규정이 있거나 관리단집회에서 다른 결의를 한 경우에는 그러하지 아니하다.
② 관리단집회의 의사에 관하여는 의사록을 작성하여야 한다.

제42조【규약 및 집회의 결의의 효력】 ① **규약 및 관리단집회의 결의**는 구분소유자의 **특별승계인에 대하여도 효력이 있다.**
② 점유자는 구분소유자가 건물이나 대지 또는 부속시설의 사용과 관련하여 규약 또는 관리단집회의 결의에 따라 부담하는 의무와 동일한 의무를 진다.

제42조의2【결의취소의 소】 구분소유자는 다음 각 호의 어느 하나에 해당하는 경우에는 집회 결의 사실을 **안 날부터 6개월 이내**에, **결의한 날부터 1년 이내**에 결의취소의 소를 제기할 수 있다.
 1. 집회의 소집 절차나 결의 방법이 법령 또는 규약에 위반되거나 현저하게 불공정한 경우
 2. 결의 내용이 법령 또는 규약에 위배되는 경우

제43조【공동의 이익에 어긋나는 행위의 정지청구 등】 ① 구분소유자가 제5조 제1항의 행위를 한 경우 또는 그 행위를 할 우려가 있는 경우에는 **관리인 또는 관리단집회의 결의로 지정된 구분소유자**는 구분소유자 공동의 이익을 위하여 그 **행위를 정지**하거나 그 행위의 결과를 제거하거나 그 행위의 예방에 필요한 조치를 할 것을 청구할 수 있다.
② 제1항에 따른 소송의 제기는 관리단집회의 결의가 있어야 한다.
③ 점유자가 제5조 제4항에서 준용하는 같은 조 제1항에 규정된 행위를 한 경우 또는 그 행위를 할 우려가 있는 경우에도 제1항과 제2항을 준용한다.

제44조【사용금지의 청구】 ① 제43조 제1항의 경우에 제5조 제1항에 규정된 행위로 구분소유자의 공동생활상의 장해가 현저하여 제43조 제1항에 규정된 청구로는 그 장해를 제거하여 공용부분의 이용 확보나 구분소유자의 공동생활 유지를 도모함이 매우 곤란할 때에는 관리인 또는 관리단집회의 결의로 지정된 구분소유자는 소(訴)로써 적당한 기간 동안 해당 구분소유자의 전유부분 **사용금지를 청구**할 수 있다.
② 제1항의 청구는 구분소유자의 **4분의 3 이상** 및 의결권의 **4분의 3 이상**의 관리단집회 결의가 있어야 한다.
③ 제1항의 결의를 할 때에는 미리 해당 구분소유자에게 변명할 기회를 주어야 한다.

제45조【구분소유권의 경매】 ① 구분소유자가 제5조 제1항 및 제2항을 위반하거나 규약에서 정한 의무를 현저히 위반한 결과 공동생활을 유지하기 매우 곤란하게 된 경우에는 **관리인 또는 관리단집회의 결의로 지정된 구분소유자**는 해당 구분소유자의 전유부분 및 대지사용권의 경매를 명할 것을 법원에 청구할 수 있다.
② 제1항의 청구는 구분소유자의 **4분의 3 이상** 및 의결권의 **4분의 3 이상**의 관리단집회 결의가 있어야 한다.
③ 제2항의 결의를 할 때에는 미리 해당 구분소유자에게 변명할 기회를 주어야 한다.
④ 제1항의 청구에 따라 경매를 명한 재판이 확정되었을 때에는 그 청구를 한 자는 경매를 신청할 수 있다. 다만, 그 재판확정일부터 6개월이 지나면 그러하지 아니하다.
⑤ 제1항의 해당 구분소유자는 제4항 본문의 신청에 의한 경매에서 경락인이 되지 못한다.

제46조【전유부분의 점유자에 대한 인도청구】 ① 점유자가 제45조 제1항에 따른 의무위반을 한 결과 공동생활을 유지하기 매우 곤란하게 된 경우에는 관리인 또는 관리단집회의 결의로 지정된 구분소유자는 그 전유부분을 목적으로 하는 계약의 해제 및 그 전유부분의 인도를 청구할 수 있다.
② 제1항의 경우에는 제44조 제2항 및 제3항을 준용한다.
③ 제1항에 따라 전유부분을 인도받은 자는 지체 없이 그 전유부분을 점유할 권원(權原)이 있는 자에게 인도하여야 한다.

제47조【재건축 결의】 ① 건물 건축 후 상당한 기간이 지나 건물이 훼손되거나 일부 멸실되거나 그 밖의 사정으로 건물 가격에 비하여 지나치게 많은 수리비·복구비나 관리비용이 드는 경우 또는 부근 토지의 이용 상황의 변화나 그 밖의 사정으로 건물을 재건축하면 재건축에 드는 비용에 비하여 현저하게 효용이 증가하게 되는 경우에 관리단집회는 그 건물을 철거하여 그 대지를 구분소유권의 목적이 될 새 건물의 대지로 이용할 것을 결의할 수 있다. 다만, 재건축의 내용이 단지 내 다른 건물의 구분소유자에게 특별한 영향을 미칠 때에는 그 구분소유자의 승낙을 받아야 한다.
② 제1항의 결의는 구분소유자의 **5분의 4 이상 및 의결권의 5분의 4 이상**의 결의에 따른다. 다만, 「관광진흥법」 제3조 제1항 제2호 나목에 따른 휴양 콘도미니엄업의 운영을 위한 휴양 콘도미니엄의 재건축 결의는 구분소유자의 3분의 2 이상 및 의결권의 3분의 2 이상의 결의에 따른다.

제48조【구분소유권 등의 매도청구 등】 ① 재건축의 결의가 있으면 집회를 소집한 자는 지체 없이 그 결의에 찬성하지 아니한 구분소유자(그의 승계인을 포함한다)에 대하여 그 결의 내용에 따른 재건축에 참가할 것인지 여부를 회답할 것을 서면으로 촉구하여야 한다.
② 제1항의 촉구를 받은 구분소유자는 촉구를 받은 날부터 **2개월 이내에 회답**하여야 한다.
③ 제2항의 기간 내에 회답하지 아니한 경우 그 구분소유자는 **재건축에 참가하지 아니하겠다는 뜻을 회답**한 것으로 본다.
④ 제2항의 기간이 지나면 재건축 결의에 찬성한 각 구분소유자, 재건축 결의 내용에 따른 재건축에 참가할 뜻을 회답한 각 구분소유자(그의 승계인을 포함한다) 또는 이들 전원의 합의에 따라 구분소유권과 대지사용권을 매수하도록 지정된 자(이하 "매수지정자"라 한다)는 제2항의 기간 만료일부터 2개월 이내에 재건축에 참가하지 아니하겠다는 뜻을 회답한 구분소유자(그의 승계인을 포함한다)에게 구분소유권과 대지사용권을 시가로 매도할 것을 청구할 수 있다. 재건축 결의가 있은 후에 이 구분소유자로부터 대지사용권만을 취득한 자의 대지사용권에 대하여도 또한 같다.
⑤ 제4항에 따른 청구가 있는 경우에 재건축에 참가하지 아니하겠다는 뜻을 회답한 구분소유자가 건물을 명도(明渡)하면 생활에 현저한 어려움을 겪을 우려가 있고 재건축의 수행에 큰 영향이 없을 때에는 법원은 그 구분소유자의 청구에 의하여 대금 지급일 또는 제공일부터 1년을 초과하지 아니하는 범위에서 건물 명도에 대하여 적당한 기간을 허락할 수 있다.
⑥ 재건축 결의일부터 2년 이내에 건물 철거공사가 착수되지 아니한 경우에는 제4항에 따라 구분소유권이나 대지사용권을 매도한 자는 이 기간이 만료된 날부터 6개월 이내에 매수인이 지급한 대금에 상당하는 금액을 그 구분소유권이나 대지사용권을 가지고 있는 자에게 제공하고 이들의 권리를 매도할 것을 청구할 수 있다. 다만, 건물 철거공사가 착수되지 아니한 타당한 이유가 있을 경우에는 그러하지 아니하다.

⑦ 제6항 단서에 따른 건물 철거공사가 착수되지 아니한 타당한 이유가 없어진 날부터 6개월 이내에 공사에 착수하지 아니하는 경우에는 제6항 본문을 준용한다. 이 경우 같은 항 본문 중 "이 기간이 만료된 날부터 6개월 이내에"는 "건물 철거공사가 착수되지 아니한 타당한 이유가 없어진 것을 안 날부터 6개월 또는 그 이유가 없어진 날부터 2년 중 빠른 날까지"로 본다.

제49조【재건축에 관한 합의】 재건축 결의에 찬성한 각 구분소유자, 재건축 결의 내용에 따른 재건축에 참가할 뜻을 회답한 각 구분소유자 및 구분소유권 또는 대지사용권을 매수한 각 매수지정자(이들의 승계인을 포함한다)는 재건축 결의 내용에 따른 재건축에 합의한 것으로 본다.

제50조【건물이 일부 멸실된 경우의 복구】 ① **건물가격의 2분의 1 이하**에 상당하는 건물 부분이 멸실되었을 때에는 각 구분소유자는 멸실한 공용부분과 자기의 전유부분을 복구할 수 있다. 다만, 공용부분의 복구에 착수하기 전에 제47조 제1항의 결의나 공용부분의 복구에 대한 결의가 있는 경우에는 그러하지 아니하다.
② 제1항에 따라 공용부분을 복구한 자는 다른 구분소유자에게 제12조의 지분비율에 따라 복구에 든 비용의 상환을 청구할 수 있다.
③ 제1항 및 제2항의 규정은 규약으로 달리 정할 수 있다.
④ **건물이 일부 멸실**된 경우로서 제1항 본문의 경우를 제외한 경우에 관리단집회는 구분소유자의 **5분의 4 이상 및 의결권의 5분의 4 이상**으로 멸실한 공용부분을 복구할 것을 결의할 수 있다.
⑤ 제4항의 결의가 있는 경우에는 제47조 제5항을 준용한다.
⑥ 제4항의 결의가 있을 때에는 그 결의에 찬성한 구분소유자(그의 승계인을 포함한다) 외의 구분소유자는 결의에 찬성한 구분소유자(그의 승계인을 포함한다)에게 건물 및 그 대지에 관한 권리를 시가로 매수할 것을 청구할 수 있다.
⑦ 제4항의 경우에 건물 일부가 멸실한 날부터 6개월 이내에 같은 항 또는 제47조 제1항의 결의가 없을 때에는 각 구분소유자는 다른 구분소유자에게 건물 및 그 대지에 관한 권리를 시가로 매수할 것을 청구할 수 있다.
⑧ 법원은 제2항, 제6항 및 제7항의 경우에 상환 또는 매수청구를 받은 구분소유자의 청구에 의하여 상환금 또는 대금의 지급에 관하여 적당한 기간을 허락할 수 있다.

제35회 공인중개사 시험대비 **전면개정판**

2024 박문각 공인중개사
설신재 필수서 1차 민법·민사특별법

초판인쇄 | 2023. 12. 5. **초판발행** | 2023. 12. 10. **편저** | 설신재 편저
발행인 | 박 용 **발행처** | (주)박문각출판 **등록** | 2015년 4월 29일 제2015-000104호
주소 | 06654 서울시 서초구 효령로 283 서경빌딩 4층 **팩스** | (02)584-2927
전화 | 교재 주문 (02)6466-7202, 동영상문의 (02)6466-7201

저자와의
협의하에
인지생략

이 책의 무단 전재 또는 복제 행위는 저작권법 제136조에 의거, 5년 이하의 징역 또는 5,000만원 이하의 벌금에 처하거나 이를 병과할 수 있습니다.

정가 23,000원
ISBN 979-11-6987-651-3